JN064179

活動する地理の授業

②

シナリオ・プリント・方法

田中 龍彦

地歴社

授業案の読み方について

　本書は、サブタイトルを『討論する歴史の授業』と同じ「シナリオ・プリント・方法」としている。シナリオとは「映画やテレビの脚本」のことで「場面の構成や人物の動き、セリフなどを書き込んだ本」である。だから厳密に言えば、本書はシナリオとは少し異なる（ほとんどがセリフで、場面の構成などは書いていないからである）。そのため、私自身は「授業案」と呼んでいる。しかし、「授業案」とは私個人が勝手に呼んでいるだけで、一般化された言葉ではない。それでは内容が伝わりにくいため、一般的に通用している言葉で内容が似ている「シナリオ」という表現をサブタイトルに使うことにした。

　授業案は、実際に授業をおこなうことを想定して書いている。ただし、私自身がわかるように書いているため、他の人が使う場合には多少の説明が必要になる。その説明は『討論する歴史の授業①』に詳しく書いているため、ここでは最初の授業案を例に簡単に紹介しておく。

---

［1］世界地図はウソつき

◎世界地図と地球儀を使い、平面の世界地図には面積・形・方位・距離にウソがあることをつかませる。また、時差が生じる理由を理解させ、例題を基に時差をもとめることができるようにする。

1　世界には、どんな国があるのか？

　①・現在、世界には、どれくらいの数の国があるのか？
　　→196・・・
　②・【地図帳（帝国書院）P1〜3】を開くと、（数えてみると）どれくらいありそう？
　　→50・100・200・・・〈地図帳P1〜3を開かせて答えさせていく！〉
　③・世界には、約190もの国がある［2015年現在、日本は196ヵ国を承認している］。
　　・ではその中で、いちばん大きい国はどこ（だと思う）？
　　→ ロシア （連邦）＝1,710万km²

　一番上の「［1］世界地図はウソつき」が、授業のタイトルである。

　その下の四角囲みの文章「◎世界地図と地球儀を使い・・・」は、この授業のめあて。

　次の小見出し 1 世界には、どんな国があるのか？ は、提言（授業の骨格となる柱）となっている。そして、①から始まる文章が助言（骨格を肉付けするものとして生徒に提示されるもの）である。助言の中で（　　）内に書かれている文章、たとえば②の「数えてみると」は、説明や発問を丁寧におこなう場合に発する言葉や提示内容である。

　助言の中で［　］内に書かれている文章、たとえば③の「2015年現在、日本は196ヵ国を承認している」は、補足説明的な内容であるため省いてもかまわない。

　授業案中に〈　　　〉の中に書かれている文章、たとえば②の「地図帳P1〜3を開かせて答えさせていく！」は、教師や生徒の活動内容（＝具体的な行動）を示している。

　「→」は、生徒の発言を示す。「→50・100・150・・・」などは、具体的に出てきそうな発言内容。「→・・・」「→・・・？」は、生徒の発言内容が予想できない、発言がないなどを示している。そのため、この発言がない場合には、すぐに先に進めてかまわない。

　授業案中の 　　　 で囲んだ言葉や文章は、事前に準備した貼りもの資料として提示することを示している。詳しくは『討論する歴史の授業』を参照いただきたい。

　なお、授業案に載せている「貼りもの資料」の画像データは、巻末奥付に記載された著者の住所に連絡をいただければ、いつでもお送りできる。

［目次］

2. 世界の諸地域／全25時間

（5）南アメリカ州／全2時間

[20] ラテンアメリカ
[21] 熱帯林の開発

❖　単元「世界の諸地域／(5)南アメリカ州」について　❖

　南アメリカ州では、アンデスやアマゾンの自然についての内容が中心となっている。アマゾンを取り扱うのであれば、地球温暖化の問題について考えさせる内容にするということも考えられた。しかし、そうした問題は3年生の公民の授業で取り扱う計画にしているため、ここではあえて深入りしないことにした。アマゾンの先住民と自然について理解させておくことが、今後、環境問題を考えるための知識として活用できるだろうと考えたからである。
　アンデスについては、自然の雄大さや生活の工夫がわかるような内容とした。

[20] ラテンアメリカ

◎１枚の写真が撮られた場所(＝チチカカ湖)を推理させながら、ラテンアメリカの自然やアンデスの生活についてつかませていく。また、スペインの侵略については『コンドルは飛んで行く』の曲に込められた思いを想像させながら、その歴史を学ばせる。

1 なぜ「ラテンアメリカ」と言うのか？

① ・〈「サボテン」「テオティワカン」＝メキシコ、「ナスカの地上絵」「マチュピチュ」「コンドル」＝ペルー、「アマゾン川」＝ブラジル、「アコンカグア」＝チリ、「陸イグアナ」「海イグアナ」「ゾウガメ」＝エクアドルの写真を提示して！ 〉それぞれ、どこの国に関係がある(写真な)のか？

→メキシコ・ペルー・ブラジル・チリ・エクアドル・・・

※ ・写真を１つずつ示しながら訊ね、簡単な説明をおこなう。その説明の後、それぞれの場所を【地図帳】で探して、印をつけさせる！ メキシコ＝59G8(メキシコシティー)、ナスカの地上絵＝66B4(ナスカ)・(マチュピチュ)、アマゾン川＝66E2(アマゾン川)、イグアナ＝58L10(ガラパゴス諸島)

② ・これらのある地域を、何州と言うのか？

→南アメリカ州・ラテンアメリカ・・・

③ ・「中央アメリカ」と「南アメリカ」を合わせて、「ラテンアメリカ」と言う。

・でも、どうして、「ラテン」「アメリカ」と言うのか？

→・・・

④ ・まず、「アメリカ」と言うのは、何故なのか？

→・・・？

⑤ ・「アメリカ」は、「アメリカ大陸を発見した」とされる人物の名前から命名された。

・では、その人物とは、誰だったのか？

→コロンブス・・・？

⑥ ・コロンブスは、大陸までは来ていない(サンサルバドル島で引き返している)。最初に大陸に来たとされるのは、「アメリゴ・ベスプッチ」と言う人物だ。この「アメリゴ」から「アメリカ」の名称となった。アメリカ大陸は、南北２つがある。その中の北アメリカは、「アングロアメリカ」と言われることもある。これは「ラテンアメリカ」と言うのと、同じような理由による。

・つまり、これがヒントになるのだが、どうして「アングロアメリカ」と言うのか？

→・・・？

⑦ ・どうして「ラテンアメリカ」とか「アングロアメリカ」と言うのか。答えは、後でわかるので、まずはラテンアメリカの自然からみていこう。

2 写真の場所は、どこなのか？

① ・【資料：１】の白地図に、赤道を赤鉛筆で書き込みなさい！

▷【 資料：１ 】へ赤道の書き込み作業

②・次に、地図帳Ｐ66を開いて、①～⑤、Ａ～Ｅの（　　）に入る言葉を見つけて、書き入れなさい！

　▷【 資料：１ 】への書き込み作業

※・１：【（ ラテン ）アメリカ】、１＝（ 南 ）アメリカ、２＝（ 中央 ）アメリカについては説明済みだが、質問などがあれば再度、確認する。

※・①（ パナマ ）運河、②（ アマゾン ）川、③（ ラプラタ ）川、④（ 太平 ）洋、⑤（ 大西 ）洋　Ａ（ カリブ ）海、Ｂ（ セルバ ）、Ｃ（ ブラジル ）高原、Ｄ（ アンデス ）山脈、Ｅ（ パンパ ）

③・ラテンアメリカの代表的な自然などを確認したところで、【資料：２】の写真をみてみよう！

　▷【 資料：２ 】

④・この写真は、【資料：１】に載せてあるラテンアメリカのＡ～Ｅのどこで撮られたものなのか。

　・まず、個人で考えて、答えとなるＡ～Ｅのどれか１つを○で囲みなさい！

　・その場合、写真に写っている何を根拠に答えを導き出したのかがわかるように、その根拠に当たる部分を赤鉛筆で、○で囲みなさい！（ ○で囲むのは、１ヶ所とは限らない ）

　▷【 資料：２ 】への○囲み作業・プリントへの書き込み作業（ 約１分間 ）

⑤・個人での○囲みの作業が終わったら、その個人の答えと理由を基に、今度は班ではなしあって、（ Ａ～Ｅの ）場所とその判断の根拠を決定しなさい！

　▷ 班でのはなしあい

※・班でのはなしあい　→　学級全体での討論へつなげていく。

⑥・（ いろいろ意見が出てきたが ）この場所を、別の場所から撮った写真がこれだ！

　▷【 右の写真 】

⑦・この写真をヒントに考えると、答えは（ Ａ～Ｅの ）どこになるのか？

　→Ａ（ カリブ海 ）・・・？

⑧・ここに写っているのは「湖」で、その名前は、「父さん・母さんの湖」。つまり、「チチカカ湖」。

　・（ チチカカ湖は ）どこ［ の国 ］にあるのか。

　・【地図帳　Ｐ66Ｃ4】にあるので、探して○で囲みなさい！

　▷【 地図帳　Ｐ66Ｃ4 】

⑨・［ チチカカ湖は ］ペルーとボリビアの境にある。チチカカ湖の意味は、（「父さん・母さんの湖」ではなく ）「ピューマの岩」。チチ＝「ピューマ」で、カカ＝「岩」と言う意味がある。更に地図を逆さまにして見ると、「ピューマがウサギを追いかけている」ように見える！

　▷【 チチカカ湖を逆さまにした地図（ ピューマとウサギのイラスト付き ）】

３　アンデスでは、どんな暮らしをしているのか？

①・写真に写っている船は「バルサ船」と言われる。

　・大きいものでは、15人以上も乗れる丈夫な船がある！

　▷【 バルサ船の写真 】

②・この船は「トトラ」と呼ばれる葦(あし)で作られている。トトラでつくられるのは「船」だけではない。

　・〈 トトラでつくられた家の写真を提示して！ 〉これは、何？

　→家・・・

③・家どころか、これも全てトトラでつくられている！

　▷【 ウロス島の写真 】

④・「浮島」と言うものだ。

でも、草でつくられた島や家に住んでいると、危険が伴う。

・その一番の危険とは、何なのか？

→火事・・・？

⑤・実は、「火事」の心配はない。なぜなら、ウロス島は全ての家に「ソーラーシステム」が完備されているからだ。そんなチチカカ湖を「海」と間違えたのも仕方がない。

・それは、チチカカ湖について書かれた【資料：３】を読んでみるとわかる！

▷【資料：３】

⑥・２番目の（　）に入る海の名前は、何なのか？

→・・・（瀬戸内海）・・・？

⑦・「瀬戸内海」の大きさは、これくらいだ！

▷【瀬戸内海の衛星写真】

⑧・（この写真には写っていないが、佐賀県よりも・・・かなり大きい）そんな瀬戸内海とほぼ同じ面積の「湖」なのだから、「海」と間違うのは当然だ。

・そのチチカカ湖は、日本の何と言う山よりも高いのか（つまり、はじめの（　　）の中に入る山の名前は、何なのか）？

→富士山・・・

※・富士山＝標高3,776m　チチカカ湖＝水面標高3,812m

⑨・富士山の頂上に雪が積もっているのは、何故なのか？

→標高が高いから・・・

⑩・高度が高くなればなるほど、気温は、どうなるのか？

→低くなる・・・

⑪・そんな富士山よりも高いアンデスの地では、どんな生活をしているのか。

4　アンデスと日本の暮らしでは、どっちがいいのか？

①・まず、アンデスに住んでいる人たちは、何と呼ばれているのか、知っている？

→・・・インディオ・・・？

②・インディオとは、このような人たちだ！

▷【インディオの男性と女性の写真】

③・男性が着ているのは、貫頭衣(かんとうい)の「ポンチョ」。女性が着ているのは、「ポリェラ」と言われる服。

・こうした服の原料は、何から取っているのか？

→・・・リャマ・アルパカ

④・そして、男性と女性の服装で共通しているのは（何を被っていること）？

→帽子・・・

⑤・この帽子は、おしゃれで被っているわけではない。

・では、どんな理由で（帽子を）被っているのか？

→・・・？

⑥・高山気候では、強い「紫外線」から身を守るためには、帽子は不可欠。

・そんな大変さもあるのに、どうしてアンデスの高山で暮らしているのか？

→・・・？

⑦・アンデスの高山を降りて低地にいくと、そこは、何と言う気候帯なのか？

→熱帯・・・

⑧・低地には「熱帯雨林」が広がっている。アンデスは「高山気候」の
　　ため冷涼なのだが、リャマやアルパカの飼育には適している。また、
　　作物もちゃんと作られている。

　　・どんな作物を栽培しているのか？

　　→ジャガイモ・トウモロコシ・・・〈 模型の提示！ 〉

⑨・ジャガイモやトウモロコシは、南アメリカが原産の作物だ。
　　アンデスの国々では、農業が中心の暮らしをしている。

　　・日本でも農業をおこなって暮らししているが、アンデスとは何が違うのか？

　　→工業が発達している・便利な生活をしている・・・

⑩・浮島にしろ、リャマやアルパカの飼育にしろ、ジャガイモやトウモロコシの栽培・保存にしろ、
　　アンデスの人々は「自然をうまく利用した生活」をしている。

　　・では、日本での暮らしとアンデスでの暮らしでは、どっちがいいのか？

　　・A：やはり、日本での暮らしがいいと言う人［ 挙手 ］！

　　▷〈 挙手による人数の確認！ 〉

　　・B：いや、アンデスでの暮らしがいいと言う人［ 挙手 ］！

　　▷〈 挙手による人数の確認！ 〉

　　・さて、どっちがいいのか？　グループではなしあい！

　　▷ 班内のグループでのはなしあい

※・ここから班内のグループでのはなしあい　→　各班からの発表へとつなげる

5　『コンドルは飛んでいく』に込められた思いは、絶望か？　希望か？

①・アンデスでは、昔ながらの暮らしが続いていた。しかし、かつて大きな事件が起きた。

　　・それが【資料：4】に載せてある絵だ！

　　▷【 資料：4 】

②・これは、何を描いたものなのか？

　　→戦争・争い・・・

③・この戦いで描かれているインディオは、A・Bどっちなのか？

　　→B・A・・・

④・Aは、スペインの軍隊だ。

　　・この絵が、どんな場面なのかについては、【資料：5】に書かれている！

　　▷【 資料：5 】

⑤・こうして、南アメリカのインディオの人たちは、スペインやポルトガルの侵略を受けることにな
　　った。

　　・スペインやポルトガルは、ヨーロッパでは何系の民族だったのか？（ ヨーロッパの地理の授業で
　　出てきたけど、覚えていない？ ）

　　→・・・ラテン系・・・

⑥・インディオの人たちを征服し、植民地として支配していったのは、スペインやポルトガルの「ラ
　　テン系」の民族の国だった。そうした歴史があるため、近代になって中南アメリカへの移民には
　　ラテン系（ スペイン・ポルトガル ）の人々が多かった。そのため、中・南アメリカのことを「ラ

テン」アメリカと言う。ちなみに、北アメリカのことを「アングロアメリカ」と言うのは、イギリスなどのアングロサクソン人の移民が多かったからだ。

　【資料：5】の最後には、ピサロは、「アタワルパを殺してしまった」とあるが、「このときアタワルパの縛られた手足は縄から抜け、大空に舞い上がり、その後コンドルとなってアンデスの山々を飛び回った」と伝えられている。

・そのことを伝えている曲が、これだ！

▷【　『コンドルは飛んでいく』　】を流す

⑦・この曲の曲調が変わる最後の方までは、あまり知られていない。

・しかし、この曲がつくられた経緯から考えると、この曲に込められた思いは、Ａ：あきらめなのか？　それとも、Ｂ：希望なのか？

・Ａ：やはり、絶望やあきらめなどが込められていると思う人［ 挙手]！

▷〈 挙手による人数の確認！ 〉

・Ｂ：いや、希望や期待を込めた思いだと思う人［ 挙手]！

▷〈 挙手による人数の確認！ 〉

・さて、どっちなのかこのことについて班ではなしあい（ ３分間 ）！

▷各班内でのはなしあい

※・ここから、班でのはなしあい　→　学級での討論とつなげていく（ 時間がなければ、投げかけのみ ）

※・アンデスのインディオの文化は、紀元前後から 800 年頃（ 日本列島では弥生時代〜奈良時代にかけて ）南海岸部に地上絵で有名なナスカ文化として栄え、インカ帝国は（ 日本では鎌倉時代のころ ）その伝統の上に、建国された。

<参考文献>

加藤好一「高地に生きる」『世界地理授業プリント』地歴社

<板書例>

〈 ラテンアメリカ 〉

1　ラテンアメリカ ＝ 中央アメリカ
　　　　　　　　　　＋
　　　　　　　　南アメリカ

2　自然（ 気候 ）
　┌ 熱帯
　│ 高山気候
　└ 温帯

3　アンデスのインディオ

4　歴史
　　ナスカ文化 → インカ帝国 ←侵略

　　　　　　　　　　　　　ポルトガル
　　　　　　　　　　　　　スペイン

❖授業案〈 ラテンアメリカ 〉について

　この授業案では、１枚の写真（ チチカカ湖 ）の場所を推理させていくことにからませて、ラテンアメリカの自然を扱っている。このとき、よくある生徒の勘違いに、「どこの場所を撮った写真なのか？」ではなく、「どこから撮った写真なのか？」がある。つまり、「『D』のアンデス山脈から太平洋を撮った写真」という間違いをする生徒がいる。そのため、間違って理解している生徒がいるような場合には、机間指導のときに訂正をしていくようにしている。

■南アメリカと中央アメリカをあわせてラテンアメリカと言うのは、どうしてなのか？　ラテンアメリカの自然は？　大きなジャングルや山脈、そして川や湖などがあるが・・・。

1：【 （ ラテン ）アメリカ ［ = 1 ：（ 南 ）アメリカ ＋ 2 ：（ 中央 ）アメリカ ］の自然 】

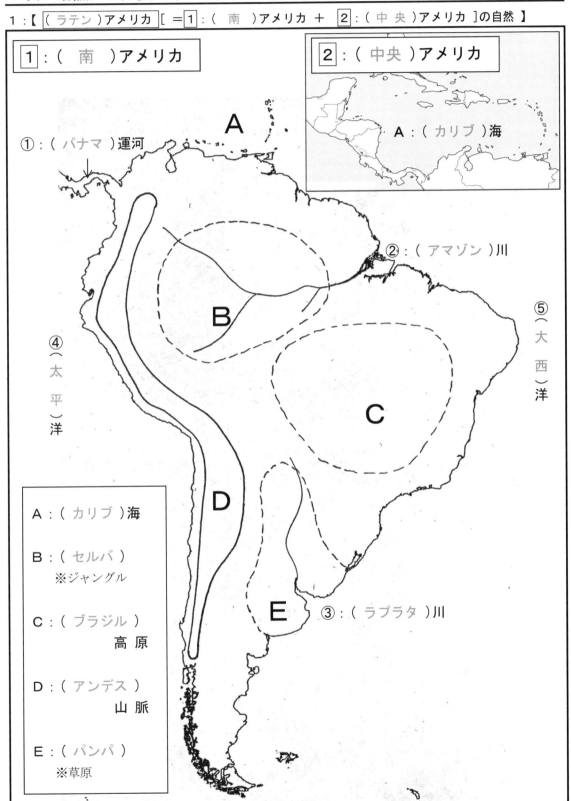

1 ：（ 南 ）アメリカ

2 ：（ 中央 ）アメリカ

A：（ カリブ ）海

①：（ パナマ ）運河

②：（ アマゾン ）川

⑤（ 大西 ）洋

④（ 太平 ）洋

A
B
C
D
E

③：（ ラプラタ ）川

A：（ カリブ ）海

B：（ セルバ ）
　　※ジャングル

C：（ ブラジル ）
　　高原

D：（ アンデス ）
　　山脈

E：（ パンパ ）
　　※草原

■1枚の写真の中に、どんなことが写っているのか？　人物には？　背景には？　乗り物には？

2：【 ここは、どこ？ 】

※ はじめに、上の写真が撮られた場所を資料1の白地図の<u>A～Eの中から選び、赤丸をつける。</u>

　そして、下の「1．写真の場所は、資料1の白地図の中の(　　　)だ」の文章の(　　　)の中に、その答えのアルファベットを書き込む。

　次に、写真の場所を特定した理由(根拠)を「<u>写真に写っている何から判断したのか</u>」がわかる<u>ように、その部分を赤丸で囲む。</u>

　そして、下の「2．写真の場所を(　　　)と判断した理由は、写真に(　　　)が写っているからだ」の(　　　)の中に、写真の場所を特定した理由(根拠)を書く。

　なお、(　　　)に書く答え(理由・根拠)は1つとは限らない。

1．上の写真の場所は、資料1の白地図の中の(　　　　　)だ。

- -

2．上の写真の場所を特定した理由は、

　　　写真の中に [　　　　　　　　　　　　　　　　　　　　　　　　　　　　　　]

　　　　　　　　　　　　　　　　　　　　　　　　　　　　　が写っているからだ。

■アンデス山脈とは、どんな山脈なのか？　どんな地形なのか？　また、どんな歴史があるのか？
　有名な「コンドルは飛んでいく」に込められた人々の思いには、どんなことがあるのか？

3：【 チチカカ湖 】

　チチカカ湖は高さ 3,812m、アンデス山脈のペルー・ボリビア国境をまたいで広がっている。これを日本で言えば、「高さは 3,776m の（ 富 士 ）山よりも高く、しかも（ 瀬 戸 内 ）海とほぼ同じ面積がある」ということです。一番深いところは 370m で、マスなどの魚もたくさんいる。

　「山脈」というと、ただ険しくて高い山々をイメージするが、アンデス山脈は違う。ペルーからボリビアにかけての中央アンデスでは、6,000m 級の「黒い山脈」と「白い山脈」の間、高さ 4,000m くらいのところに「プーナ」と呼ばれるなだらかな高原が広がっている。チチカカ湖は、そこにあるのだ。

　大木は育たないので、舟は「トトラ」という水際に生える草を束にして作る。その舟を操るのは古くからこの地方に住むインディオたちだ。彼らは、チチカカ湖の浅いところにトトラを積み重ねて「浮島」を作る。そこにトトラの家を作り、魚を取って生活してきた。

4：【 やってきたラテン系の人々 】

5：【 インカ帝国の滅亡 】

　1533 年、ピサロを司令官とするスペイン人たちが、インカ帝国にやってきた。スペイン軍の侵略だ。スペイン軍が、たったの 200 人足らずだったのに対し、インカ軍は 4 万人もいたと言う。しかし、負けたのはインカの方だった。スペイン軍は、インカ軍が見たこともない馬に乗って、銃を使って、奇襲攻撃を仕掛けた。皇帝がスペイン軍の捕虜になってしまい、驚いたインカ軍は、ほとんど抵抗しないで降参してしまった。「私を自由にしてくれたら、この部屋いっぱいの黄金と、その 2 倍の銀を差し上げよう」アタワルパ皇帝は、司令官のピサロに言った。今の大型トラック 2～3 台分程のすごい財宝だ。ピサロはアタワルパの申し入れを受け入れ、財宝を取り上げたうえ、アタワルパを絞首刑で殺してしまった。

[21] 熱帯林の開発

◎ブラジルに関する写真からアマゾン川に注目させ、その自然やそこでの生活をつかませた上で、熱帯林の開発について考えさせる。

1 アマゾンとは、どんなところなのか?

①・〈 「コーヒーの実」「リオのカーニバル」「コルコバードの丘」の写真を提示! 〉 さて、これらの写真に共通するのは、どこの国なのか?

　　→・・・ブラジル・・・?

②・もう少し写真をつけ加えるので、どこの国なのか当ててみよう!

　▷【 「炒ったコーヒー豆」「ダンサー」「サッカー」「ピラニア」の写真 】

③・さて、どこの国なのか?

　　→ブラジル・・・

④・この中で、ブラジルにしかいないのは・・・、「ピラニア」。

　　・そのピラニアが住んでいるのは、何川?

　　→アマゾン川

⑤・その「アマゾン川に関する数字」のクイズ。今から、アマゾン川に関係する「数字」を出す。

　　・これらの数字は、アマゾン川の何を示しているのか?

※・以下の数字を書いたカードを提示して、答えさせていく。

　　| 60m | =最も水深の深い場所 | | 300km | =河口の幅 |

　　| 2.7cm | =1km下る落差 | | 5分の1 | =世界の河川の水量に占める割合 |

　　| 約6,500km | =川の長さ |

※・班毎に指名して、3秒ルール(=3秒以内に正解を答えないと、班の全員を立たせる)で答えさせ、テンポよく授業を進める方法でもよい。

⑥・この「約6,500km」というアマゾン川の長さは、世界一(なのか)?

　　→違う・・・

⑦・世界一長い川は、何川(なのか)?

　　→ナイル川・・・

⑧・では、アマゾン川は、何が世界一なのか?

　　→流域面積・・・

⑨・「流域面積が世界一」とは、どういうことなのか?

　　→・・・?

※・アマゾン川を描いた貼りもの資料を順番に貼っていき、最後に同じ縮尺の日本地図を貼り、世界一の流域面積を実感させる。

⑩・この世界一広い流域(アマゾン盆地)は何と呼ばれているのか?

　　→ セルバ

⑪・「セルバ」とはポルトガル語で「大森林」のこと。

　　・そんなセルバの中で、人々はどんな生活を送っているのか。

2 セルバでの生活は、どうなっているのか?

①・セルバでの生活は、【資料1】に載せてある!

▷【 資料：１ 】の（　　）に入る数字を予想して記入

②・（　　）の中に入る数字は、次のようになる〈 正解を読み上げる 〉！

※・マンジョウカの粉１kg＝（　　１　　）レアル　　・インディカ米５kg＝（　　５　　）レアル
　・タマネギ１kg　　＝（　0.82　）レアル　　・パン２斤　　　＝（　1.69　）レアル
　・ジャガイモ１kg　＝（　0.6　）レアル　　・肉１kg　　　　＝（　　５　　）レアル
　・マーガリン500g　＝（　　２　　）レアル
　・多くの人たちは、一月(ひとつき)（１）万円前後で生活し、貧富(ひんぷ)の差(さ)は大きい

③・米５kgで375円は、高いのか？　安いのか？

　→安い・・・　※・米５kg＝2,000～3,000円程

④・一ヶ月の生活費が１万円は、多いのか？　少ないのか？

　→少ない・・・

⑤・にもかかわらず、そんな生活の場であるセルバでは、こんな変化が起きている！

　▷【 熱帯林の減少の写真 】

⑥・同じ場所を写した、この２枚の衛星画像を見ると、何が無くなっていることがわかるのか？

　→熱帯林・木・・・

⑦・どうして、直線的に(熱帯林が)無くなっているのか？

　→・・・

⑧・(答えは後でわかるが)このような熱帯林の消滅は、すでに「63万㎢」にも及んでいる。

　・これは、日本の国土面積と比べると、どっちが広いのか？

　→消滅した熱帯林の方・日本の方・・・

⑨・日本の国土面積は、どれくらいだったのか？

　→約38万㎢・・・

⑩・つまり、日本の国土面積の２倍近い面積の熱帯林が消滅している。

　・それほど大量の熱帯林を伐採しているブラジルの輸出を示したグラフは、
　　【資料：２】のA・Bのうち、どっち(なのか)？

　→A・B・・・

⑪・つまり、このグラフからわかるように、ブラジルは熱帯林を伐採して、それを輸出しているわけ
　　ではない。

　・では、何のために熱帯林を伐採しているのか？

　→・・・？

⑫・そのことを、伐採されている熱帯林から考えてみよう。

　→(投げかけのみ)・・・

３　熱帯林の根は、どうして浅くしか張らないのか？

①・まずノートに、熱帯林の根の張り方を描いてみなさい！

　▷〈 ノートに熱帯林の根の部分を書き込む 〉

②・〈 机間巡視で根の描き方を確認した後で、２種類の根の張り方を描いた絵を提示して！ 〉熱帯
　　林の根の張り方は、A・Bのどっち(なのか)？

　→B・A・・・

③・どうして「B」なのか？

　→・・・？

④・熱帯林の根の張り方は浅く、木が栄養分を取るために、細長い根を張りめぐらせている。
　　根がそんな浅い張り方をするのは、セルバでは98%の表土（＝腐葉土）は数cm～10数cmの深さ
　　しかないからだ。
　　・そのため、根は深く張れない（アマゾンに限らず、熱帯林の土壌はどこも痩せている）！
　▷【 浅く根を張った熱帯林の写真 】

⑤・熱帯林には、こんな木もある！
　▷【 板根の写真 】
⑥・〈 板根部分を指しながら 〉この部分は、何なのか？
　→根・・・？
⑦・どうして、こんな[大きな板のような]形に根っこがなっているのか？
　→熱帯林を支えるため・・・
⑧・土の中に深く根を張れないために、地表で木を支えるためにこんな形になっている。

4　どうして直線状に熱帯林を伐採しているのか？

①・こうした特徴を持つ熱帯林を伐採しているのは、何のためなのか？
　→・・・？
②・伐採した木材を売っているのではない。と言うことは（ 熱帯林そのものではなく ）、熱帯林を伐
　　採した「あと地」を利用することに目的があることになる。
　・熱帯林伐採のあと地は、何に利用しているのか？
　▷ 牧場や農地

③・つまり、こうなっている！
　▷【 熱帯林伐採のあと地の写真 】
④・牧場をつくるために、何千ha もの熱帯林を伐採している。普通は、牛１頭育てるのに、牧草地
　　は１ha が必要とされる。しかし、アマゾンでは（ 倍の ）２ha が必要になる。
　・これは、何故なのか？
　→土地が痩せているから・土地に栄養がないから・・・
⑤・通常の２倍もの牧場をつくって、牛を飼育して、どうしているのか？
　→牛肉を売っている・・・？
⑥・そのため、熱帯林を伐採してつくるのは牧場だけではない。
　・牛（ 肉 ）を運ぶための、何をつくる必要があるのか？
　→道路・道・・・
⑦・つまり、このように直線状に熱帯林を伐採しているのは、何故なのか？
　→道路をつくるため・・・
⑧・熱帯林を伐採してつくられている交通網は、道路だけではない。

5　日本は、ブラジルへの援助を続けるべきなのか？

①・アマゾンには、世界最大級の鉄鉱石の鉱山である「カラジャス鉱山」がある！
　▷【 地図帳Ｐ66D3 】
②・カラジャス鉱山で鉄鉱石を掘り出す方法は、これだ！
　▷【 カラジャス鉱山での露天掘りの写真 】

③・こうした採掘方法を何と言うのか？

⇨ 露天掘り

④・ここで掘り出された鉄鉱石は、「サンルイス」まで運ばれて、輸出されている！

▷【 地図帳P66E3 】

⑤・でも、サンルイスまで、何を使って運んでいるのか？

→カラジャス鉄道　※・地図帳に「カラジャス鉄道」と書かれている

⑥・カラジャス鉱山とサンルイスの間の距離は、どれくらいなのか、わかる？

→892km

⑦・（ 892km も離れているため ）、できるだけ効率よく鉄鉱石を運びたい。

・その結果、貨車の数を多くした！

▷【 カラジャス鉄道の写真 】　※・You Tube には動画もある

⑧・機関車２両で引っ張っている貨車の数は（ 何両なのか ）？

→180 両

⑨・貨車１両が「10m」とすると、全長は何mになるのか？

→1,800m（ ＝1.8km ）

※・塩田小学校方面で言えば「丹生神社」あたりまで、五町田方面で言えば「リーフ」あたりまで、久間
　方面で言えば「駐在所」あたりまで１つの列車がつながっていることになる。

⑩・このカラジャス鉄道をつくるために、何が切り拓かれたのか？

⇨ 熱帯林

⑪・こうした熱帯林の開発には、日本も資金協力や技術援助をおこなっている。

・どうして日本が、そんな援助をおこなっているのか？

→・・・

⑫・【資料：5】に、日本とブラジルの貿易品を描いたグラフがある！

▷【 資料：5 】

⑬・①（ 23.3% ）は、何だかわかる？

→鉄鉱石・・・

⑭・では、日本はブラジルへの援助を、続けるべきなのか？　やめるべきなのか？

→・・・

6　熱帯林の開発は、進めるべきなのか？（ その１ ）

①・牧場や農地をつくり、道路や鉄道などの交通網をつくるために熱帯林が伐採されている。

・ところで、そうして熱帯林が伐採された後に雨が降ると、地面は、どう変化するのか？

→・・・？

②・熱帯林が伐採された後に雨が降ると、表面の土が流される。その後、熱帯の高温にさらされ乾燥
　し、それがくり返される。

・すると、こんな感じの土になる！

▷【 乾燥した土の写真 】

③・こうなると、痩せた土地が、さらに・・・痩せていく。

・でも、熱帯林の多い地域は、雨は、多いのか（ 少ないのか ）？

→多い・・・

④・〈 雨温図を提示して！ 〉このＡ・Ｂのうち、どっちが熱帯の雨温図なのか？

　　→Ａ（ 熱帯雨林気候 ）・Ｂ（ 温暖湿潤気候 ）

⑤・つまり、一度、熱帯林を伐採してしまうと、その土地では何が進むのか？

　　→砂漠化・・・

※・アフリカのサヘルでも同じ現象が起きていたことを思い出させる。

⑥・さらに、熱帯林の伐採により二酸化炭素の吸収量が少なくなると、何が進むのか？

　　⇨ 地球温暖化

⑦・であれば、熱帯林の開発は、進めるべきなのか？　やめるべきなのか？

　　・Ａ：熱帯林の開発は、進めるべきだと思う人［ 挙手 ］！

　　▷〈 挙手による人数の確認 〉

　　・Ｂ：熱帯林の開発は、やめるべきだと思う人［ 挙手 ］！

　　▷〈 挙手による人数の確認 〉

　　・どうすべきなのか、各班のグループではなしあい！

　　▷各班内のグループでのはなしあい

※・ここから、班でのはなしあい　→　学級での討論とつなげていく

7　熱帯林の開発は、進めるべきなのか？（ その２ ）

①・〈 ガソリンスタンドの写真を提示して！ 〉これは、何の店の写真なのか？

　　→ガソリンスタンド

②・ここで売っているのは普通のガソリンや軽油だけではない。

　　・左はガソリンだが、右は何なのか？（ 何と書いてあるのか？ ）

　　→・・・？

③・ブラジルでは、アルコール燃料で自動車が走っている。

　　・このアルコール燃料は、何から作っているのか？

　　→さとうきび・・・

④・さとうきびを原料に作られる燃料を何と言うのか？

　　⇨ バイオ燃料

⑤・「バイオ燃料」を作っているのは、何のためなのか？

　　→環境を守るため・・・

⑥・「二酸化炭素の排出が少なくなる」と言われている。

　　・でも、バイオ燃料を作って使うことは、本当にエコ（ 環境保全 ）になっているのか？

　　→なっている・いない・・・

⑦・さとうきび畑は、どこにつくられているのか？

　　→・・・

⑧・こんな状況になっている！

　　▷【 さとうきび畑の写真 】

⑨・熱帯林を伐採して、さとうきび畑をつくることは、エコと、言えるのか？（ 言えないのか？ ）

　　→言えない・・・

⑩・日本としては、ブラジルのやっている熱帯林の開発は、Ａ：やめさせるべきなのか？　Ｂ：熱帯
　　林の開発は援助すべきなのか？　Ｃ：それはブラジルにまかせるべきなのか？

・Ａ：熱帯林の開発は、やめさせるべきだと思う人［ 挙手 ］！

▷〈 挙手による人数の確認！ 〉

・Ｂ：熱帯林の開発に対しては、援助すべきだと思う人［ 挙手 ］！

▷〈 挙手による人数の確認！ 〉

・Ｃ：熱帯林の開発は、ブラジルにまかせるべきだと思う人［ 挙手 ］！

▷〈 挙手による人数の確認！ 〉

・どうすべきなのか、各班ではなしあい！

▷ 各班内ではなしあい

※・ここから、班でのはなしあい　→　学級での討論とつなげていく

<参考文献>

馬場一博「世界最大の河川網　アマゾン川」授業のネタ研究会編『授業がおもしろくなる　中学授業のネタ　地理』日本書籍

若木久造「熱帯雨林の秘密」「熱帯雨林は、『開発』できるか？」若木久造ほか編『くらしと知恵が見える世界地理』わかたけ出版

加藤好一「アマゾンと私の国」『世界地理授業プリント』地歴社

<板書例>

〈 熱帯林の開発 〉

1　アマゾンの熱帯林 ＝ セルバ － 生活の場

2　熱帯林の開発　→　牧場　・　地下資源

道路
鉄道 － カラジャス鉄山
さとうきび → バイオ燃料

砂漠化
⇓
地球温暖化

3　ブラジルと日本

❖授業案〈 熱帯林の開発 〉について

　ブラジルの写真を提示していく場面は、テンポよく進めていき、アマゾン川の話につなげていく。アマゾン川の流域面積については、その様子を描いた絵を順番に提示していくことで、比較的簡単に理解させることができる（ 毛細血管を連想してか「何だか気持ち悪い」という感想を述べる生徒もいる ）。

　カラジャス鉄道の貨車の長さについては、You Tube の動画を見せる方法もある。ただし、延々と４分近くも見せるには授業時間がもったいないため、早送りで見せるか、あるいは、この授業案のように写真で見せるかの方法がよい。また、その貨車の長さを説明するために生徒が知っている場所を例に、中学校を起点にして説明しているため、その点はそれぞれ生徒がわかりやすい例を挙げればよい（ この説明で、いかに貨車が長いのかを生徒は理解できている ）。

　最後の討論では、日本とのかかわりを理解させていないと上手く進まないことがあるため、工夫が必要になる。また、アマゾニアの暮らしのよさをつかませる工夫も必要になる。こうした点が討論させる場合のポイントである。条件があれば、さらに深めた討論も可能であるため、補足資料を掲げておく。

■アマゾン川の流域面積は広い。その広いアマゾン川流域には熱帯のジャングルが広がる。そこに
はどんな人たちが暮らしているのか。その開発は、どのようにおこなわれているのか？

1：【 アマゾニア（ ＝アマゾン川流域 ）に暮らす人々 】

　アマゾニアに暮らす人々は、先住民インディオ・白人・黒人・東洋人（ 日系人も多い ）、そして多様
な形での混血である。白人は牧場などを持つ大地主で、数は少ない。多くの白人は、サンパウロに
住んでいる。ブラジルの人口構成は、インディオ 20 万人、ヨーロッパ系=54.8％、アフリカ系=5.9
％、混血=38.5％その他 40 以上の民族や人種から成り立っている。　　　　　　　　　（ 2000 年 ）

　アマゾンのインディオは、メキシコやアンデスのインディオと違って、トウモロコシやインゲン
豆などの栽培をせずに、狩猟・採集の生活をしてきた。「新大陸発見」後、これらの作物はポルトガ
ル人によってブラジルで作られるようになり、今の食生活の基準がつくられた。

　主食：インディカ米とマンジョウカ（ キャッサバ ）。
　副食：肉や魚・ニンジン・タマネギ・インゲン豆・トマト・カボチャなどで青野菜は少ない。

　食事にマンジョウカは欠かせない。マンジョウカを擦り、灰汁を抜き、乾燥させた粉（ ＝タピオ
カ ）を肉などのおかずにかけたり、多様な食べ方をする。

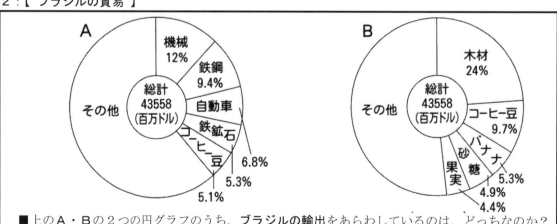

マンジョウカ（ キャッサバ ）

　主な食料の値段（ 調査時は 1 レアル＝約 65 円だった ）
　・マンジョウカの粉 1 kg＝（　1　）レアル
　・インディカ米 5 kg＝（　5　）レアル
　・タマネギ 1 kg＝（ 0.82 ）レアル
　・パン 2 斤＝（ 1.69 ）レアル　　　　・ジャガイモ 1 kg＝（　0.6　）レアル
　・肉 1 kg＝（　5　）レアル　　　　　・マーガリン 500 g＝（　2　）レアル
　多くの人たちは、一月（ 1 ）万円前後で生活し、貧富の差が大きい。

2：【 ブラジルの貿易 】

A

機械 12%
鉄鋼 9.4%
総計 43558（百万ドル）
自動車
その他
鉄鉱石　6.8%
コーヒー豆　5.3%
5.1%

B

木材 24%
総計 43558（百万ドル）
コーヒー豆 9.7%
その他
バナナ　5.3%
砂糖　4.9%
果実　4.4%

　■上のA・Bの 2 つの円グラフのうち、ブラジルの輸出をあらわしているのは、どっちなのか？
　ブラジルの輸出のグラフ＝（　A　）

■アマゾンの熱帯雨林の開発により、どんなことが起きているのか？　その開発の規模は、どんな
ものなのか？　そんなブラジルと日本との貿易には、どんな関係にあるのか？

3：【 熱帯雨林の道路網 】

■右のブラジルの道路網の地図の中
に東海道新幹線（ **東京～大阪** ）を
書き込むとしたら、下の**A～E**の
どの長さになるのか？

予想＝（　　　　　）

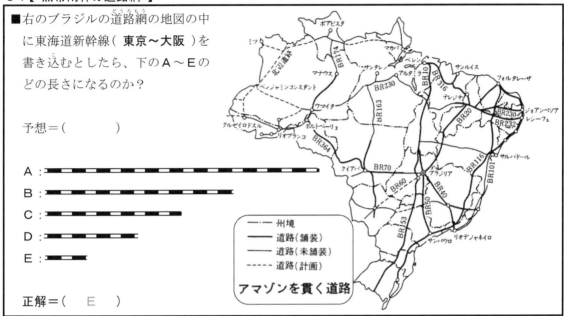

A：

B：

C：

D：

E：

正解＝（　　E　　）

4：【 熱帯雨林の開発 】

　アマゾンの開発の多くは、牧場開発である。牧場群を
最初に見たのは、ベレンから首都ブラジリアの沿線であ
る。街道沿いはほとんど大規模な牧場に変わっている。
道路際には、かつて豊かな森であった名残りの木が残って
いる。

　牧場には痩せた牛が、のんびりと草を食べている。牧場
主は、「この牧場を作る際、森林を切り倒し、火をつけて
焼いたときは壮観だった」と話していた。牧場主の多く
は南部からの金持ちの移住者で、熱帯雨林の土地を1ha
数百円で手に入れ、大木は木材として売り、大規模に森
を焼き払う。そこに牛を放す、といった生産性の低い牧
場経営をやっている。

　マラバでトランスアマゾニカを見たが、私は、「大陸を
横断する立派な道路か」と思っていた。実際に走ってみて
舗装もされず、車が走ると赤茶けた土が舞い上がる。行き
交う車もほとんどないデコボコ道路であった。その後一
部舗装されたようだが、この道路のせいで、森が消えてい
く。カラジャス鉄道は、マラバで見た。1編成（　180　）
両の貨物で、ヘビのように長い。この鉄道は、熱帯雨林
を開いて作った延長980kmの鉄道である。

5：【 ブラジルから日本への輸出 】

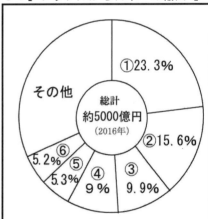

Q：①～⑤にあてはまる品物は何
か？（ Aの中から選びなさい ）

①＝（ 鉄 鉱 石 ）

②＝（ 肉 　 類 ）

③＝（ トウモロコシ ）

④＝（ コーヒー ）

⑤＝（ アルミニウム ）

⑥＝（ 鉄 　 鋼 ）

A：コーヒー　トウモロコシ　ウラン
　 鉄鋼　鉄鉱石　アルミニウム　肉類

補足資料１：【 ブラジル人の食事 】

　ブラジル人の主食は、米と豆である。米が主食になった理由は、ポルトガルなど南ヨーロッパではもともと（ ７世紀ころアラブ人が持ち込んだ ）米が食べられていたこともあるが、以前は先住民の主食だったマンジョッカ（ キャッサバイモ。マンジョウカとも呼ばれる ）を食べていた人たちが米を食べるようになったことが大きい。日系人がうまい米を食べていたことが影響したと言われている。

　ブラジルのソウルフード（ 郷土料理 ）である「フェイジョアーダ」は、かつて奴隷にされていた黒人たちが、豚の皮や耳などを黒インゲン豆（ フェイジョン ）といっしょに長時間煮込んで食べた料理がルーツだ。手間がかかり脂っこい料理なので、大好物だが土曜日にだけ食べるという人が多い。

　ブラジルには肉用牛が２億頭いる（ 飼育数世界第１位 ）。アマゾンの森が放牧場に変わったからだ。ブラジル人の食卓に牛肉はなくてはならないもので、１人あたり牛肉消費量はウルグアイ、アルゼンチンに次ぐ世界第３位。ブラジルの肉用牛は、かつては国内消費用だったが、次第に際限の無い輸出用（ 外貨獲得用 ）に飼育されるようになった。

　朝食は「カフェ・ダ・マニャン＝朝のコーヒー」と呼ばれる。それくらいコーヒーはブラジル人の生活に結びついている（ 生産量・輸出量とも世界第１位 ）。朝の主食はバゲット（ フランスパン ）やポンデケージョ（ マンジョッカの粉が入ってもちもちしているチーズ入りのパン ）だ。

補足資料２：【 アマゾンの開発 】

　アマゾンの開発は、1970 年代に世界銀行の融資を得て「土地なき人を人なき土地へ」のスローガンとともに開始され、1974 年には、日本のJICA（ 国際協力機構 ）と輸出入銀行（ 国際協力銀行 ）の援助のもと、大カラジャス計画がスタートした。

　大カラジャス計画は、アマゾンの森林のなかにある世界最大の埋蔵量 180 億トンといわれる鉄鉱山・カラジャス鉱山の開発とこれに伴う鉄道、道路網、工場建設、森林伐採、農業生産のための入植などの大規模な開発計画であり、その範囲は 90 万㎢（ 日本の面積の 2.4 倍 ）に及ぶものだった。

　製鉄工場で使う燃料用木炭のために１万 5000 ㎢もの自然林が伐採され、大量の入植者による焼き畑農業がはじまったが、生産性の低さから多くの農地が放棄され、牧草地になった。しかしアマゾンの土壌は薄く、数年で牧草は生えなくなるため、あらたな牧草地が必要になり森林が焼かれるようになった。

　しかし、これに抗議する先住民や国際世論の声が高まり、アマゾン開発は見直しを余儀なくされ、80 年代以降は環境保護と開発の両立が目指されるようになった。ところが、外貨不足に苦しむブラジル政府はその後、開発規制を緩める経済「自由化」路線に傾くようになり、穀物メジャー（ 穀物の世界市場を支配する大企業 ）などがブラジルに本格的に進出し、開発道路の建設 ⇒ 道路を利用した森林伐採 ⇒ 牧場開発 ⇒ 粗放経営による牧場放棄 ⇒ 大規模大豆栽培地への転換 ⇒ 大豆の輸出⇒米国産大豆と競争になる ⇒ 運送コスト削減のために高速道路・河川輸出港を建設する、といったアマゾンの大規模破壊サイクルが再び進行している。

　以上のようなアマゾン開発の経緯から明らかになったことは、アマゾンは「人なき土地」ではなかったこと、アマゾンの「開発」と呼ばれる「破壊」を進める原動力は多国籍企業とそれにつながる多国籍銀行や現地企業の開発第一主義にあることである。

　ブラジルが軍事政権下にあった 1970 年代のアマゾン開発には世界中に批判がわき起こり、環境と先住民の権利への関心が高まる中で、ブラジルは 1985 年に民政に移行し、新憲法には「先住民…が伝統的に住み着いていた土地への本来的な権利」とその土地を保護する政府の責任が規定された。しかし、2019 年の大統領選挙では開発優先の姿勢を隠そうとしなかったボルソナロ氏が当選した。

　アマゾンの開発を規制するためには国と政治の力が不可欠だが、政治は選挙という短期的政策目標、あるいは直接的な選挙区の利益という狭い関心に規定されやすいという問題があると言われている。この問題をどう克服するかが問われている。

　僕はドキュメンタリーの撮影の中で、アマゾン先住民と出会った。彼らと１か月間生活を共にしながら取材するにつれ、その深い生きる知恵に僕は打たれていった。

　生きていくのに必要なものは、数キロ四方の森から手に入れる。主食となるイモは森の中の畑で栽培し、魚は近くの川で釣り、バナナやパイナップルなどの果物は森の中に収穫に行く。ときどきはサルやバクなどの野生動物を狩る。

　家の建てるための木材は、１本１本どこから採ってきたのか知っている。柱は樹皮で結束し、もちろん釘などは一本も使わない。屋根は、バナナやヤシの葉で葺く。５年ほどすると屋根材は腐り、いろいろなところが痛んでくるので、家は取り壊され、新しい家が建てられる。取り壊された家の残骸は、また森に返され、土に戻る。家を建てるのは男の仕事で、家を一人で建てられるようになると一人前の男として認められる。

　アクセサリーは鳥の羽や木の実を利用し、ボディペインティングに使う染料は植物の種と油を混ぜて作る。陶器は特別な粘土に秘密の「つなぎ」になる粉を混ぜ野焼きする。野焼きに使う薪は、ムラのない焼き上がりにするため、きれいに灰となって燃え落ちる樹皮を使う。このようにすると野焼きのような低温焼成でも割れにくい、水が漏れない陶器が焼き上がる。

　リーダーにインタビューすると、彼らのシンプルなボキャブラリーの中には、私たち現代文明人が普通に使っている多くの言葉が存在しないことがわかった。

　まず彼らの言葉には、「自然」がない。西洋文明のように「自然」を自分と異なる存在として破壊したり、手つかずのまま保護したりする対象として見ていない。ヒトがいて、動物がいて、森があって、川がある。それらが有機的に利用し、利用され、影響しあい、変化しながら共に命を育んでいるのがこの世界で、「自然」と言う人間と離れた別の存在などあり得ないのだ。

　先住民は「自然」の一部となり、ヒトという役割を果たし、アマゾンの森をより豊かにしている。アマゾンの広大な森の３割は、先住民の手が入っているとも言われる。「耕された生態系」を、アマゾンを舞台に先住民は作り上げてきたのだ。

　彼らは「幸せ」、「不幸せ」と言う言葉も知らない。幸せな状態が当たり前だから。長老は「みんなが仲良く元気でいることが、強いて言えば『幸せ』と言うことだ」と言った。村人はいつも笑顔だ。僕は、「１人だけの幸せはないのですか？」と聞き返した。すると長老は僕を指さし、「ではお前１人だけが幸せで、他の人間がみんな悲しい顔をしている。それでお前は、本当にいいのか？」と問い返した。「世界が全体が幸福にならないうちは、個人の幸福はあり得ない」と言う宮沢賢治の言葉が頭をよぎった。その質問は僕の胸にぐさりと刺さり、そして返事ができなかった。

（ 森谷博「パーマカルチャー」http://www.ultraman.gr.jp/perma/shyakusyou.htm ）

　アマゾン熱帯林は今、鉱山開発のために大規模に森林が伐採されたり、広大な大豆畑や大牧場に急速に姿を変えようとしている。アマゾンの森林破壊と日本は無縁ではない。醤油や味噌、豆腐や納豆の原材料である大豆の自給率が５％の日本は、ほとんどの大豆を輸入に頼り、輸入大豆の20％がブラジル産だ。また、アマゾンの多様性に富む生態系は、現代の作物や医薬品の元になった「生物遺伝子の宝庫」であり、広大な熱帯雨林は「地球の気候安定装置」の役割を果たしていることも明らかになっている。地球の裏側の環境破壊は、巡り回って日本列島に豪雨や大型台風による自然災害をもたらしている可能性が指摘されている。

　熱帯林は、養分の90％近くが植物の中に蓄積されており、もともと養分の貯えがない土壌の肥沃度は、森林が破壊されると、あっという間に荒廃地となっていく。ひとたび荒廃地化すると、元の森林に回復するのは極めて困難で、熱帯林自体、非常に壊れやすく回復しにくい生態系と言える（ 生態系とは、ある地域に住むすべての生物とそれらに関わる環境を一体のものとしてとらえたもの ）。

それではアマゾンの生態系は、どうしたら守ることができるだろうか。この生態系を守る上で、大きな貢献をおこなっているのがアマゾンの先住民である。

　国連 FAO は SDGs（ 持続可能な開発目標 ）を達成するために、先住民族が鍵（かぎ）となるとして７つの理由を挙げているが、その最初が生物多様性で、先住民族が世界の生物多様性の８割を守っており、SDGs の達成には、先住民族とその社会を守ることが不可欠であるとしている。

　アマゾンの森林は、森の守り手、先住民族がいる森は守られてきた（ ブラジル憲法で先住民族の許可無く先住民族の土地に入ることは許されない ）。しかし最近、先住民族の土地の森が焼かれたり、資源盗掘者（しげんとうくつしゃ）が侵入（しんにゅう）・破壊（はかい）をくり返す事件が頻発（ひんぱつ）している。…経済や開発を優先する勢力が、先住民族の人類への大きな貢献を理解しようとせずに、その存在の抹殺につながる開発を進めていることがその背景にある。…先住民族が姿を消す時は、私たちを支える生態系が崩壊する時でもある。果たして、私たちは子どもの代、孫の代、さらにその先までも生きられる環境を残せるだろうか？

　南北アメリカの先住民が人類に与えている貢献（こうけん）は、巨大である。私たちが当たり前のように享受（きょうじゅ）している民主主義も、実は先住民族社会との接触（せっしょく）の中から生まれたという説がある（ 星川淳『魂の民主主義』）。…清教徒（せいきょうと）がたどりついた新大陸で、先住民族の平和な生活に触れた。その自由な人びとのあり方、ヨーロッパとはまったく異なった文明のあり方に、彼らは驚愕（きょうがく）した。それが旧大陸にも伝わり、ルソーの人間不平等起源論にも影響していったという。…人間は自然（ 生態系 ）の一部として自然を共有し、人間はもとから自由であった、民主主義こそめざす社会だという思想がそこから生まれた、と見る説にはとても説得力がある。

（『印鑰智哉（いんやくともや）のブログ』2019 年 10 月 1 日より ）

補足資料５：【 すべての人種を受け入れた共同体「パルマーレス」 】

　アフリカからブラジルへ、多くの黒人が奴隷（どれい）として連行されてきた。しかし奴隷たちはただ服従（ふくじゅう）していたわけではない。サトウキビ農園から逃亡して森の奥深くに自分たちの共同体（ キロンボ ）をつくった奴隷も少なくなかった。逃亡奴隷によって建設されたこれらの共同体は、故郷アフリカの王国を模したものだったが、２万人以上の人口を擁した最大のキロンボ「パルマーレス」（ パルメイラス＝「ヤシの木」がたくさん生えていたことに由来する ）は黒人だけでなく、先住民や白人を含むすべての人種を受け入れていた。そこでは、単一の作物を大量に生産するプランテーション農業とは異なり、多様な作物が栽培され、ブラジルで最も多様性が確保された自立的な地域となった。

　逃亡奴隷の“駆け込み寺”として知られるようになったパルマーレスを破壊しようというポルトガル人の試みは、幾度となくなされた。特に 1654 年にオランダ人をブラジルから追い出すことに成功すると、ポルトガル人はパルマーレス討伐（とうばつ）に本格的に力を入れるようになった。

　パルマーレスのリーダーとなったズンビは、ポルトガル軍の度重なる攻撃を退け、「不死身のズンビ」と呼ばれたが、1694 年のポルトガル軍の総力を挙げた攻撃によって防壁（ぼうへき）を破られ、パルマーレスは壊滅（かいめつ）した。かろうじて逃げ延びたズンビは、その後もポルトガル軍とゲリラ戦を続けたが、翌年ついに捕らえられ処刑された。パルマーレスとズンビは、現在もアフリカ系ブラジル人の誇りであり、ズンビの命日 11 月 20 日は「黒人意識の日（ 黒人の影響を受けたブラジル文化を意識する日 ）」としてリオデジャネイロほか 1000 以上の市で祝日になっている。

（ 写真はズンビ没後 300 年記念切手 ）

補足資料６：【 世界に広がる「カポエイラ」の輪 】

　2014 年、ブラジルの格闘ダンス「カポエイラ」が、ユネスコによって無形文化遺産に登録された。逃亡奴隷の共同体「パルマーレス」のズンビがカポエイラの実践家だったという証拠はないが、カポエイラの生き延びる力と互いの信頼を育てる自由な表現は、まさにパルマーレスを建国する精神と重なる（ 茂みで追っ手を撃退したことから、カポエイラは先住民の言葉「caá-puêra＝茂み」に由来すると言われている ）。

　カポエイラは、ブラジルの奴隷たちがダンスをしているふりをして練習していた格闘技である。長らく政府によって禁じられていたが、黒人（ 父 ）と先住民（ 母 ）の血を継ぐメストレ・ビンバが、伝統的な技を組み合わせて異種格闘技で全勝するなど、その有効性を証明し、1937 年に初めて合法的な道場を開いた。ビンバは「自分のためにカポエイラをしているのではない、世界のためにだ」と語っていたが、その言葉通りカポエイラは、言語を超えたコミュニケーションを可能にし、多様性を学ぶ学びの場として全世界でおこなわれるようになった。

　カポエイラの楽しさに焦点をあてれば、楽器の伴奏と歌に合わせて２人が戦う（ 演舞する ）ゲームであると言うこともできる。相手に直接打撃を与えるのではなく、かすめるように技を出したり、寸止めしたりする（ ここにユーモアが生まれる ）。だから、子どもも大人も一緒に楽しめる。判定をする審判がいるわけでもなく、どちらが何度「負け」ても、２人が納得するまでゲームは続く。いかに伴奏や歌のリズムと調和し、相手と感覚を共有し、それを体全体で表現するかが大切で、師範と呼ばれるレベルになるとその動きには無駄がなく、動線は円形を基本にした美しいシルエットを描く。

　カポエイラのゲームをする場、その集まりのことをホーダ（ 輪 ）という。歌い伴奏するプレーヤーに囲まれた円の中でおこなうので、そう呼ばれる。

　カポエイラをブラジルで学んだ日本の女性が、カポエイラの師範（ コミュニティの教育を担っていることが多い ）の言葉をブログで紹介しているので、以下要約して掲載する。

　「カポエイラは、苦役と抑圧の歴史を生き延びてきた自由な表現であり、自分自身を発見し、自分自身であることの表現なのだ、そういうカポエイラの輪を守っていきたい。自分自身を発展させること、そして自分自身がやりたいという気持ち、喜びを持ってカポエイラをすることが大事だ。

　人間の本来的な力をカポエイラは教えてくれる。すべての人に対等に向き合い、人に感覚を向けること、人に敬意をもつこと、人に親切であること。自分でいられることを肯定して戯れていられるように、自分に信頼を持つことができる、そういう力がカポエイラにあると信じている。」

（ 参考：脇さやか「カポエイラの国際化と日本における躍進」『ブラジル特報』2016 年１月号。ブログ『Gingue Sempre!!』2018 年 11 月 23 日。HP『カポエイラ入門』http://www.vadiacao.com/oqueecapoeira/regra/ ）

補足資料７：【 ブラジルの元環境相マリナ・シルバさんの話 】

　——アフリカ系ブラジル人としてアマゾンに生まれたマリナ・シルバさんは、1994 年にブラジル史上最年少の上院議員となった。環境相時代はアマゾンの森林伐採を厳しく規制し、数多くの国際環境賞を受賞した。2015 年に来日して「持続可能な開発と環境保護」をテーマに講演をおこなった。以下は、その要約——

　アマゾンでは違法伐採で、27 万平方キロに及ぶ被害があったが、犯罪者の摘発や材木の没収などの取り組みで、過去 10 年で森林伐採率を８割引き下げることができた。

　私は、アマゾンの農園で半ば奴隷的な生活をおくり、16 歳まで字も読めなかったが、アマゾンの自然や資源はなるべく少なく使い、リユース、リサイクルすることによって、自然環境と次世代をリスペクトしたい。アフリカ（ ケニア ）出身のノーベル平和賞受賞者ワンガリ・マータイさんが使っていた日本発の「MOTTAINAI」という言葉は、短いが多くの意味を含んでいて共感している。人々が幸せを感じるような自然や資源との向き合い方を創造していくということだと思う。この言葉は、これから社会・経済・文化がどれほど変化しても、世界で持続可能な開発モデルを実現していくことに通じる。

マータイさんから「私たちは土地を子どもたち、孫たちのために資産として残すのではない。土地を子どもたち、孫たちから借りているのだ」という言葉も聞いた。「MOTTAINAI」精神で、将来世代から借りたものをさらによくして返すことができたら素晴らしい。持続可能な開発モデルをアマゾンの地に創っていくこと、それが今、私たちがブラジルでチャレンジしていることだ。

補足資料８：【 アマゾン先住民の物語と私たち 】

　1895年、ヨーロッパ文明に絶望し、精神的に追い詰められたフランスの画家ゴーギャンは、南太平洋のタヒチで大作「我々はどこから来たのか　我々は何者か　我々はどこへ行くのか」を描き上げた。この問いを発しなければならなかったのは、「文明人」が自分たちの「物語」を忘れてしまったからではないだろうか。

　2014年、アマゾンの先住民であるカヤポ族の大長老ラオーニとその孫が、アマゾンの森林保護を訴えるために来日した。ラオーニは講演のなかで「昔、すべての人はひとつの言葉で話していた。しかし、今ではバラバラになってしまった。」と語った。

　彼らは長い間語り継がれてきた、生きている「物語」を持っている。その「物語」によれば、アマゾンの森林は自分たちの命そのものであり聖域なのだ。しかし、「物語」を無視した多国籍企業はアマゾンを焼き払い、地平線まで続く広大な大豆畑や牛肉を輸出するための大牧場に変え、鉱山開発のため破壊し続けている。アマゾンの熱帯林が破壊されるスピードは凄まじく、毎年四国の1.5倍の面積が消滅していると言う。

　アマゾンの森林破壊と日本は無縁ではない。日本食の基本である醤油や味噌、豆腐や納豆の原材料である大豆の自給率が５％の日本は、ほとんどの大豆を輸入に頼り、輸入大豆の20％がブラジル産である。また、地球の裏側の環境破壊は巡り回って異常気象を起こし、豪雨や大型台風による自然災害が増えている。

　ラオーニの孫であるベポは、こんな話をしてくれた。「村で暮らしていた時には、年長者の話を聞くことの大切さを理解していませんでした。しかし町で暮らすようになって、自分がカヤポ族の文化を持っていることの重要性に気づきました。どこにいようと、カヤポ族の文化の上に私がいるのです。」

　「物語」を持っている人は、大地（地球）とつながっている「揺るぎない強さ」を持っています。カヤポ族の大長老ラオーニは、自然界の精霊が見えると言う。彼は、まさに「物語」の語り部で、森の代弁者として、私たちの前にあらわれたのだ。「アマゾンの森林は全人類のものだ。地球に住む者として、私たちすべての人間のためにも、すべての命のためにも、全世界の人たちでアマゾンの森を守ってほしい」と呼びかけるラオーニのカヤポ語は、まさに言霊だった。

　ラオーニは、「普通の人」でもあった。ラオーニは森で狩りをし、手仕事で生活道具をつくり、物語を語り、孫に囲まれ家族やコミュニティとともに大自然のなかで暮らしているたくましいお爺さんだった。ラオーニたちは東京講演の翌日、千葉県・鴨川の里山へ来てくれ、私の百姓の師匠である里山の長老たちにも会い、交流した。ラオーニは、日本とカヤポ族は共通の文化を持っていて、似ていると言う。有史以前、アジアからベーリング海峡を渡って、南北アメリカへ移動した同じ血が流れるモンゴロイドの私たちは、深い所でつながっている。

　アマゾンの長老と里山の長老は同じことを言っていた。「それぞれの文化を尊重すること。コミュニティでお互い助け合い、自然を守り、自然とともに生きること。戦争は絶対にしないこと（里山の長老たちは戦争体験者）。」。「俺たちは同じことを考えているな」と、アマゾンと里山の長老たちは、肩を抱き合って笑い合った。

　今、現代文明に生きる私たちには、それぞれの土地で、それぞれの言葉で語られる、暮らしに根ざした自分たちの「物語」が必要だ。それはコミュニティの再創造を意味する。あたらしい「物語」を持つことで、私たち現代人は「我々はどこから来たのか　我々は何者か　我々はどこへ行くのか」の問いに答えることができるのではないだろうか。そのあたらしい「物語」は、私たちにこう語りかけてくれるはずだ。「我々は地球から来て　我々は地球であり　我々は地球へ還るのだ」

（林良樹「この星の反対側から来た人々」『くらしの良品研究所連載ブログ／千葉・鴨川－里山といういのちの彫刻』ほかによる）

2. 世界の諸地域／全25時間

(6) オセアニア州／全2時間

[22] 東経135度の隣人
[23] 太平洋の島々

❖　　単元「世界の諸地域／(6)オセアニア州」について　　❖

　世界の諸地域の中でも、生徒にとってオセアニア州は、まだ馴染みの少ない地域かもしれない。ニュースで取り上げられることもまれで、生徒たちは、コアラやカンガルーは知っていても、太平洋の国々や、南半球を中心に広がるオセアニア州について知る機会は少ないようだ。しかし、あまり知らないからこそ、生徒の興味を引く事実がたくさんあるのではないかと考えて授業づくりを進めた。まずは興味を持たせることから始めようという感じである。そうすると、今後の日本は太平洋諸国の人々の生き方をもっと知って、たがいに結びつきを強めていくべきことが見えてきた。

[22] 東経135度の隣人

◎日本と同じ東経135度上にある国として興味を持たせ、オーストラリアの自然や歴史、とくに南半球にあることからくる特徴、多文化社会を目指していることなどを学ばせる。

1 オーストラリアを知ろう！

① ・今から50年程前(1970年)、大阪で万博が開かれたとき、日本の「東経135度の隣人」をテーマに掲げた国があった。

・さて、その国は、どこだったのか？

→・・・？

② ・[「東経135度の隣人」とは]「オーストラリア」だった。今日は、オセアニア州の中の「オーストラリア」について学ぶ。この「オーストラリア」とよく似た名前の国が，ヨーロッパ州にある。

・それは、何と言う国(なのか)？

→オーストリア・・・

③ ・この2つの国の名前は似ているけど、意味や成り立ちは全く違う。 オーストリア(Austria) は英語表記で、地元ではドイツ語で、 エースタライヒ(Österreich) と呼んでいる。「エースタ」は、英語では「east」。

・意味は(何)？

→東・・・

④ ・「ライヒ」は「国」。つまり、「オーストリア」はドイツ語が語源で、「東の国」と言う意味。一方の オーストラリア(Australia) は、古代ギリシャの伝説上の大陸 テラ・アウストラリス(Terra Australis) と言うラテン語が語源。「terra」は「大陸」で、「australis」は「南」の意味。ラテン語では地名の最後に「ia」をつけるので「Australia」となった。つまり、「オーストラリア」は、ラテン語が語源で、意味は「南の国」となる。

　2つの国の名前は似ているため、「オーストリア」に送られるはずの荷物が、「オーストラリア」に届くこともある(地球の半分の距離を誤って配送したことになる)！

▷地球儀を使って「地球半周分の誤発送」を示す

⑤ ・そのオーストラリアが、どうして、「東経135度の隣人」と言うテーマを掲げたのか。

　「東経135度」を基に、日本とオーストラリアの位置関係から考えてみよう。

・学習プリントの【資料：1】に、赤道・南回帰線・北回帰線・東経135度の経線が描かれている。

・そこに、地図帳などは見ないで、赤道・南回帰線・北回帰線・東経135度を参考にして、日本とオーストラリアを青鉛筆で(薄く)描いてみなさい！

▷ 日本とオーストラリアを描く作業　※・たぶん描けないので、すぐに先に進める。

⑥ ・次に、【地図帳：P2】を見て、赤鉛筆で、日本とオーストラリアを正確に描きなさい！

▷ 日本とオーストラリアを描く作業

⑦ ・東経135度は、日本の、どこ(何県？　何市？)を通るのか？

→ 兵庫県・明石市

⑧ ・これは、日本のほぼ中央になる。東経135度は、オーストラリアでも、国のほぼ中央を通っている。日本とオーストラリアは遠く離れていても、「東経135度に太陽が来た時刻を12時(正午)とする(標準時で)、同じ時間を暮らす隣人」なのである。

・つまり、日本とオーストラリアとの間には、何がないのか？

- 28 -

→時差（ 時間の差 ）・・・

⑨・「時差」がないので、同じ時間帯で生活をしている。では、「すべてが同じなのか」と言うと、そ
　うでもない。たとえば、「気候」が違う。気候帯で言うと、日本は・・・「温帯」に位置する。

・だから、日本は、北回帰線よりも、北にあるのか？　南にあるのか？

→北にある・・・

⑩・では、オーストラリアは、南回帰線よりも（ 北にあるのか？　南にあるのか ）？

→北？・南？・・・

⑪・南回帰線は、オーストラリアのほぼ中央を横切っている。

・つまり、オーストラリアは、赤道や南回帰線との位置から考えると、気候帯は、何になるのか？

→熱帯・温帯・・・？

⑫・「熱帯」、そして「温帯」（ 一部、亜寒帯 ）になる。さらに、南回帰線上には
　「砂漠」があり、「乾燥帯」が広がっている。

・そのことを、自然の地形で確認してみる。

・【地図帳P69】を見て、地形や都市名を書き込みなさい！

　▷ オーストラリアの地形の名前・都市名を記入

※・ ①（ インド ）洋 ・ ②（ グレートバリアリーフ ） ・ ③（ グレートサンディー ）砂漠
　・ ④（ グレートビクトリア ）砂漠 ・ ⑤（ グレートアーテジアン ）盆地
　・ ⑥（ グレートディバイディング ）山脈 ・ ⑦（ タスマニア ）島

・オーストラリアの衛星写真からも、大陸のほとんどが砂漠であることがわかることを指摘する。

※・ A（ キャンベラ ） ・ B（ シドニー ） ・ C（ メルボルン ）

・オーストラリアの首都を決めるとき、シドニー（ 387万人 ）とメルボルン（ 328万人 ）が
　激しい争いをした。そのため、その間をとって、首都は「キャンベラ」に決まった。

オーストラリアの主要都市の人口	
①シドニー	：387万人
②メルボルン	：328万人
③ブリスベン	：152万人
④パース	：129万人
⑤アデレード	：107万人
⑥ニューカッスル	：46万人
⑦ゴールドコースト	：35万人
⑧キャンベラ	：30万人

⑬・こうしたオーストラリアには、日本にはいない動物がいる。

・たとえば、どんな動物を知っている？

→カンガルー（ ＝「わからん」という意味だとされていたが、本当は「飛び跳ねるもの」という意
　味 ）、コアラ（ ＝水を飲まない ）、ウォンバット（ ＝つぶれた鼻 ）[以上はすべて先住民アボリ
　ジニーの言葉]、タスマニアデビル（ タスマニアの悪魔。これは英語。イギリス人には悪魔の鳴
　き声に聞こえたらしい ）、カモノハシ（ 鴨のくちばし。これは日本での呼び方 ）

※・写真を提示！

※・オーストラリア大陸に上陸
　したイギリス人が、後ろ足
　2本と尻尾で立ち、お腹に袋を持つ奇妙な動物を見て、「あの動物は何と言うのか」と訊いたところ、
　先住民のアボリジニーは、「カンガルー」と答えたのでイギリス人はカンガルーと呼ぶようになった。
　さて、「カンガルー」とは、アボリジニーの言葉で、どんな意味なのか？

→「あんたが何と言っているのかわからん」・・・（ この話は長らく信じられていたが、単なる俗説だっ
　た。ちなみにオーストラリアと間違えられることが多いオーストリアでは『No Kangaroos in Austria』
　＝「オーストリアにはカンガルーはいませんよ」と書かれたバッグやTシャツがお土産として売られ
　ている ）

⑭・こうした動物がオーストラリアだけに生息しているのは、オーストラリア大陸が早い時期に他の
　大陸と離れ、動物たちが独自の進化を遂げたためだ。

　[オーストラリア大陸は、現在も毎年7cmずつ北に向かって移動している。そのため、オースト
　ラリアは「東経135度の隣人」であると共に、世界最速で日本列島に近寄ってきている隣人でも
　ある]

2　オーストラリアをあらわす３つのものとは？

①・そんなオーストラリアの特徴を、３つのものから見ていく。

　　・まず１つ目を紹介する前に、フィンランドの１枚の切手を見てみよう！

　▷【 フィンランドのサンタが描かれた切手 】

②・この切手に描かれているサンタさんは、何をしているのか？

　　→・・・　　※・答えは、すぐに示す！

③・この切手には、12月の凍った池で、スケートをしているサンタが描かれている。

　　・これも同じ12月のサンタを描いた切手！

　▷【 オーストラリアのサンタが描かれた切手 】

④・これが、オーストラリアの特徴をあらわす１つ目のもの。

　　・さて、このサンタは、12月に、オーストラリアで何をしているのか？

　　→・・・？

⑤・どうして、12月に、サンタが、サーフィンをしているのか？

　→オーストラリアでは12月は夏だから・・・

⑥・オーストラリアは、日本やフィンランドとは、季節が・・・？

　→逆・反対・・・

⑦・【資料：3】に描かれているオーストラリアの4つの都市の雨温図で、7月の気温が下がっているのは、何故なのか？

　→7月は冬だから・・・

⑧・なぜそうなるのか、家の建て方から考えてみる。

　　【資料：4】に描かれているL字型の家は、どの向きで建てられるのか。

　　・日本とオーストラリアの敷地が描かれた欄に、それぞれL字型の家を書き込んでみなさい！

　▷ L字型の家の向きを考えて描き込む

⑨・どうして日本とオーストラリアでは、家の向きが反対になるのか？

　→北半球と南半球では日のあたり方が逆になるから・・・

⑩・オーストラリアは日本と同じ経度だが、南半球にあるため、季節や日あたりなどは反対になる。

　　・次に、オーストラリアの特徴をあらわす2つ目のものが、これだ！

　▷【 オーストラリアの国旗 】

⑪・これは、オーストラリアの国旗。オーストラリアの国旗に、「イギリス」の国旗が描かれている。

　　・それはオーストラリアが、イギリスの何だったからなのか？

　⇨ 植民地

※・ユニオンジャック(旗の左上。イギリス国王＝国家元首)、南十字星(右側。オーストラリアが南半球にあることをあらわす)、コモンウェルス・スター(左下。「連邦」の意味の七綾星（しちりょうせい）＝とがった部分が7つある＝6つの州と首都など特別地域をあらわす)

⑫・イギリスの植民地になる以前から、オーストラリアに住んでいた民族は、誰だったのか？

　⇨ アボリジニー

⑬・オーストラリア大陸には、何万年も前からアボリジニーが住んでいた。しかし、1770年にイギリス人のキャプテン・クックが上陸して領有宣言をしたのをきっかけに、1828年にオーストラリア全土はイギリス領とされてしまった。それも、イギリスの「流刑植民地」として開拓が進められた。そこに持ち込まれたのが、オーストラリアの特徴をあらわす3つ目のものだった。

　　・それは、これだ！

▷【 ウールマーク 】

⑭・これは、何マーク？

　→ウールマーク・・・　※・答えがない場合には、すぐに進む。

⑮・「ウールマーク」って、何のマークなのか？

　→羊毛・羊・・・

⑯・「羊毛」のマークだ。

　・羊毛って、何の毛なのか？

　→羊・・・　※・羊毛の実物を提示！

⑰・つまり、オーストラリアでは、何が飼われているのか？

　→羊・・・

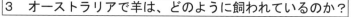

3　オーストラリアで羊は、どのように飼われているのか？

①・この3枚の写真の中で、オーストラリアの羊は、どれなのか？

　▷【 ムフロン（A）とスペインメリノ（B）とオーストラリアメリノ（C）の写真 】

②・Cが、オーストラリアで飼われている羊（ オーストラリア メリノ種 ）。Aは、 ムフロン と言って、野生の羊に近い品種。こうした野生の羊に品種改良が加えられ、Cのような羊になった。

　・でも、どこを？　どのように？　品種改良したのか？

　→ふさふさの毛・白い毛・・・

③・何千年もかけて、野生の羊から衣類専用の羊にするために品種改良がくり返された。その代表が、Bの（ スペイン ）メリノ種だ。この（ スペイン ）メリノ種107頭が、1798年に（ 南アフリカから ）オーストラリアに運ばれた。しかし、生き残ったのは、わずか13頭だった。そんな苦労もあったが、オーストラリアに持ち込まれた羊は、数を増やしていった。

　・では、現在、どれくらいの数の羊が、オーストラリアにはいるのか。

　・オーストラリアの人口と比べた場合、一番近いのは、次のうちのどれなのか？

A：人口の30分の1	B：人口の3分の1	C：人口と同じ位
D：人口の3倍	E：人口の30倍	

　→・・・？

④・正解は、D［ の「人口の3倍」ほど ］で、 約6,700万頭 ［ 2016年 ］の 羊 が飼育されている。

　・と言うことは、オーストラリアの 人口 は、どれくらいになるのか？

　→ 約2,430万人 （ 2016年 ）

⑤・オーストラリアの面積（ 769万k㎡ ）は、日本（ 38万k㎡ ）の約20倍もあるのに、人口は4分の1ほどしかない。　※・日本の人口＝約1億2,700万人

　　「国民の3倍もの羊がいる」のなら、オーストラリアでは「羊は食べ放題・・・」、なのかと言うと、羊は食べるために飼われているわけではない。

　・では（ 食べないのであれば ）、羊は何のために飼われているのか？

　→羊毛を取るため・毛を刈り取るため・・・

⑥・羊の毛は、こうして刈り取られている！

　▷【 羊の毛を刈り取っている写真 】

⑦・（ 身近なところでは ）羊毛から「毛糸」が作られる。

　・毛糸から「セーター」や「マフラー」などが作られる！

▷〈 毛糸を提示！ 〉

⑧・こうして羊の毛を刈り取るのは、１年のうち、いつ頃なのか？

　→夏・春・・・

⑨・年に１回、「初夏」に専門の人により刈り取りがおこなわれる。冬は寒くなるため、
　　羊の毛がよく育っている。毛を刈り取ることで、羊からは、毎年新しい羊毛を取ることができる。

　・毛を刈り取られた後の羊は、こんな感じになっている！

　▷【 毛を刈り取られた羊の写真 】

⑩・この姿を見ると、ムフロンから品種改良されたことも納得ができる。

　・でも、こんな姿にされる毛刈りは、羊にとっては、迷惑なこと？　ありがたいこと？

　→ありがたいこと・迷惑なこと・・・？

⑪・これは、牧場から逃げ出した羊が、６年後に見つかったときの写真だ！

　▷【 毛むくじゃらになった羊の写真 】

⑫・毛が刈り取られないと、こんなことになってしまう。毛が刈り取られないと、暑い夏に、羊は病
　　気にかかってしまう。毛を刈り取ってもらうことは、（ 羊にとっては ）迷惑なこと・・・ではな
　　いようだ。

| 4 | 南半球にあるオーストラリアでは、何が有利なのか？ |

①・ところで、羊は、どんなところで飼われているのか。

　・【地図帳Ｐ71・③牛と羊の分布】の地図を見て、学習プリントの【資料：２】の白地図に、羊が
　　飼われている地域を赤色で塗って確認してみよう！

　▷〈 羊の放牧地域を赤色に色塗り 〉

②・この作業からわかるのは、羊を飼うための自然条件とは、| A：暑くて雨の多い土地なのか？　B：
　　やや涼しくて乾燥した土地なのか？ |　どっちだと言うことがわかるのか？

　→Ｂ：やや涼しくて乾燥した土地

※・牛は上の前歯が無く、ある程度長く伸びた草を下の前歯と舌で丸め取って食べる。それに対し羊は上
　　下ともに前歯があり、少し出っ歯になっているため、短い草を上下の前歯でむしり取って食べる。
　　つまり、牛はある程度長く伸びた草があるところでなければ飼えないのに対し、羊は草の伸びの悪い
　　乾燥地帯でも飼うことができる。

③・ちなみに、その乾燥した気候を利用して、「小麦」も栽培されている。

　・小麦の栽培地域は、こうなっている！

　▷【 オーストラリアの小麦栽培地域の地図 】

④・羊が飼われている地域との重なりも見られる。

　・つまり、小麦栽培の自然条件は、羊を飼うのと・・・？

　→似ている・同じ・・・

⑤・「小麦の世界の生産ベスト10」は、こうなっている！

　▷【 世界の小麦生産ベスト10の表 】

⑥・この表を見ると、小麦の栽培は、オーストラリアの自然条件が合っていることもあるだろうけど、
　　オーストラリアにとって「有利」だからでもある。

　・でも、どんな点で、オーストラリアにとって有利なのか？

　→オーストラリア以外は全て北半球にある国・・・

⑦・小麦は、「秋」に種を蒔いて、「夏」に収穫する。そのため、アメリカやヨーロッパの国々では、

6〜10月が収穫となる。

・それに対して、オーストラリアの収穫は、何月頃になるのか？

→12〜1月・・・

⑧・それは、この表（【世界の小麦生産ベスト 10 】）にある1〜9位までの国々が、収穫しない時期
　　にあたり、小麦の出回る量が少なくなる時期でもある。

・そんな市場の流通量が最も少なくなる時期を何と言うのか？

⇨ 端境期（はざかいき）

⑨・12月〜1月は、北半球では「端境期」にあたり、小麦の出回る量が少なくなる。だから、オース
　　トラリアにとっては、有利になるわけだ。

5　多文化社会とは、どんなことなのか？

①・かつて、オーストラリアをあらわすものには、こんなものもあった！

▷【 金の延べ棒（ の形のティシュ箱 ）】

②・1850年代に、メルボルンの近くで「金鉱」が発見された。すると、一攫千金（いっかくせんきん）を夢見た多くの移民
　　が、オーストラリアにやってきた。

・特に、世界のどの地域や国から、やってきた（ 移民が多かった ）のか？

→アジアや中国・・・

③・そのため、オーストラリアでは、白人じゃない人の移住を厳しく制限するようになった。

・この政策を何と言ったのか？

⇨ 白豪主義　　※・「豪」はオーストラリアの漢字表記「濠太剌利」の「濠」を常用漢字で表記したもの。

④・つまり、イギリスなどのヨーロッパからの移民は認めたが、有色人種の移民は制限したわけだ。
　　しかし、現在は状況が変わってきている。

・学習プリントの【資料：5】のグラフを見てみよう！

▷【 資料：5 】

⑤・このグラフは「オーストラリアの貿易相手国の変化」が書かれて
　　いるが、オーストラリアの、どんな変化がわかるのか？

→貿易相手国が中国や日本に代わった・ヨーロッパとの取引が減っている・・・

⑥・どうして、そんな変化が起きているのか？

→イギリスなどヨーロッパは遠い・日本や中国の経済力が強くなった・・・

⑦・地理的な関係などもあり、ヨーロッパよりアジアとの関係が強くなっている。そうなると、「白
　　豪主義」は社会の障害になると考えられるようになった。そのため、白豪主義は
　　1960年代から70年代に破棄されていった。

・その後の変化は、【資料：6】の「移民数の変化」のグラフを見るとわかる！

▷【 移民数の変化 】のグラフ

⑧・グラフからは、どんな変化が起きていることがわかるのか？

→移民の数が増えている・アジアからの移民の割合が増えている・・・

⑨・現在、オーストラリアでは、さまざまな文化を互いに尊重し合う社会へと変化している。

・そんな社会を、何と言うのか？

⇨ 多文化社会

⑩・オーストラリアでは、移民や難民を受け入れ「多文化社会」実現のため「多文化教育」がおこな

われている。

・この「多文化教育」とは、主に、どっちなのか？

・ A：移民や難民などの外国人が、出身国の文化や言語を学ぶための教育 　 B：移民や難民の外国人の周囲の国民が、移民・難民の文化・言語・宗教・生活について学ぶ教育

→B・・・ ※・Aもおこなわれているが、Bが中心。

⑪・多文化教育は、小中高校で実施されているが、一般国民に対しても大学や高等専門学校でおこなわれている。

（ オーストラリアの ）お隣のニュージーランドも、同じ多文化社会。

・そのため、町中では、【資料：7】のような風景が普通に見られる！

▷【 資料：7 】

※・ニュージーランドには、先住民の「マオリ」がいる。

⑫・こうしたオーストラリアやニュージーランドの「多文化社会」の在り方は、これからの日本や世界も見習っていくべきことではないだろうか。

※・世界では、民族や宗教・文化などの違いによる争いも起きているが、互いの文化を尊重し合う社会になれば、そうした対立はなくなっていくのではないだろうか。ただし、現実には簡単な話ではなく、オーストラリアでも、この多文化社会に反対する動きがあるのも事実である。

<参考文献>

宇田川勝司「オーストラリアとオーストリア　似て非なる国名　その語源は何だろう？」『なるほど世界地理』ペレ出版

川島孝郎「オーストラリア」『授業中継　最新世界の地理』地歴社

「オーストラリアの自然と歴史」羽田純一監修『まるごと社会科中学地理（上）』喜楽研

河原和之「能動的にオーストラリアを学ぶ」『続・100万人が受けたい中学地理』明治図書

関根政美「多文化主義の現状より見たオーストラリアのいま」、掛川喬司「オセアニア州出身のALTから学んだ授業」『歴史地理教育』2018年11月号

<板書例>

〈 東経135度の隣人 〉

1　オーストラリア　　　　　　　　　　 2　多文化社会 ← 白豪主義 ←

　① 南半球

　② イギリスの流刑植民地

　③ 羊（ メリノ種 ）

　　 小麦 － 端境期

❖授業案〈 東経135度の隣人 〉について

　「東経135度の『隣人』」と言われても、遠く離れた南半球にある国ではピンとこない。そこで、隣人をとらえさせるために、地図を描かせて確認させることから授業を始めている。オーストラリアの特色として、南半球・イギリスの植民地・羊毛の3つを取り上げて、それぞれサンタの切手・国旗・ウールマークを基に考えさせていった。ただ残念ながら、最後の多文化社会については、時間不足で深められていない。

■東経135度の隣人であるオーストラリア。日本とは、どんな位置関係にあるのか？　南半球にある
　ということは、日本とは、どんな違いがあるのか？

1【 隣人（ 国 ）・オーストラリアと日本の位置 】

東経 135°

北回帰線

赤　道

南回帰線

※オーストラリア・（ ニュージーランド ）・日
本の大きさはデタラメなので、できるだけ正
しい大きさで描くように！

■オーストラリアの自然には、どんな特徴があるのか？　どんな動物が生息しているのか？　コアラ
　やカンガルーが有名だが・・・。また、オーストラリアとは、どんな歴史を持つ国なのか？

2：【 オーストラリアの自然 】

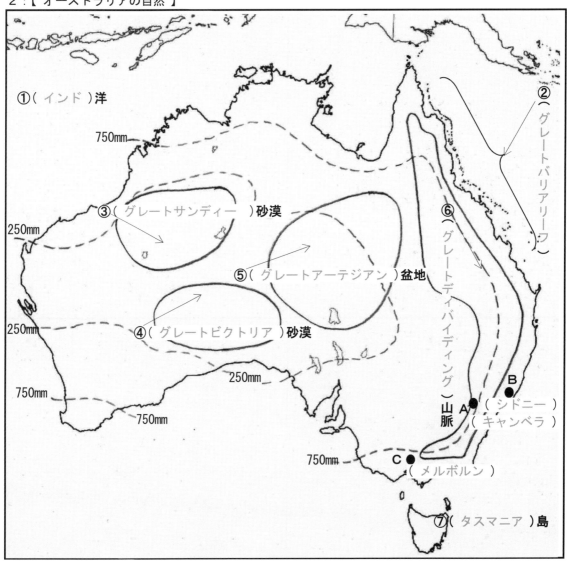

①（ インド ）洋

②（ グレートバリアリーフ ）

750mm

③（ グレートサンディー ）砂漠

⑥（ グレートディバイディング ）山脈

250mm

⑤（ グレートアーテジアン ）盆地

250mm

④（ グレートビクトリア ）砂漠

250mm

B

A（ シドニー ）

（ キャンベラ ）

750mm

750mm

750mm

750mm

C（ メルボルン ）

⑦（ タスマニア ）島

3：【 オーストラリアの都市の雨温図 】

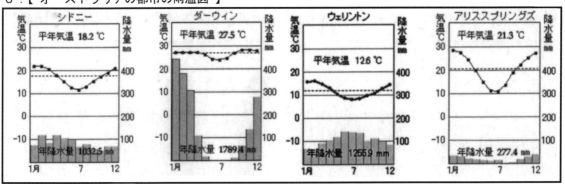

シドニー　平年気温 18.2℃　年降水量 1032.5 mm

ダーウィン　平年気温 27.5℃　年降水量 1789.4 mm

ウェリントン　平年気温 12.6℃　年降水量 1255.9 mm

アリススプリングズ　平年気温 21.3℃　年降水量 277.4 mm

■オーストラリアの貿易を見てみると、その経済的な特徴や結びつきがわかる。オーストラリアは現在ど
　この地域とのつながりが強くなっているのか？　多文化社会とは、どんな社会なのか？

4：【 家を建てる向き 】

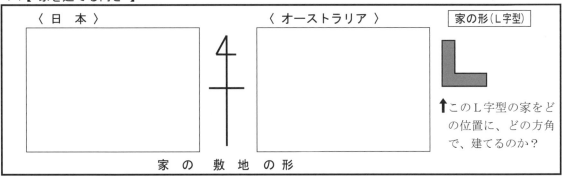

〈 日 本 〉　　　　　　　〈 オーストラリア 〉　　　　　家の形（L字型）

↑このL字型の家をど
　の位置に、どの方角
　で、建てるのか？

家 の 敷 地 の 形

5：【 オーストラリアの貿易相手国の変化 】　　　　　　　UN Comtrade

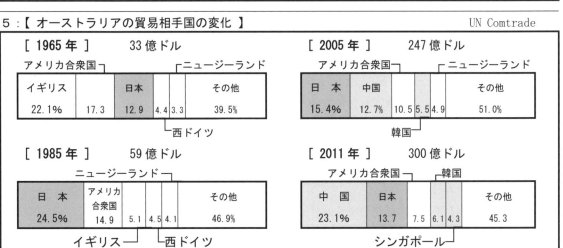

[1965 年]　　33 億ドル

アメリカ合衆国┐　　　　　　┌ニュージーランド

イギリス		日本			その他
22.1%	17.3	12.9	4.4	3.3	39.5%

└西ドイツ

[1985 年]　　59 億ドル

ニュージーランド┐

日本	アメリカ合衆国				その他
24.5%	14.9	5.1	4.5	4.1	46.9%

イギリス┘　　└西ドイツ

[2005 年]　　247 億ドル

アメリカ合衆国┐　　　　　　┌ニュージーランド

日 本	中国				その他
15.4%	12.7%	10.5	5.5	4.9	51.0%

└韓国

[2011 年]　　300 億ドル

アメリカ合衆国┐　　┌韓国

中 国	日 本				その他
23.1%	13.7	7.5	6.1	4.3	45.3

シンガポール┘

6：【 移民数の変化 】

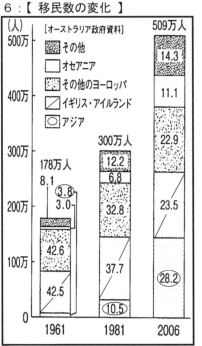

（人）　　　　　[オーストラリア政府資料]

その他
オセアニア
その他のヨーロッパ
イギリス・アイルランド
アジア

509万人

1961	1981	2006
178万人	300万人	509万人

1961：8.1 / 3.8 / 3.0 / 42.6 / 42.5
1981：12.2 / 6.8 / 32.8 / 37.7 / 10.5
2006：14.3 / 11.1 / 22.9 / 23.5 / 28.2

7：【 多文化社会 】　　　　　　ニュージーランド

A[アイルランドの衣装]　　B[（ 中国 ）のお祭り]

C SLOW DOWN! PENGUINS CROSSING KIA TUPATO! HE KORORĀ E WHITI ANA

C[英語と（ マオリ語 ）の看板]　　D[（ マオリ ）の伝統衣装]

[23] 太平洋の島々

◎太平洋にある島や国について視覚的にわかる資料を提示して興味を持たせ、現代世界が取り組む非核化や地球温暖化についても関心を持たせるようにする。

1　太平洋には、どんな国があるのか？

①・〈【太平洋の国々の国境線を描いた地図】を提示して！〉これは、どこの国々なのか？

　→・・・？

②・では、この国なら知っているはず。

　・これは、どこの国なのか？

　▷【 日本の排他的経済水域のみの地図 】

③・これは、日本の排他的経済水域の範囲を描いた地図だ。日本は「島国」なので、その範囲を描くと、こうした形の国になる。

　・同じ視点で見ると、これらの国々がどこなのかわかるね？

　→・・・？

④・こうしていくと、わかるだろう！

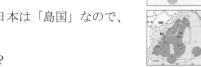

　▷【 太平洋上の島々を描き入れた地図 】

⑤・これは、太平洋にある国々で、全部を合わせるとアメリカ合衆国がすっぽりと入ってしまう程の広さになる。

　・【地図帳P74】を見ると、太平洋には、どんな国があるのかがわかる！

　▷【 地図帳P74 】

⑥・【地図帳P74】で、次の国や島を見つけて、赤丸〇で囲みなさい！

　▷A　トンガ(王国)・ツバル・ハワイ[米]・イースター島[チリ]

　▷B　フィジー(共和国)・パプアニューギニア・バヌアツ・ソロモン諸島・ニュージーランド

　▷C　パラオ(共和国)・ミクロネシア連邦・ナウル(共和国)・マーシャル諸島(共和国)・ビキニ島

⑦・〈【モアイ像の写真】を提示して！〉この像がある島は、この(A〜Cのフリップ)の中のどこの国なのか？

　→イースター島・・・

⑧・(イースター島は)、上空から見ると、こんな島だ！

　▷【 イースター島の写真 】

⑨・イースター島がある地域を「ポリネシア」という。

　・「ポリネシア」とは、どんな意味なのか？

　⇨ 多くの島々

⑩・「ポリ」とは「多い」という意味。 ネシア=nesia とは、ギリシャ語の nesos(=島) と ia(= 土地) が合成された言葉で「島々」という意味。

　・ところで、このモアイ像の(首より)下の部分は、どうなっているものがあるのか？

　・ A：地中部分には体がある　B：地中部分は長い石のまま　C：地中部分には何もない

　→A・C・B・・・

⑪・モアイ像の下を掘った、こんな写真がある！

　▷【 モアイ像を掘った写真 】

⑫・こうした体のあるモアイ像もある。体の部分には模様などが刻まれているが、その意味は謎のままである（これからの研究で、明らかになるだろう）。

・ポリネシアにある島で、日本人にお馴染みなのは、ここだろう！

　▷【　ダイヤモンドヘッドの写真　】

⑬・ここは、どこ（何という島）なのか？

　→ハワイ・・・

２　どうしてビキニ島とビキニ水着は、同じ名前なのか？

①・ハワイに限らず、太平洋にある国や島は、本当にきれいな「海」が広がっている。「海」といえば「海水浴」。「海水浴」といえば「水着」。

・「水着」といえば・・・？

　→ビキニ・・・？〈【　ビキニ姿の女性の写真　】を提示！〉

②・「ビキニ」という名前は、（水着だけじゃなく）島にもある。

・その「ビキニ島」とは、こんな島だ！

　▷【　ビキニ環礁の写真　】　※・「礁」とは海面近くの岩のこと。それが環状になったものが「環礁」。

③・でも、どうして「島」の名前と「水着」の名前が一緒なのか？

　・| Ａ：島民のほとんどが着ていた水着だった　　Ｂ：初めてこの島で作られた水着だった　　Ｃ：この水着のような大胆な出来事が島で起きた　　Ｄ：たまたま偶然に一緒の名前だった |

　→Ｃ・Ａ・Ｂ・Ｄ・・・　※・確認のために、それぞれで挙手させてもよい。

④・ヒントは、これだ！

　▷【　映画「GODZILLA」のポスター　】

⑤・「ゴジラ」って、どこの国の映画なのか知っている？

　→アメリカ・日本・・・

⑥・（ゴジラは）もともとは日本の映画だ！

　▷【　映画「ゴジラ」のポスター　】

⑦・でも、この「ゴジラ」と「ビキニ」とは、どんな関係があるのか？

　→・・・？

⑧・（このポスターに描いてある）ゴジラが、口から吐いているものは何なのか？

　→・・・？

⑨・ゴジラは、「放射能」を吐いている。

・でも、どうしてゴジラが、「放射能」を吐くのか？

　→・・・？

⑩・それは、ゴジラ登場のきっかけが、ビキニ島での出来事に関係しているからだ。

・ビキニ島で、いったい何が起きたのか？

　→・・・？

⑪・ゴジラは、ビキニ島でおこなわれた核兵器の実験により目覚めた太古の生物。それが、核実験により放射性物質を摂取したことで、放射能を吐く怪獣になった。

・その核兵器の実験は、1946年7月1日におこなわれ、その直後（7月5日）に、フランスで「大胆な水着」が売り出された。製作者は、その水着は「ビキニ島で実験された核兵器のように『小さくて、破壊的な威力を持つ』」として、「ビキニ」

と名付けた。つまり、答えは「C」だ。

3　太平洋上の国々は、どんな被害を受けてきたのか？

ビキニ環礁	クリスマス島	モールデン島	モ（ム）ルロア環礁
アメリカ(23回)	アメリカ・イギリス (44回)	イギリス(3回)	フランス
1946〜58年	1957〜62年	1952〜58年	(129〜148回)

エニウェトク環礁	ジョンストン島	アムチトカ島	ファンガタウファ環礁
アメリカ(43回)	イギリス(13回)	アメリカ(3回)	フランス
1948〜58年	1958〜62年	1963年以後	1966〜96年

① ・太平洋の島々では、他にも核実験がおこなわれてきた！

　▷　【 核実験がおこなわれた島々の表 】

② ・核実験がおこなわれた、これらの島々を【地図帳P74】で見つけて、×印をつけなさい！

　▷　【 地図帳P74 】

※ ・ ビキニ島（74I4 ）・ エニウェトク島（74I4 ）・ クリスマス島（74K4 ）・ ジョンストン島（74J4 ）・ マルデン島（ 74K5 ）・アムチトカ島（ ※アリューシャン列島にあるが地図帳には載っていない ）・ ムルロア環礁（74K6 ）・ ファンガタウファ環礁（74L6 ）のように、カードに地図帳の場所をあらわす記号を書いて貼ると、生徒も探しやすくなる。

③ ・ポリネシアでフランスが211回。マーシャル諸島とキリバスでアメリカが107回、ミクロネシアでイギリスが38回など、合計350回以上［ 356回 ］の核実験がおこなわれた。

　・どうして、これらの太平洋の島々で、核兵器の実験がおこなわれたのか？

　→人が少ないから・被害が少ないから・・・？

④ ・太平洋の島々であれば、核実験をおこなってもよかったのか？

　→ダメだ・他でするよりはいい・・・？

⑤ ・アメリカやフランスなどは、どうして自分の国の中で核実験をおこなわなかったのか？

　→被害が出る・危険だから・・・

⑥ ・では、太平洋の島々でおこなわれた核実験では、被害者は出なかったのか？

　→出た・出なかった・・・

⑦ ・これらは、太平洋での核兵器の実験の様子を写した写真だ！

　▷　【 キノコ雲の写真 】

⑧ ・これらの写真を見ただけでも、「被害者は出なかった」などとは到底考えられない。太平洋の島々の多くは、かつて欧米諸国に植民地として支配されていた。そのため、核実験場として使用されることを拒否することができなかった。

　・核実験で亡くなった人の数は、 マーシャル諸島の人＝46人以上　日本人＝1人 。日本は唯一の被爆国ではなく、核兵器により被害を受けた国は他にもある。また、日本人は広島・長崎以外でも核兵器により亡くなっている。

　・でも、どうして、このとき、「日本人」が死亡しているのか？

　→・・・？

⑨ ・1954年3月1日、アメリカはビキニ環礁で水爆（ ヒロシマ型原爆1,000個分の破壊力を持つ核兵器 ）実験をおこなった。このときの核実験では、直径2kmのブラボーショットにあったサンゴ礁は、全て空に吹き上げられ、放射能を含んだ「死の灰」として太平洋上に降り注いだ！

　▷　【 ブラボークレータの写真 】

⑩ ・直径2kmとは、中学校から嬉野方面に行くとある「めんたいこ『うまか』」の工場、五町田方面では「うれしの特別支援学校」、久間方面では「工業団地入口」あたりまでを直径とした広さで、その全てが吹き飛んだことになる！

▷ 【 学校周辺の写真 】

⑪・この「死の灰」が、爆心地から約 160 kmも離れた海上で操業していた日本のマグロ漁船 第五福
竜丸 の乗組員 23 人全員の上に降り注いだ。半年後、無線長だった久保山愛吉（あいきち）さんが、
急性放射能症で死亡した（ 太平洋の島での核実験により亡くなった日本人だ ）。

・太平洋の島々には、そのような歴史があるため、【資料：3】の新聞の見出しが大きく報道され
るわけだ！

南太平洋・フィジーに誕生

▷ 【 資料：1 】

⑫・この新聞の見出しの、どこに注目をすべきなのか？

→「非核の政権」・・・

⑬・〈 【核実験がおこなわれた島々の表】を示しながら！ 〉これだけの被害を受け続けた太平洋上
の国々は、「非核」を宣言して、「核」兵器を拒否している。

・では、広島・長崎に原爆を落とされた日本では、核兵器に対しては、どんな姿勢なのか？

→・・・

⑭・2017 年に、「核兵器の全廃と根絶を目的としての「核兵器禁止条約」の採択がおこなわれた。

・このとき日本政府は、（ 核兵器禁止 ）条約に、賛成したのか？　反対したのか？

→賛成した・・・

⑮・日本政府は、「反対」した。

・どうして「世界から核兵器をなくすこと」に、被爆国・日本の政府が、反対をするのか？

→・・・？

⑯・日本政府の判断は正しいのか、間違っているのか。詳しくは、3 年生の歴史と公民の授業で学ぶ
ことになる（ ので、そのとき深く考えていく ）。

4　世界で3番目に小さな国では、どんな暮らしをしているのか？

①・核実験は、現在、太平洋の島々ではおこなわれてはいない。

・では、世界中で「核実験」はおこなわれていないのか？

→おこなわれている・北朝鮮はやっている・・・

②・第2次世界大戦から現在も、核兵器の実験は続けられている。

・そんな第2次世界大戦が残したものには、こんなものもある！

▷ 【 日本の戦闘機の残骸の写真 】

③・これは、何なのか？

→戦闘機の残骸・飛行機・・・

④・日本の戦闘機の残骸があるのは、パプアニューギニア〈 写真を提示 〉だ！
パプアニューギニアは、メラネシアにある。

・この「メラネシア」とは、どんな意味なのか？

□ 黒い島々

⑤・ただしこれは、「島が黒い」のではなく、「住んでいる人の肌の色が黒い」と言う意味。

・ところで、「日本の戦闘機の残骸がある」のは、「日本が、パプアニューギニアで、何をおこなっ
ていた」からなのか？

→戦争・・・

⑥・それは、「日本が、太平洋の国々と戦争をしていた」と言うことなのか・・・。

・日本が、かつて「太平洋戦争」をしていたことは小学校で学んだと思うが、その太平洋戦争とは「太平洋の国々との戦争」だったのか？

→そうだ・それは違う・・・？

⑦・太平洋戦争についても、歴史の授業で具体的に学ぶことになる。

　・ところで、「ビキニ島」は、何ネシアにあるのか？

→ミクロネシア

⑧・「ミクロネシア」の意味は（ 何 ）？

　⇨ 小さな島々

⑨・「小さい島々」だから、こんな国もある！

　▷【 ナウルの写真 】

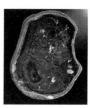

⑩・この小さな島は、（ Cのフリップの中の ）どこの国なのか？

→ナウル（ 共和国 ）・・・

⑪・ナウルは、面積が 21 ㎢、人口は 1 万 1,200 人の、「世界で 3 番目に小さな国」だ。

※・ 塩田町＝46 ㎢ （面積は塩田町の半分以下、人口は塩田町（ ≒1 万 1,000 人 ）とほぼ同じ国 ）

※・世界で 1 番小さな国＝バチカン市国、2 番目に小さな国＝モナコ共和国

　・〈 ナウルの写真を示しながら！ 〉こんな（ 塩田町の半分以下の面積で、同じくらいの人口の ）小さな国で、人々は何をして暮らしているのか？

→漁業・観光・・・？

5　ナウルの人々は、リン鉱石からの収入に頼るべきなのか？

①・ナウルの人口の 10% の人は、公務員として働いている。

　・では、その他の 90% の人の仕事は、何なのか？

→・・・

②・90% の人は、何もしていない。つまり、無職。それでも生活には困らない。困らないどころか、医療費はタダ、学費もタダ、水道や光熱費もタダ。その上、税金もない。税金を払うどころか、国が生活費を支給してくれた。

　・「そんな国で暮らしたい」と思う人 [挙手]！

　▷（ 挙手による人数の確認 ）

③・でも、どうしてそんな生活ができるのか？

→・・・？

④・ナウルでは、良質のリン鉱石が採れた。ナウルは、アホウドリなどの鳥の糞が積もってできた島だからだ。※・リン鉱石は、主に化学肥料の原料となる。そのリン鉱石を掘り出す会社は国が経営していて、会社の利益は国民に分配された。また、会社は外国の人が働いているため、ナウルの人は仕事をしていない。だから、仕事をしなくても生活ができた（ まるで毎日が日曜日状態？ ）。

　・つまり、ナウルの人々の生活は、何によって支えられていたのか？

→リン鉱石

⑤・ナウルでは、島＝国土を削って売ることで莫大な収入を得ていたわけだ。ところが、2000 年以降は、リン鉱石の大規模な採掘は、おこなわれなくなった。

　・それは何故なのか？

→リン鉱石が採れなくなった・リン鉱石がなくなった・・・

⑥・リン鉱石は、30年程でほぼ掘り尽くされてしまったからだ。

　　・でも、どうして無くなるまで、リン鉱石を掘り続けたのか？

　　→儲かるから・売れたから・・・

⑦・ナウルのリン鉱石は上質で、よく売れた。掘れば売れるわけだから、たくさん掘った。1980年〜
　　　2000年までの20年間で5,000億円もの売り上げがあった。ナウルの人口が5,000人程だったか
　　　ら、一人当たり1億円にもなる。それは、それだけリン鉱石を買う国があったと言うことでもある。

　　・でもそうすると、ナウルのリン鉱石が無くなったのは、A：たくさん掘って売ってきたナウルに
　　　責任があるのか？　　B：リン鉱石をたくさん買っていた国に責任があるのか？

　　→たくさん売ったナウル・たくさん買った国・・・

※・助言⑦を2択問題の論題として、グループでのはなしあいをおこなってもよい。

⑧・ところで、ナウルの人たちは、今後どうやって暮らしていけばいいのか？

　　→・・・？

⑨・幸運なことに（？）、掘り尽くしたリン鉱石の層の下に、また新たなリン鉱石の層が発見された。

　　・つまり、どうすればいいのか？

　　→リン鉱石を掘ればいい・・・

⑩・でも、果たして、それでいいのか？

　　→それでいいと思う・他の仕事を考える・・・

⑪・新しく発見されたリン鉱石も30〜40年すれば掘り尽くしてしまう。また、そうしてリン鉱石を
　　　掘り続けていると、国土がなくなってしまう危険性さえ出てくる。

　　・「リン鉱石を掘り続けると国土がなくなる」とは、どういうことなのか？

　　→国土を削っているからなくなる・・・

⑫・もちろん国土を削っていけば、いずれ国土はなくなる。ところが、そうならなくても、国土をな
　　　くす可能性が出ている（その答えは後で出てくる）。

　　・そんな（国土をなくす）危険を冒してまで、A：リン鉱石を掘るのか？　それとも、B：他に何
　　　か新しい産業を始めるのか？　または、C：リン鉱石で儲ける以前の生活に戻るのか？　ナウル
　　　の人々は、選択を迫られている。

※・助言⑫を3択問題の論題として、グループでのはなしあいをおこなってもよい。

　　・実は、この「国土がなくなる」危険性は、他の太平洋の国々も直面している。

　　・それは、どんな問題なのか？

　　→・・・？

| 6　ツバルでは、どんなことが起きているのか？ |

①・太平洋には、ナウルの次に、「世界で4番目に小さな国」もある。

　　・以前、調べたことがあるけど、何という国だったのか覚えている？

　　→ツバル・・・

②・ツバルはポリネシアにあり、国土面積は26㎢で、約1万人が住んでいる国。ツバルは、サンゴ
　　　が長い時間をかけて積み重なってできた石灰質の岩でできている。

　　・この岩のことを何というのか？

　　⇨ サンゴ礁

③・ツバルは、上空から見ると、こんな国だ！

▷【 ツバルの写真 】※・【 地図帳 P 70N2 】

④・ここが、ツバルの首都があるフナフティ！

▷【 フナフティの写真 】※・「フナフチ」と表記されることもある。

⑤・ツバルは、環礁のサンゴ礁が国土で、そこに人々が暮らしている。

　　そのため、最も高いところでも標高は５ｍしかない。そんなツバルのような国も、ある環境変化により問題が起きている。

　・その「環境変化」とは、何なのか？（ 何とよばれる現象なのか？ ）

→ 地球温暖化 ・・・

⑥・「地球温暖化」により、ツバルでは、どんな問題が起きているのか？

→ 国土が沈む ・人が住める土地が海に沈む・・・

⑦・（ 地球温暖化により海面が上昇して ）「島＝国土が沈む」とよく聞く。国土が海に沈むと、当然その国には人は住めなくなる（ これは、国民にとっては大問題だ ）。ところが、ツバルで「人が住めなくなる」のは、「地面から海水が滲み出てくる」ことに原因があるらしい。

　・でも、どうして「地面から海水が滲み出てくる」のか？

→・・・？

⑧・そもそもの原因は、第二次世界大戦のときに、アメリカ軍がツバルに飛行場を建設するため土砂を掘ってできたたくさんの穴にある。その穴から、海水が滲み出てきているのだ。

　・穴から海水が滲み出てくる原因の１つに、 海面上昇 がある。

　　それはナウルでも同じで、リン鉱石を掘り続けて国土が穴だらけになると、その穴に海面上昇により海水が滲み出て、国土が水没しかねない（「リン鉱石を掘り続けると国土がなくなる」と言うのは、このことを指している ）。

　・でも、どうして海面が上昇しているのか？（ その原因は、何なのか？ ）

→地球温暖化（ で海水が増えているため ）・・・

⑨・ところが、この 40 年間で、（ 首都がある ）フナフティ島の海面は平均 1.6 ㎝の上昇にとどまっている。であれば、平均的な海面上昇で「人が住めなくなる」わけではない。そこには別の原因がある。

　・その原因とは、何なのか？

→・・・？

⑩・その原因とは、近年の環境変化により多くなった 高潮 だ。

※・「高潮」とは、強風や気圧の低下により海面が異常に高くなる現象のこと。

　・強風などで高潮になって海水が国土に入り込んでくることにより、どんなことが起きているのか？

→・・・？

⑪・現在、ツバルの首都では人口増加により、低い土地にまで人が住むようになっている。

　・その（ 多くの人が住むようになった ）低い土地に、海水が入ってくると、どうなるのか？

→家に海水が入ってくる・人が生活できなくなる・・・

⑫・「海水」と共に、「ゴミ」や「家畜の糞」などが低い土地にある集落に流れ込んでくる。その結果、生活環境が悪化して、人は住めなくなる。海水は畑にも入り込んでいて、バナナやパパイヤなどが枯れる 塩害 も起きている。さらに、生活用水が不足する事態、つまり 水不足 も起きている。こうした理由で「人が住めなくなる」。

・でも、どうして、「地面から海水が滲み出る」と、「水不足」になるのか？

　→・・・？

⑬・ツバルのようにサンゴ礁でできた土地には、川が無い（水が滲み込んでいくからだ）。

　・では、川がないサンゴ礁の島に住む人たちは、生活用水を、どうやって手に入れているのか？

　→雨水を溜めて使う・・・？

⑭・その方法もあるが、さんご礁の島では、水と海水の比重の違いにより、地下の海水層の上に雨水
　が溜まり、 淡水レンズ と呼ばれる自然の水源がつくられる。

　・「淡水レンズ」とは、こんなものだ！

　▷【 淡水レンズの図 】

⑮・ツバルの人たちは、ここに井戸を掘って生活用水を得ていた。

　・しかし、この淡水レンズは、どうなっているのか？

　→海水が入り込み飲み水などに使えなくなっている・・・

⑯・（淡水レンズに海水が入り込み）生活用水として使えなくなっている。その結果、深刻な水不足
　が起きているわけだ。さらに（乱開発などにより） 海岸浸食 も進んでいる。
　こうした問題は起きているが、今のところ、人々は自分たちの土地に留まっ
　ている。

　今後、どうなっていくのかは、大きな問題だ。だからと言って、こうした環境問題はツバルの人
　たちだけで解決できる問題ではない。

7　南の島の人たちは、どんな生活をしているのか？

①・最後に南の島の人たちの生活を見ておこう。まずミクロネシア連邦の「サタワル島」について。

　・サタワル島の面積は約1㎢で、人口は約 500 人。当然、島内を移動するときの交通手段は、「歩
　き」。

　・では、隣の島に移動するとき（の交通手段）は（何か）？

　→カヌー・船・舟・・・

②・〈舟の絵を提示しながら！〉でも、一番近い隣の島でも、100 kmは離れている。1975 年に開催
　された国際海洋博覧会で、サタワル島の人たちが沖縄までの 3,000kmの大航海を成功させている。

　・しかし、サタワル島から 3,000km も離れている沖縄まで目印など何もない海を移動するのに、ど
　うやって方角など確認しているのだろうか？

　→太陽の位置を観て・星を観て・・・

③・「スター・ナビゲーション」と呼ばれる星の動きなどを観測する航海技術を使っている。こうし
　た航海技術とカヌーを使って、何千キロも離れた島への移動を可能にしてきた。

　・そんなサタワル島の地図が、【資料：2】に載せてある！

　▷【 サタワル島の地図 】

④・そこに描かれているものの中で、「サタワル島の人々が食べているもの」を赤丸〇で囲みなさい！

　▷ サタワル島の地図への〇つけ作業

⑤・〈「ココヤシ」「パンノキ」「タロイモ」「魚」に〇をつけたことを確認して〉、「ココヤシ」に〇
　をつけた人！

　▷〈 挙手による人数の確認！ 〉

⑥・ココヤシの、どこを食べるのか？

→中の実・・・？

⑦・（ ココヤシの ）中に、実がつまっているのか？

　　→詰まっている・実はない・・・

⑧・中には「ジュース」が入っているのではないのか？（ 実とジュースでは、どちらが多いのか？ ）

　　→入っている・（ ジュースが多い ）・・・

⑨・「タロイモ」って、どんなイモなのか？

　　→タロタロのイモ・太郎のイモ・・・

⑩・「パンノキ」って、パンが木になるのか？

　　→なる・ならない・・・

⑪・〈 アンパンマン・食パンマン・カレーパンマンの顔を貼りながら！ 〉「アンパンノキ」とか、「ショクパンノキ」とか、「カレーパンノキ」があるのか？

　　→そんな木はない・・・

⑫・【資料：4】を読むと、答えがわかる。

　　・【資料：4】を読んで、「島での生活はいいな」と思える部分に線引きをしてみよう！

　▷ 【 資料：4 】への線引き作業

⑬・島での生活は、日本とは違った素晴らしい面があることがわかる。同時に、かつての日本にもあった生活が見られることもわかる。

　　・それは、【資料：5】に載せてある「フィジー」での生活を読むとわかる！

　▷ 【 資料：5 】

⑭・フィジーには、日本では消えそうになっている「古くからのつながり（ 地縁 ）を大切にして支え合う生き方」が根強く残っている。しかしそんなフィジーにも他の南の島と同様、ヨーロッパ由来の簡単便利な文明が押し寄せている。しかも、その文明の広がりが原因ではないかと言われている最近の地球環境の変化により、南の島が人間の住めない地域になってしまうかもしれない。

　　・つまり、「太平洋の島々の人々の暮らしがどうなるのか」については、私たち日本人も他人ごとではなく、むしろこの問題を考えることにより、現在の生活を根本的に見直す機会にもなる。

※・時間がなければ、助言⑫で終わることもある。

＜参考文献＞

馬場一博「南太平洋のマイクロ・ステイツ（ 微小国家 ）」河原和之・馬場一博 著・授業のネタ研究会中学部会 編『授業がおもしろくなる　中学授業のネタ　地理』1996　日本書籍

加藤好一「太平洋世界に生きる」『世界地理授業プリント』2000　地歴社

河尻京子「ツバルなど南太平洋島嶼諸国における地球温暖化の影響」『歴史地理教育』2018　11月号

＜板書例＞

〈 太平洋の島々 〉

1　太平洋上の島国　　　　　　　　　　　　　2　地球温暖化による変化

　　ポリネシア・・・ハワイ島

　　メラネシア・・・パプアニューギニア ー 戦場　　3　島の生活

　　ミクロネシア・・ビキニ島 ー 欧米による核実験　　　ex サタワル島

❖授業案〈 太平洋の島々 〉について

　太平洋上の国々ついては、生徒たちはほとんど知らないだろうから、まずは国境線だけが描かれた全体を示した地図からとらえさせようとした（ 多分、生徒には全くわからないだろうと予想してのことである ）。日本も同じ島国であることをヒントに考えさせようとしたが、領土を省いた日本の排他的経済水域だけの地図では、かえって生徒たちを混乱させてしまった。それでも、少なくとも「島国の範囲がどうなるのか」についてはつかませることはできたようだった。

　ポリネシア、メラネシア、ミクロネシアについては、それぞれ特色ある事柄を取り上げて生徒の興味を引くことを考えた。モアイ像、ナウルやツバルなどの小さな国、ビキニ・ゴジラなどを貼りもの資料の写真を見せることで、より興味を引きやすくなるだろうと判断したわけである。そのような方法で、太平洋の国々と日本とは意外と関係があることを感じさせようとした。そうした興味で引きつけながら、非核化や地球温暖化の問題に関心を持っていくことを考え、授業全体の筋を考えてみた。そして最後に、南の島の生活について紹介する授業内容にしてみた。

　ただし、そうやっていくうちに授業内容が膨らみ過ぎてしまった。提言が7つにもなっていることもあるが、1つずつの提言に対する助言の数も多くなり過ぎていった。そのため、この授業案は1時間では終わらせることができず、2時間扱いの授業になってしまっている。1時間目は提言3、または提言4までを目安に授業をおこなう。どこまで進むのかは、授業の進み方しだいのところがある。

　授業の進み方しだいで判断するのは、提言5の助言⑦と⑫でのグループでのはなしあいについても同様である。そこでグループのはなしあいを入れるかどうかも、授業の進み方で判断するようにしている。無理にグループでのはなしあいを入れる必要はないが、時間との兼ね合いで実施するぐらいの感じでよい。

　そうして2時間目の最後に、サタワル島やフィジーを例として、南の島の豊かな生活の一端を紹介して終わる。南の島で長く暮らし、その魅力を伝えようとしている日本人も少なくない。補足資料を掲げる。

■太平洋にある国々（ 島々 ）では、「非核」を掲げる。それには、どんな意味があるのか？ マリアナ
諸島の南東にあるサタワル島は周囲6㎞、人口4～500人の小さな島。そこでの生活は・・？

1：【 非核の政権 】

非核の政権
南太平洋・フィジーに誕生

パパドラ議長

（一九八七年四月）十一日に投票の終わったフィジーの総選挙で、非核・非同盟中立を掲げる野党連合は全議席五十二のうち二十八議席を獲得し、与党同盟は二十四議席（前回は二十八議席）にとどまった。

パパドラ議長は、選挙中に、核艦船の寄港、了解通過を一切禁止する完全な非核政権の実施を公約してきた。

新政権の成立によってフィジーは、ニュージーランド、バヌアツ、ソロモン諸島に次いで南太平洋で四番目の非核国家となった。

2：【 サタワル島 】

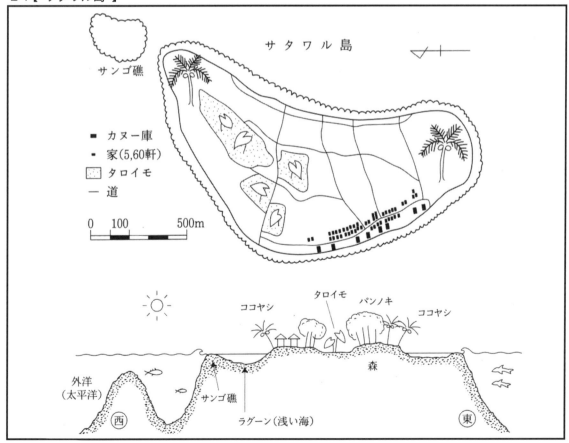

サタワル島

- サンゴ礁
- カヌー庫
- 家(5,60軒)
- タロイモ
- 道

0　100　500m

ココヤシ　タロイモ　パンノキ　ココヤシ
森
外洋（太平洋）　サンゴ礁　ラグーン(浅い海)
西　東

■太平洋には多くの島々がある。そこでは、人々はどんな生活を送っているのか？　農業などやっているのか？　そもそも何を食べているのか？　太平洋の海洋世界での生活を考えてみよう！

3：【 サタワル島の人々 】

4：【 太平洋の島での食生活 】

タロイモ：サトイモの仲間である。太くなった地下のイモを切り取って食べる。根は、また土に刺しておけば、何もしなくても１年後には自然にイモができている。

パンノキ：何もアンパンやカレーパンが木になるのではない。

味がパンそっくりなので、やってきたヨーロッパ人がそう名付けた。

高さ15mもの木に４〜10月にかけて100個以上の実ができる。重さは約２kg、大きさは人の頭ほどだ。煮ても焼いてもよい。蒸し焼きにすると餅のようになり、保存がきく。航海するときの食料にはもってこいだ。

ココヤシ：猿（＝ココ）の顔に実の形が似ているのでココ・ナッツ（実）。

それができる木をココヤシと言う。緑色の若い実にはコップ３杯分のジュースがたっぷり入っている。やがて実が茶色くなるとジュースが減って、真っ白な果肉（コプラ）が増える。

コプラからは"ヤシ油"が取れ、マーガリンや石鹸の原料として高く売れる。ココナッツミルクとは、このコプラを絞った汁のことだ。ヤシのカラは燃料、葉は家の屋根となる。

石蒸し料理：サンゴ礁の離れ島では粘土や鉄鉱石が取れず、土器や鉄鍋は作れなかった。人々は地面に穴を掘り、中に入れた石やサンゴを火で熱する。その上にバナナの葉を敷いて、魚・肉・イモなどを並べる。

さらにバナナの葉を被せて熱いた石やサンゴを置き、何時間か待っていれば、おいしい石蒸し料理の出来上がりだ。素材の味が失われず、調味料なしでも、とてもおいしい。

まとめると、方々で食料を取ったり料理する手間はかかるが、面倒な農業はしなくてもよい。これが太平洋文化の中に暮らす人々の食生活だった。

 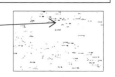

■最も幸せを感じられる国を求めて世界一周の旅に出て、たどり着いたフィジーに 2007 年から住んでいる永崎裕麻さん（英語学校校長）の話から、フィジーでの生活について考えてみよう。

5：【 世界がもし全員、南の島の人たちだったら 】

　初めてフィジーに来るまで、90 カ国ほどを旅したことがありました。その経験から当時は、「地球上には 2 種類の人間がいる」と感じていました。一つは「旅人に無関心な先進国の人たち」。もう一つは「旅人にお金目当てで話しかけてくる途上国の人たち」。しかし、フィジー人は、そのどちらでもなく、「旅人に見返りを期待せず話しかけてくる人たち」でした。

　これを体現しているかのような、フィジー大統領ナイラティカウさんのエピソードがあります。キリバスは「温暖化による海面上昇で沈んでしまうかもしれない」と言われています。それを受け、大統領は 2014 年にキリバスを訪問し、公式にこう発言しました。「国際社会が温暖化対策に失敗し、海面が上昇し続ければ、キリバスの人たちの一部、もしくは全員がフィジーに移住する必要があるかもしれない。我々は、困っている隣人に背を向けることはない」。

　フィジーに来る日本人からよく、「なぜフィジー人はいろいろとシェア（フィジーでは「ケレケレ」と言います）するの？」と質問されます。しかし、日本も経済成長期以前は、ご近所で米や醤油などを貸し借りしたり、子どもを預け合ったり、高齢者の介護を助け合ったりと、シェア社会だったことを考えると、逆の質問が浮かんできます。「なぜ日本人はシェアをやめたのか？」

　理由はいろいろあるとは思いますが、原因の 1 つは「シェアの必要性がなくなったから」でしょう。必要なモノは自前で揃えることができる。そんな豊かさを手に入れた結果、シェア率が下がり、人間関係も希薄になっていきました。しかし、誰かに何かをシェアすることで、「自分は役に立っている」と感じることができます。シェアは人を幸せにし、それを支える人間関係を豊かにしてくれることをフィジーに居ると実感します。

　先日も、私たち家族が住む小さなアパートの隣の部屋に引っ越してきたばかりのフィジー人夫婦（50 代）の奥さんから電話がかかってきて、「雨が降ったら、ウチの洗濯物を取り込んでおいてもらえる？」と依頼がありました。日本人の場合だと、「引っ越してきたばかりで、まだ挨拶程度しか交わしていない相手に、そんな依頼はできない」となるのではないでしょうか。フィジー人は依存し合うことによって、繋がりを強化しています。弱さを認めることで、強固な地縁社会が成り立っています。

　かつてヨーロッパ人は南の島の人たちを、「君たちは貧しく不幸せだ。君たちには多くの援助と同情が必要だ。君たちは何も物を持っていないではないか」と見下すことがありました。これに対し、南の島の人たちは、「見回してみなさい、遠く、空と海とがひとつになる所まで。全ては大いなる物に満ちあふれているではないか。」と諭したそうです。今で言えば、「すでに膨大な物に囲まれているのだから、これ以上はどう考えても必要ないよね」というメッセージでしょうか。

　たしかにフィジーにいると、満たされている感覚になります。「誘惑がない」ことも大きな理由の 1 つです。欲しくなるような魅力的な商品がないし、商品を魅力的に見せる広告もない。木に生っているマンゴーが一番魅力的にみえたりします。たまに日本に一時帰国すると、「どこもかしこも広告だらけ」という環境におののきます。目を開いて街を散歩しているだけででも、マーケティングされまくり。それらに共通するメッセージは、「今のあなたでは不完全だよ」だから、お金を使ってねと。「ありのままのあなたでいいよ」という広告はほぼ皆無です。ビジネスになりませんから。「あなたは足りていない」そんなメッセージに四六時中囲まれていたら、そりゃあ自己肯定感も下がります。

　たまにこんなことを考えます。「世界がもし全員、南の島の人たちだったら、いろんな発明はなかったかもしれないが、森がこんなに減ったり、海がこんなに汚れたり、温暖化がこんなに深刻になったりもしてなかったかもしれない。南の島国が沈みそうだという話なんかもなかったかもしれない。」

（「南の島の幸福論」『ライフハッカー［日本版］』）

補足資料１：【 ツバルの離島に住んでわかったこと 】

　——ツバルに長期滞在している、もんでん奈津代さんは自身のホームページ「天国に一番近い島ツバルにて」に次のように書いています。——

　実際に現地に住んでみると、「沈むツバル」という報道は、９つの島のうち一番海抜が低い首都の島のみの取材にもとづいていたことがわかりました。そして、報道された年に一度の大潮時の洪水さえも、温暖化による海面上昇の現象というよりは、この島に対する人災であることを知りました。

　第２次世界大戦中、アメリカ進駐軍がこの島の土地の大改造をしたのです。脆弱なサンゴの島の中心にあった海水湖・沼・芋畑を埋め立て、飛行場をつくるために、島のあちこちから土を採掘して穴だらけにしました。また、道路建設用にサンゴ礁を掘削したので、海底に穴が開いている状態になり、その穴に砂が流れ込み、海岸侵食が進んでいます。そんな侵食状態の海岸線で、倒壊したヤシの木を映像で流して、「温暖化による海面上昇でこのようにヤシの木が倒れています」と言うアナウンスをすることは、正確な報道とは言えません。マスメディアを通した情報は、背景が省略されていることが、実は非常に多いのだ、ということを、ツバルで知りました。

　そしてもうひとつ。わたしは以前、「ツバルの人たちは、自給自足の暮らしをしているのに、私たち先進国が原因で沈むのだ」と書いたことがありました。ところが実際に首都から離れた離島で一緒に暮らしてみると、多くのツバル人の若者が、先進国と同じ物質文明を求めて、出身島での自給自足の暮らしを捨て、首都フナフチまたはニュージーランドでの貨幣経済の都市生活を選んでいます。

　ツバルの青年たちは、わたしにこう言いました。「芋や漁なんて、時代遅れだ。日本のようにコンピューターや工業に強くなって、進んだ国にしたいんだ」「生まれた島より、フナフチ（首都）がいい。フナフチより、ニュージーランドがいい。たくさんの物があり、豊かな暮らしができるから」

　そのようにしてツバル国中の島から首都フナフチに大勢が移り住むため、19世紀末に250人であったフナフチの人口は今ではツバル全人口の半分の約6000人に膨れ上がっています。

　フナフチ環礁の水質汚濁、サンゴの白化、そして真水枯渇の原因は、すべて異常気象と海面上昇のせいだと報道されてきました。しかし、異常なまでの人口の激増が、環境に影響を及ぼさないわけではないのです。文明と環境の問題を正確に観察しようとするならば、人類を単純に「被害者」と「加害者」には、分けられなかったのです。

　純朴な自給自足の民の島が、アメリカや日本の先進国文明のために海に沈む。そういう勧善懲悪的なとらえ方が陳腐であることが、どんどん変化を求めるツバル人たちと暮らしを共にしていると、痛いほど分かってきました。これこそが、ツバルの離島での私の煩悶でした。ツバルの人の中にも、私たちの中にも、目先の便利さや物質の豊かさを追って、地球を壊していく強烈な要素が、同じようにあるのです。

　ツバルは急激なスピードで変容しています。今、この瞬間をゆったりと味わう土と海と木々の暮らしから、目的志向、成果主義の価値観へ…。いつも「空を見て、笑って、感じ、土と海の匂いと手触りの中で汗にまみれる」暮らしから、「計画を立て、考え、アスファルトとコンクリートの中で活動する」暮らしへ…。そして、目的の効率的達成のために大量の物資をその道具として消費する文明国へ…。島にいて、その変化を毎日見ました。海に沈むよりずっと早く、ツバルは地球の滅亡に貢献する大量消費国へと変貌するでしょう。これが、わたしの実感からくる予測です。

　それでも、わたしはツバルの離島の芋畑で泥だらけになることや、パンダナス葉のござを織ることが、好きでたまらないのです。泥の匂い、ござを織るときの、手の中でかすれるパンダナス葉のかさかさとした感触。森でココナツを拾い続けるときの汗。それらが引力のように、また、わたしをツバルの離島に吸いつけます。

　ひとり、ひとりの魂が、ほんとうにその魂の揺さぶられることを追う。ひとり、ひとりが、頭ではなく、からだが心底から震撼することを見極めて生きれば、それが集合体となったとき、大きな身体である地球も喜ぶことになるのではないか。現代物理学では説明されていない、そんなエネルギーの法則があるのではないか。そんな仮説を抱きながら…。これほど深いことをわたしに教え続けてくれるツバルの家族たちに、これから何ができるでしょう…。

（ http://monden.daa.jp/01tuvalu/02prefix2.html ）

補足資料２：【 サーフィンの復活 】

　サーフィンを発明したのはハワイやタヒチに住んでいた古代ポリネシアの人々です。カヌーで移住してきた彼らは毎日のように珊瑚礁の外へ漁に出かけたに違いありません。そして珊瑚礁には波が押し寄せていますから、漁から帰るとき、カヌーは自然にその波に乗ってしまいます。きっと波に乗るのが上手な漁師はみんなに尊敬されたことでしょう。その"波乗り"が次第に娯楽として楽しまれるようになり、オロとかアライアと呼ばれるサーフボードの原形が誕生したのだと考えられています。

　ヨーロッパ人で初めてサーフィンを目撃した探検家ジェームス・クックはそれを 1779 年 1 月の日記に「たくさんの若い男女が、鳥が飛ぶような速さで波に乗って楽しんでいる」と記しています。ところが 19 世紀にハワイにやってきたキリスト教の宣教師たちは布教の妨げになるとして、若者たちが楽しむサーフィンを禁止してしまいました。

　しかし 20 世紀初頭、再びサーフィンをしようとする人々が現れます。キリスト教会はこれを取り締まろうとしましたが、ワイキキの海岸だけは黙認しました。ハワイのサーファーは泳ぎも人助けも得意なのでヨーロッパやアメリカから来た人々を海難から守ることができるからです。これがきっかけになってサーフィンを楽しむ人々が再び増えていきます。

　サーフィン復活のために大きな役割を担ったのが「近代サーフィンの父」と呼ばれるハワイ人、デューク・カハナモクです。サーファーとしてもスイマーとしても卓越した技術を持っていたデュークは 1912 年にオリンピック代表として出場し 100m自由形で世界新記録を打ち立て、それから 17 年間世界一の座を維持し続けるとともに、招かれた国々でサーフィンの楽しさを伝え、サーフボードを使った海難救助の普及にも努めました（ 彼をライフガードの始祖と呼ぶ人もいます ）。ハワイのワイキキ海岸に銅像（ 右写真 ）が建てられています。

（ 参考：日本サーフィン連盟ホームページ ）

補足資料３：【 南の島の人たちの支え合い 】

「パシフィック・ウェイ」

　2019年8月、ツバルで開かれた太平洋諸島フォーラム首脳会議で、気候変動で存亡の危機にある国々と、石炭業界に好意的なオーストラリア政府が対立しました。国土が無くなると言われているツバルのソポアンガ首相は、放送局のインタビューに応え「彼ら（ 豪政府 ）はパシフィック・ウェイ［ way ＝道 ］の精神が分かっていない。宗主国が議題を決めていた数十年前の地域会合を思い起こさせ、新植民地主義的な姿勢が見て取れる」と語りました。オーストラリアの副首相が「こっち（ 豪 ）に来て果物を収穫して生計を立てれば良い」と発言したからです（ AFPBB News ）。

　戦後も南太平洋の島々を事実上植民地支配していたフランス・アメリカ・イギリスの３国は南太平洋に「人類のためだ」といって核実験場をつくり、大規模な核実験を繰り返していました。これに対し南太平洋の島々の主体性を堅持し、結束を図ることを目的に、1971 年に南太平洋フォーラム（ 2000 年に太平洋諸島フォーラムと改称 ）が結成されました。現在の加盟国・地域は 16。本部はフィジーの首都スバにあります。

（ 参考：ロニー・アレキサンダー『大きな夢と小さな島々』）

「パシフィック・ウェイ」という言葉は、1970年にフィジーが国連に加盟した際、当時のカミセセ・マラ首相が国連総会演説のなかで使った言葉で、太平洋諸島に共通する伝統的な支え合いとそれに基づく自立と発展の仕方を表現したスローガンと言うことができます。マラ氏は自伝で太平洋諸国の会合について「参加の代表団も楽しんだだけでなく、全体を通してきわめて平穏のうちに当初の目的が達せられ…『これこそがパシフィック・ウェイだ』と…ファミリーの一員として好意的に言ってくれた。私自身もまた、そう思った。」と語っています。しかし、一部のヨーロッパ系の人に言わせると、「パシフィック・ウェイを一言で言うなら…自分の宿題をきちんとやらないということである。太平洋全域にわたって、個人であると、国家であるとにかかわらず、効率的に準備するとか計画するということが欠落している。」と言うことになるようです。

（参考：東裕「『パシフィック・ウェイ』の本義と機能」『パシフィック　ウェイ』114号）

幸福先進国フィジー

アメリカの世論調査会社ギャラップは毎年「世界幸福度調査」をおこない、年末にその結果を発表しています。具体的には、約60の国から平均1000人をランダムに抽出し、「自分の人生はとても幸せ、幸せ、どちらでもない、不幸、とても不幸のうちどれだと感じますか？」と質問して、国別に幸福度をランク付けするものです。このランキングで何度もナンバーワンに輝いている国、それがフィジーです。

フィジー人に「なぜ幸せなのか」と質問すると、大抵、「家族」というキーワードが出てきます。日本人がイメージする「家族」は親・兄弟姉妹・子ども・孫あたりですが、フィジー人の場合、自分と同じ村や島に住む人たちも家族の一員としてカウントしたりします。

「つながり」の範囲がすごく広いので、結婚式や葬式、出産祝い、誕生会などの集まり（フィジーでは「ファンクション」という）が日常的に発生します。ファンクション（集まり）があると、参加者たちが分担して準備・運営等を行うこととなり、まさに各自が機能（＝ファンクション）することが必要になります。人は「誰かに必要とされている」と感じるとき、幸せを実感しやすいので、頻繁に集まりがあることがフィジーの幸せを作っている1つの要因なのでしょう。

「家族」という言葉の範囲が村単位のコミュニティであるフィジーでは、他人の幸せも家族の幸せとして感じることができるので、不動の幸福先進国として君臨し続けているのでしょう。

（永崎裕麻「世界幸福度ランキングの結果発表！」『ハフポスト日本版』2017年1月6日）

第2部 日本地理

1. 日本の姿／全7時間

[24] どこまで日本

◎歴史の授業のおさらいも兼ね、はじめに「日本国」の範囲の変遷を確認させる。その上で、現在は「どこまでが日本」なのか、つまり日本国の範囲について確認させていく。

1　日本国の範囲は、どのように変化してきたのか？

①・今日から「日本の地理」について学ぶ。そこで、まずはじめに、日本についての基礎知識を確認する。【資料：1】の【A】に描かれているのは「約2万年前の列島」とする。ただそうすると、現在とは大きな違いがある。

　・さて、その「違い」とは、何なのか（ わかる ）？

　→大陸と地続きだった・島ではなかった・・・

②・こんな感じになるだろう〈 大陸と地続きの地形を提示する 〉！

　・では、約2万年前の列島が「大陸と地続きだった」と考えて、【資料：1】の【A】に描かれている白地図に、その頃の「日本」を、赤色で塗りつぶしなさい！

　▷【 資料：1 】の【 A 】への色塗り作業

③・答えは、こうなる！

　▷〈 【 資料：1 】の【 A 】の拡大コピーを提示！ 〉

④・2万年前には「日本」と言う国は、まだ存在しない。従って、塗りつぶすことはできない（ 日本の国どころか、「日本列島」さえ存在していない ）。では、「日本」の国ができたのは、いつ頃のことなのか。

　・次のA～Eの中で、どれが一番正解に近いのか？

A：飛鳥時代（ 7世紀後半 ）	B：鎌倉時代（ 13世紀 ）
C：江戸時代（ 17世紀 ）	D：明治時代 （ 19世紀 ）
E：第2次大戦後（ 20世紀 ）	

※・Aだと思う人[挙手]！　▷〈 挙手による人数の確認 〉　・Bだと思う人[挙手]！　と言う具合に生徒の考えを確認していく。

⑤・それまで「倭」と呼ばれていた国が、「日本」を名乗ったのは（ 中国の律令制のように国の制度を整えようと ）、689年に 飛鳥浄御原令 が制定された頃だと考えられている（ 7世紀後半 ）。これより前には、地球上に「日本」と言う国は存在しなかった。

　・では、【資料：1】の【B】に描かれている白地図に、飛鳥時代後半の頃のできたての「日本」を、赤色で塗りつぶしなさい！

　▷【 資料：1 】の【 B 】への色塗り作業

⑥・答えは、こうなる！

　▷〈 【 資料：1 】の【 B 】の拡大コピーを提示！ 〉

⑦・南九州や南西諸島は、まだ日本国の支配下にはなく（ 支配下に入った後も、南九州で反乱が起きている ）、東北地方の北部も同様で、そこは平安時代まで蝦夷の生活圏だった。

　・では次に、【資料：1】の【C】に描かれている白地図に、江戸時代の「日本」の範囲を、赤色で塗りつぶしなさい！

　▷【 資料：1 】の【 C 】への色塗り作業

⑧・答えは、こうなる！

　▷〈 【 資料：1 】の【 C 】の拡大コピーを提示 〉

⑨・南は南西諸島に琉球王国が成立し、薩摩藩が統治した。北は蝦夷地（現在の北海道）の渡島半島（おしま）までは松前藩が統治していたが、ほとんどはアイヌの生活圏だった。

・では最後に、【資料：1】の【D】に描かれている白地図に、現在の「日本」の範囲を、赤色で塗りつぶしてみなさい！

▷【資料：1】の【D】への色塗り作業

⑩・答えは、こうなる！

▷〈【資料：1】の【D】の拡大コピーを提示！〉

⑪・しかし、この地図でも正確に（日本の範囲）は現わせていない。日本は島国なので、周りの島々についても考えないといけないからだ。

・そこで次に、現在の日本の国の範囲を、具体的に見ていく。

---

2 日本国の範囲（＝領域）は、どのように決めてあるのか？

①・ところで、1つの国の（権利が及ぶ）範囲（＝自分の陸地や海）を何と呼んでいるのか？

⇨ 領域

②・日本を形作っている島々の「陸地」は、（日本の）領域に含まれるのか？

→含まれる・・・

③・その陸地のことを何と言うのか？

⇨ 領土

④・では、日本列島の周りの「海」は、（日本の）領域に含まれるのか？

→含まれる・・・

⑤・その海のことを何と言うのか？

⇨ 領海

⑥・日本の領海は、（海岸や島から）何海里になっているのか？　※1海里＝1.852km

⇨ 12海里 （約22.2km）

⑦・これは、国際法（国連海洋法条約）で定められている。領海の外は、日本の（権利が及ぶ）領域ではないが、一定の範囲（水域）で水産資源や海底の鉱産資源を利用する権利は日本（沿岸国）だけが（排他的に）持てるように定められている（しかし、自分の海ではないから外国船の航行を禁止することはできない）。

・そんな水域のことを何と言うのか？

⇨ 排他的経済水域

⑧・その（排他的経済水域の）外は、どこの国の海でもないため 公海 と言う。

→公海〈一斉発言で確認させる〉

⑨・では、領土と領海の上空は、何と言うのか？

⇨ 領空

⑩・ここまでの知識を基に、日本の範囲（＝領域）を調べてみる。日本の「領土」として確実なのは、北から 北海道 、 本州 、 四国 、 九州 となる。あとは、その周りの、どこまでが日本の領域なのかがわかれば、日本の範囲がはっきりする。つまりは、「日本の東西南北の端は、どこになるのか」だ。

・まず、「東の端」は、どこなのか？

⇨ 南鳥島

- 57 -

⑪・次に、「西の端」は（　どこなのか　）？

　　⇨　与那国島

⑫・では、「南の端」は？

　　⇨　沖ノ鳥島

⑬・最後に、「北の端」は？

　　⇨　択捉島

⑭・この４つの島々が日本の端だから、この４つの島に囲まれた範囲が、日本国の領域となる。

　　・でも、これらの島々は、どんなところなのか。

3　日本の東西の端は、どうなっているのか？

①・まず、日本の「東の端」＝南鳥島から見ていく。

　　・南鳥島は、何県なのか？（　都道府県で言えば・・・？　）

　　→東京都・・・

②・（　東京の　）中心からは1,800 ㎞も離れているが、東京都だ。（　南鳥島は　）三角形をした島で、面
　　積は約１㎢しかなく、港もない（　現在、岸壁工事中　）。

　　・そんな南鳥島に、人は住んでいるのか？

　　→住んでいる・住んでいない・・・

③・28 人程住んでいる。

　　・では、その人たちは何をして暮らしているのか？

　　→漁業・・・？

④・写真で見ると、南鳥島とは、こんな島だ！

　　▷【　南鳥島の写真　】

⑤・〈　拡大写真を示しながら！　〉この白い長方形の部分は、何だかわかる？

　　→飛行場・道路・・・

⑥・南鳥島には、自衛隊航空派遣隊と気象庁観測所に務める人たちが住んでいる。でも、水道はない。
　　そのため雨水をろ過して使っている。雨が降らないと、しばらく風呂に入れないこともある。郵
　　便も宅配便も届かない。

　　・そんな島での仕事には、自分の希望できているのか？　上司からの指示できているのか？

　　→指示で・希望で・・・

⑦・実は、希望者が多い。

　　・でも、どうして希望者が多いのか？

　　→・・・？

⑧・自衛隊では、給料の他に「へき地手当」がつく。しかし、たくさんもらってもお金を使う所がな
　　いので、結構、貯金ができる。そのため、希望者が多いらしい。

　　・次に西の端の、与那国島。

　　・ここ（　与那国島　）は何県なのか？

　　→沖縄県・・・

⑨・（　与那国島は　）面積29 ㎢（　晴れた日には台湾が見える　）。

　　・そんな与那国島に、人は住んでいるのか？

　　→住んでいる・・・

⑩・〈 写真を提示！ 〉 さとうきび・米の栽培やカツオ漁で、1,700 人程が住んでいる。島には、港も
　　飛行場もある。　　※・2016 年に、陸上自衛隊の与那国駐屯地が開設された。

4　日本の南北の端は、どうなっているのか？

①・日本の「南の端」は、沖ノ鳥島。

　　・ここは、何県なのか？（ 都道府県で言えば・・・？ ）

　　→東京都・・・

②・住所は、東京都小笠原村沖ノ鳥島。

　　・ここに、人は住んで・・・（ いるのか ）？

　　→（ 住んで ）いない・・・

③・この写真は、沖ノ鳥島にかかわるもの！

　　▷【 沖ノ鳥島の海中からの写真 】

④・さてこれは、沖ノ鳥島の何を写した写真なのか？

　　→・・・

⑤・この写真は、沖ノ鳥島を、海の中から撮影したもの。

　　・では、「海の上から見ると、どうなっているのか」と言う写真が、【資料：2】に載せてある！

　　▷【 沖ノ鳥島の海上からの写真 】

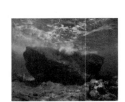

⑥・沖ノ鳥「島」とは言うけれど、これは、島なのか？　岩なのか？

　　→岩・島・・・？

⑦・日本政府は、「島」だと主張している。それは、海底とつながっているからだ（ 岩だと、海底に
　　乗っているだけ ）。でも、こうした光景は、現在では見られない。

　　・波で削られて、海底から離れてしまうと大変なので、現在はこうなっているからだ！

　　▷【 沖ノ鳥島の現在の写真 】

⑧・さて、こうした工事に、いくら位かかったと思う？

　　→1 億円・10 億円・・・

⑨・（ 工事には ）300 億円、3 年間もかかった。

　　・でも、300 億円もかけて沖ノ鳥島を守る必要は、あるのか？　ないのか？

　　→ある・ない・わからない・・・

⑩・沖ノ鳥島が無くなると、約 40 万㎢もの何と何が、日本から無くなるのか？

　　→排他的経済水域・領海・・・

⑪・それならば、300 億円かけて沖ノ鳥島を守る価値が、あるのか？　ないのか？

　　→ある・ない・わからない・・・

⑫・最後に、日本の北の端は、択捉島となっている〈 地図を提示！ 〉。

5　日本の範囲は、いつ決まったのか？

①・こうした日本の領域が決まった（ 国境線が決まった ）のは、いつ頃のことなのか。

　　・いちばん近いのは、次のうちのどれなのか？

A：50 年ほど前（ 昭和の後半 ）	B：70 年ほど前（ 敗戦の後まもなく ）
C：90 年ほど前（ 昭和の初め頃 ）	D：100 年ほど前（ 大正時代 ）
E：150 年ほど前（ 明治時代になって ）	F：それ以前（ 江戸時代 ）

※・Aだと思う人［ 挙手 ］！　Bだと思う人・・・と言う具合に、生徒の考えの確認していく。

※・何年程前になるのかについては、生徒の年齢との関係で確認をし、変更することが必要になる。

②・日本の領土が確立されていく様子を、【資料：2】の白地図に作業をして確かめていく。

・まず、北海道・本州・四国・九州の4つの島を、赤鉛筆で塗りなさい！

▷【 資料：2 】の白地図への着色　※・佐渡島、淡路島、壱岐・対馬、沖縄も追加で塗る

③・次に、【資料：3】によると、1855年に「国後島」と「択捉島」が日本の領土になって
いるので、国後島と択捉島を、赤色で塗りなさい！

▷【 資料：2 】の白地図への着色作業

④・1875年には、「樺太・千島交換条約」により、「千島列島」が日本の領土になっている
ので、千島列島にある島の全てを、赤色に塗りなさい！

▷【 資料：2 】の白地図への着色作業

⑤・1895年、日本は日清戦争で勝ち、「台湾」と「膨湖島」を日本の領土にしているの
で、台湾を、赤色で塗りなさい！（ ただし、膨湖島は白地図に描かれていないので
塗れない ）

▷【 資料：2 】の白地図への着色作業

⑥・1905年、日本は日露戦争に勝って、「樺太の北緯50度以南」を日本の領土として
いるので、樺太の南半分を、赤色で塗りなさい！

▷【 資料：2 】の白地図への着色作業

⑦・1910年、日本は韓国を併合しているので、「朝鮮半島」の全部を、赤色で塗りなさ
い！

▷【 資料：2 】の白地図への着色作業

⑧・1932年、日本は中国の東北地方に「満州国」を建国したので、白地図の「満州国」
の地域を赤色で塗りなさい！

▷【 資料：2 】の白地図への着色作業

⑨・1937年、中国に占領地を拡大しているので、「満州国」より南の点線で囲まれた地
域を、赤色で塗りなさい！

▷【 資料：2 】の白地図への着色作業

⑩・1941年・42年と、現在の「ベトナム」や「フィリピン」・「シンガポール」も占領しているが、
白地図には描かれていないので、赤色で塗ることはできない。

・1945年、日本は自らが始めた戦争に負け、1951年にサンフランシスコ平和条約を結んだ。その
結果、1.「朝鮮」の独立を認め、「台湾」を放棄した。2.「千島列島」・「南樺太」および近接
の島々も放棄した。3.「沖縄」・「奄美諸島」・「小笠原諸島」はアメリカの統治下に入った。

・そのため、朝鮮、台湾、千島列島、南樺太、沖縄、奄美諸島、小笠原諸島の全ての赤色を（ 消し
ゴムで ）消しなさい！

▷【 資料：2 】の白地図への作業

⑪・1972年に沖縄が日本に復帰したので、沖縄を、赤色で塗りなさい！

▷【 資料：2 】の白地図への作業

※・以上の助言②〜助言⑪までは、学習プリントの【資料：3】を見ながら説明していった
方が進めやすいが、助言⑩の消しゴムで消す作業が事前に知られてしまう可能性を感じ
る場合には、【資料：3】の載った学習プリント〈 日本の姿：1-3 〉は後で配る。

⑫・こうして確認していくと、現在の日本の国の領域が決まったのは、いつ頃のことなのか？

　→Ａ（ 50 年ほど前 ）・・・

6　領土問題は、どうやって解決すればいいのか？

①・ところが、日本の領域は、まだ、はっきりと決まっているわけではない。

　・それは、東西南北の端の、どこが、はっきりしていないからなのか？

　→北の端・・・

②・北の端は、 択捉島 。

　・しかし、地図帳を見ると、何と国境線が４つも描かれている！

　▷【 地図帳Ｐ176 】

③・本物の国境線は、どれなのか？

　→・・・？

④・「どの国境線が本物かはわからない」にしても、択捉島は、国境線より内側（ ＝日本側 ）にある。

　・と言うことは、択捉島に、日本人は住んでいるのか？

　→住んでいる・住んでいない・・・

⑤・〈 択捉島の町の写真を提示して！ 〉こうして町があるのだから、択捉島に、人は住んでいる。

　　しかし、それは日本人ではない。

　・では、択捉島に住んでいるは、何人（なにじん）なのか？

　→ロシア人・・・

⑥・どうして、日本人が住んでいないのか？

　→ロシアが支配しているから・ロシア人が住んでいるから・・・

⑦・ロシアが「択捉島などはロシアの領土」と主張しているのは、【資料：3】の年表から考えると、

　　正しいのか？　間違っているのか？

　→間違っている・・・？

⑧・同じように、韓国が「自国の領土だ」と主張して占有している島は、どこなのか？

　⇨ 竹島 〈 写真の提示！ 〉

⑨・現在、占有されてはいないが、中国が「自国の領土だ」と主張している島は、どこなのか？

　⇨ 尖閣諸島 〈 写真の提示！ 〉

⑩・果たして、これらの島々は、どこの国の領土なのか？

　→日本・韓国・中国・・・？

⑪・（ どこの国の領土なのか ）どうやって、はっきりさせればいいのか？

　→話し合い・戦争・・・

⑫・最近、「戦争で取り戻せ」みたいなことを言った国会議員がいたようだけど・・・。

　・こうやって見ていくと、日本の領域は、現在、きちんと決まって、いるのか？　いないのか？

　→決まっていない・決まっている・・・？

＜参考文献＞

川島孝郎「なぜ国境線はあるのか」石井郁男・安井俊夫・川島孝郎編著『ストップ方式による教材研究
　1単元の授業　中学社会　地理』日本書籍
千葉保「『日本の領土』の授業」『授業　日本は、どこへ行く？』太郎次郎社

<板書例>

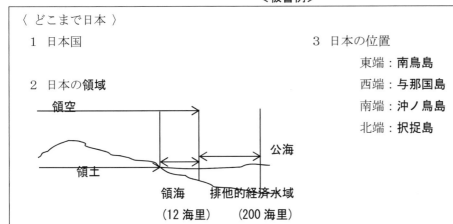

〈 どこまで日本 〉

1 日本国

2 日本の領域

領空

領土

領海　排他的経済水域
(12海里)　(200海里)

公海

3 日本の位置

東端：**南鳥島**

西端：**与那国島**

南端：**沖ノ鳥島**

北端：**択捉島**

❖授業案〈 どこまで日本 〉について

　この授業案は、2年生の地理で学ぶ「日本」について、「昔から現在のような日本国が存在していたわけではない」ことを、1年生の歴史学習の復習を兼ねておこなうことから始めている。

　日本の東西南北の端の島については、その写真が地図帳に載せてあるにもかかわらず、貼りもの資料として提示すると、生徒は興味を持って見入ってくる。生徒が興味を持ってくれることは嬉しいのだが、一方では、それは生徒が地図帳などあまり詳しく見ていないことの証明でもある（そう考えると少し残念な気持ちにもなる）。ここで興味を引いたら、その後は、ひたすら色塗りの作業となる。そして最後で、今まで塗ってきた日本国の領土の半分ほどを消させることになる。途中で、そのことに気づく生徒が出てくることもあるが、かまわずドンドン進めていく。最終的には領土問題となっていくのだが、ここでは投げかけのみで終わっている。なお2019年には、（北方領土に関して）国会議員の問題発言があったため取り上げてみた。意外と知っている生徒が多く、世の中の動きに関心があることがわかった。

　なお、私が1年生からの持ち上がりの場合には、以下の提言7・8はおこなっていない。「時差」については、1年生の〈 世界の姿 〉の授業で取り扱い済みだからである。

　この授業（[24] どこまで日本 ）と[27]（ 日本をわける ）の2つの授業は、本書では2年生の授業として位置づけているが、2021年度の授業からは1年生で取り扱うようになると思われる。それは、学習指導要領（ 社会編 ）では世界と日本の地域構成を一緒に取り扱うようになっているからである。そうなると、以下の提言7・8は、ますます2年生では取り扱わないようになるだろう。またさらに2年生最初の地理の授業の単元（ 日本の姿/全7時間 ）は、本書に書いている計画から[24]と[27]を除いた5時間の授業計画で進めることにもなるだろう。

7　日本の標準時は、どうなっているのか？

①・日本の領域は、現在、はっきりして、いるような、いないような感じでもある。それでも地球上での日本国の位置は、経度が東経120〜160度、緯度が北緯20〜50度の間と、教科書にも書かれている。そのため、同じ緯度では、日本の西隣りは、中国となる。

・では（ 日本の ）東隣り（ で同じ緯度にある国 ）は、どこの国なのか？

→アメリカ合衆国・・・

②・(同じ経度では)北隣り(の国)は「ロシア」。

・では南隣りは、どこの国なのか？

→オーストラリア・・・

③・日本の位置については、こうした経度と緯度による「空間的な捉え方」と、もう1つは「時間的な捉え方」もある。たとえば、日本とイギリスは「何時間ズレている」と言う時間を比べる捉え方だ。

時間について考える場合には、その国の標準がないと比較ができない。そこで、それぞれの国では、基準になる経線(＝子午線)を決めてある。

・この(時刻の)基準になる経線のことを、何と言うのか？

⇨ 標準時子午線

④・日本の標準時は、東経何度を基準にしているのか？

⇨ 東経135度

⑤・それ(東経135度)は、何県の、何市を通っているのか？

⇨ 兵庫県明石市

⑥・そして、この標準時の各地との時間の差のことを何と言うのか？

⇨ 時差

⑦・この「時差」は、どうやって決まっているのか？

→・・・？

8 時差は、どうやってもとめるのか？

①・これは、簡単に考えればわかる。

・地球は太陽のまわりを回っているが、このことを何と言うか知っている？

→ 公転 ※・地球儀を持って、ある一人の生徒を太陽に見立てて、周りを回りながら発問する。

②・地球は、太陽のまわりを「公転」しながら、自分自身も回っている。

・この地球自身の回転を、何と言うのか？

→ 自転 ※・地球儀を回しながら発問する。

③・では、地球が1回転自転するのに、どれくらいの時間がかかっているのか？

→24時間

④・地球は24時間、つまり「1日で一回転」している。

・「一回転」と言うことは、角度で言うと何度回っているのか？

→360度

※・この発問がわかりにくい場合、大きな丸を描いて1回転が360度であることを示してやる。

⑤・24時間で360度動いているのであれば、1時間では何度動いているのか？

→15度

⑥・計算では、360°÷24＝15° となる。地図にも地球儀にも、15度ごとに縦の線が書かれている。これを「経線」と言うが、この経線が15度違うと、時間が1時間ずれる。つまり、経度が15度違うと、時差は1時間になる。

・では、日本とイギリスでは、時差は、何時間になるのか？

→・・・？

⑦・イギリスの経度は、何度なのか?

　→０°

⑧・イギリスが経度の基準だから、０°となる。

　・この世界の基準になっているイギリスを通る経線を何と言うのか?

　⇨ 本初子午線

※・ちなみに、「本初子午線」の「本初」とは、「最初」とか「はじめ」の意味。「子午線」とは、「北極と南極を結ぶ線」のことで、地球上では経線と同じ意味で使われる（天を見上げて天球を想定すると子午線は天球上の基準線として使われる）。「子午」の子は「北」、午は「南」の意味。〈 十二支の図で説明 〉!

⑨・では、イギリスと日本の経度の差は、何度になるのか?

　→135°－０°＝135°

⑩・時差は「15°で１時間」になるわけだから、135°の経度の差がある場合には、135°÷15°＝９と計算をする。この計算で、イギリスと日本では「９時間の時差がある」ことがわかる。

　・では、時差を理解するために、いくつか問題を解いてみよう!

※・地図帳を使って地球上の場所を探す作業も兼ねながら、次のような問題を板書する。できるだけ多くの問題を解かせることで、時差の問題に慣れさせる。

　日本が５月18日　11：00のとき、次の都市の時間は、何時になるのか?

1．プノンペン（２K６）	：東経105度	135－105＝030	30÷15＝２時間	18日	9：00
2．バグダッド（１G４）	：東経045度	135－045＝090	90÷15＝６時間	18日	5：00
3．ローマ（１E４）	：東経015度	135－015＝120	120÷15＝８時間	18日	3：00
4．ニューヨーク（３X４）	：西経075度	135＋075＝210	210÷15＝14時間	17日	21：00
5．ロサンゼルス（３V４）	：西経120度	135＋120＝255	255÷15＝17時間	17日	19：00
6．シドニー（２O９）	：東経150度	150－135＝015	15÷15＝１時間	18日	12：00

※・日本の日付は、授業実施日に合わせて変更する。

※・学級全体で答え合わせをする前に、班内で答えの求め方の教え合いをさせる。

⑪・ところで、「時差」は、何も国際的なものばかりではない。国によっては、１つの国の中で時差が存在する場合もある。面積の広いアメリカ合衆国なども、その１つだ。

　・たとえば、【地図帳】のP１・２を開いて、アメリカ合衆国のワシントンD.Cとロサンゼルスを見つけて印をつけてみよう!

　▷【 地図帳P１・２ 】で、ワシントンD.Cとロサンゼルスを探し、印をつける

⑫・この２つの都市の間の時差は、何時間あるのか?

　→・・・３時間（ワシントンD.C＝西経75度、ロサンゼルス＝西経120度 ）

⑬・ロシア連邦は、アメリカ合衆国よりも更に東西に長いので、国内の時差は８時間にもなる。

地理 学習プリント 〈日本の姿：１－１〉

■私たちの住む日本。この日本の国境はどうなっているのだろうか？　また、今の形に決まるまでは
　どのような変化があったのか？　これからはどうなるのか？

1：【 日本の国境線 】

A：約２万年前の列島
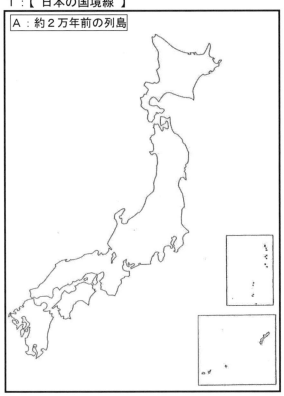

B：飛鳥時代後半の日本
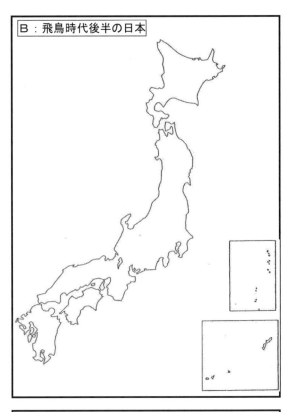

C：江戸時代の日本
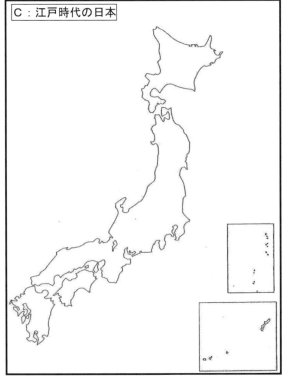

D：現代の日本
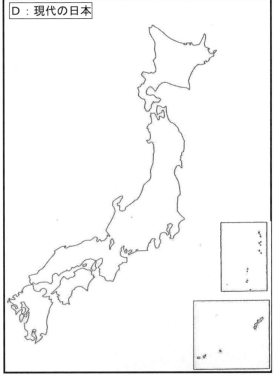

地理 学習プリント〈日本の姿：1－2〉

■日本の国土は、どれくらいの広さで、世界で何番目ぐらいなのだろうか？ しかし、その前に、
そもそも日本の国土の範囲というのは、どこからどこまでなのだろうか？

2：【 日本の国境線 】
日本の東西南北の端は、どこなのか？

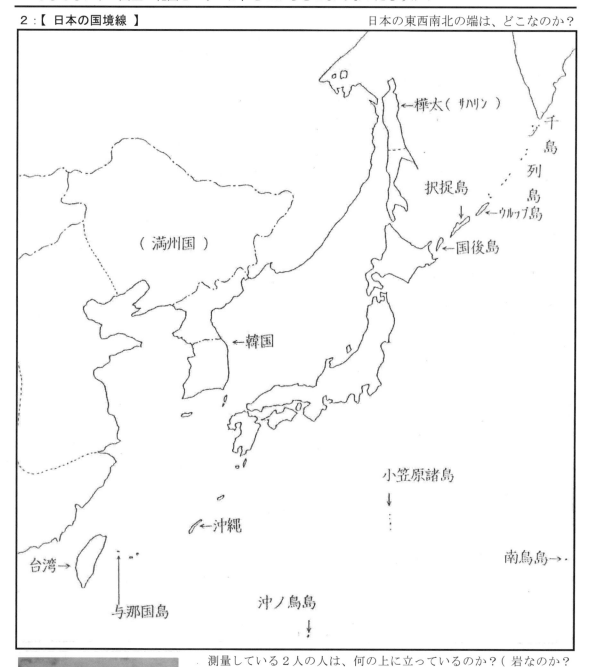

測量している２人の人は、何の上に立っているのか？（ 岩なのか？
それとも、島なのか？ ）

地理 学習プリント〈日本の姿：1-3〉

■現在の日本国の範囲（領土）が決まったのは、およそ、いつごろのことなのか？　また国の範囲を決めようとするとき、どんな問題があるのだろうか？

3：【 年表：[日本の領土]】

1855（安政2）年	・江戸幕府とロシアが日露通好条約を結び、千島列島については、択捉島までを日本領、ウルップ島以北をロシア領と確認し、樺太については国境を定めないで共同の領地とすることを話し合いで決めた。
1875（明治8）年	・日本とロシアが樺太・千島交換条約を結び、千島列島全島を日本領、樺太をロシア領とすることを決めた。
1895（明治28）年	・日本は日清戦争に勝ち、台湾と膨湖島を日本の領土とした。 （台湾民衆の抵抗もあったが、日本は武力で押さえ込んだ）
1905（明治38）年	・日本は日露戦争に勝ち、樺太の北緯50度以南を日本の領土とした。
1910（明治43）年	・「韓国併合に関する条約」によって韓国を日本に併合した。反対者は武力で押さえ込んだ。
1932（昭和9）年	・中国の東北地方に、日本軍が中心になって満州国という国がつくられた。 （翌年、国際連盟が日本にたいし満州からの軍隊の撤退を勧告すると、日本は国際連盟を脱退）
1937（昭和12）年	・北京郊外で起きた日中両軍の衝突事件をきっかけに全面戦争に突入。日本軍は住民の大量虐殺などおこないながら中国に占領地を拡大していく。
1940（昭和15）年	・日本軍は、フランス領インドシナ（現在のベトナム）に進出して占領。
1941（昭和16）年	・日本軍は、イギリス領マレー半島やアメリカ領フィリピンを攻略して占領。 ・占領地での抵抗やアメリカ軍の反撃が強まる。
1945（昭和20）年	・日本は、自ら仕掛けた戦争に負け降伏する。 ① 侵略で奪った領土は全て返す。 ② 日本は本州・北海道・九州・四国と、連合国が決める諸小島となる。 ③ 沖縄・小笠原は日本の領土だが、日本の施政権から切り離される。
1951（昭和26）年	・日本は、連合国とサンフランシスコ平和条約を結び、独立国であることを認められる。
1968（昭和43）年	・小笠原諸島の施政権が、アメリカから返還される（これにより、南鳥島・沖ノ鳥島まで日本の施政権が及ぶ領土となる）。
1972（昭和47）年	・沖縄と沖縄の島々の施政権が、アメリカから返還される（これにより、与那国島まで日本の施政権が及ぶ領土となる）。

[25] 山国日本・島国日本

◎日本列島の成り立ちについてつかませ、山国日本について理解させる。その上で、日本の川の特徴
をボルガ川と信濃川の比較により実感させる。また、扇状地や三角州などの沖積平野が形成されて
いくことにもふれ、山国・島国としての日本の地形の特徴を理解させる。

1　日本列島や日本の山地・山脈は、どうやってできたのか？

①・〈 太平洋・大平洋、大西洋・太西洋、と板書し！ 〉さて、それぞれ正しいのは、どっち？

　　→太平洋・大西洋・・・

②・「太平（静かで平和）な大きな海」だから、「太平」洋。「大きな西の海（西洋）」だから、「大」
　　西洋と書く。意味が違うため、使う文字も違っている。（意味を知っていれば、漢字を間違うこ
　　とはないが）「太平洋は、男の海」で、「大西洋は、女の海」と言う覚え方もある。

※・この説明のときには、右のような人型を描いて、その中に「大」の字を書く。そして、
　　「太平洋は『男』の海だから、ここに『、』をつける」と言いながら点を書き入れ、
　　「大西洋は『女』の海だから、そのまま」との説明を加える。

　・もっとも、先生が中学生のときは、「太平洋には、ハワイがあるから『、』を付け、大西洋にはな
　　いから付けないでいい」と習った。

　・「ハワイ」って、どこにあるのか、【地図帳P74】で見つけて○で囲みなさい！

　▷【 地図帳P74 】でハワイを探す

③・（ 地図帳でもわかるけど ）ハワイ諸島は5つの火山の島々だ。

※・ハワイが1つの島だと「太平洋」の「太」の字には点は1つでいいが、5つの島からなるのであれば
　　点が5つ必要になるため、「太平洋は男の海」の方が覚えやすいかなと考えた。
　　この5つの島には、できた順番がある。

　・では、この島々のできた順番に【資料：1】の（　　　　　）の中に、島の名前を書き入れてみなさい！
　　（ 単純に考えると、できた順番が左（西）からなのか、右（東）からなのか、と言うことだ ）

　▷【 資料：1 】への書き込み作業

④・いちばん古い島がカウアイ島で、一番新しい島がハワイ島。

※・カウアイ島＝560万年前　　オワフ島＝255万年前　　モロカイ島＝1548万年前
　　マウイ島　＝84万年前　　ハワイ島＝40万年前

　・でも、どうしてそんな順番になっているのか？

　　→・・・？

⑤・ハワイ諸島は、その島ができた順番に動いているからだ。

　・では、ハワイ諸島が動いている方向は、西から東なのか？　東から西なのか？

　　→東から西・・・

⑥・どうして「東から西」へと動いているのか？

　　→・・・？

⑦・それは、ハワイ諸島が乗っている太平洋プレートが（年間約10㎝）「東から西へ動いている」
　　からだ。

※・右上図の太平洋上の「火山島」をハワイ諸島と考えるとわかる。

　・日本列島は、図のように、大陸とは海底の地形でつながっている。

　・この地形を何と言うのか？

　⇨ 大陸棚

※・ここで言う「大陸棚」は地形学用語。開発権などの根拠になる大陸棚(法律用語)とは異なる。中国・日本海・日本列島は同じ大陸プレートに乗っていることがわかればよい。なお、最近は大陸プレートを細かく分けて命名する研究者が多い。

⑧・日本列島は、大陸(プレート)の端にあり、太平洋プレートが大陸にもぐりこむ圧力で押し上げられて造られている(海底にある太平洋プレートのほうが大陸プレートよりも重い)。そのため、日本は「山国」と言われるくらいに山地や山脈が多い。

・国土の何%が山地になっているのか?

⇨ 75%

⑨・【地図帳P74・75・76】に描かれている日本地図を使ってどんな山地・山脈があるのか、北海道から見ていこう!

▷【 地図帳P74・75・76 】での確認作業

※・地図帳で位置を確認した以下の山地・山脈については、マーカーで印をつけさせる。

北 海 道： 日高山脈
東北地方： 奥羽山脈 ・ 出羽山地
関東地方： 越後山脈
近畿地方： 紀伊山地
中国四国： 中国山地 ・ 四国山地
九州地方： 九州山脈

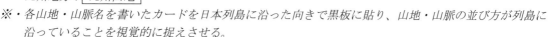

※・各山地・山脈名を書いたカードを日本列島に沿った向きで黒板に貼り、山地・山脈の並び方が列島に沿っていることを視覚的に捉えさせる。

・こうして見ていくと、日本の山地・山脈の並び方には、どんな特徴があるのか?

→・・・?

⑩・日本の山地・山脈のほとんどは、日本列島に沿った形(列島と平行)に並んでいる。

・どうして、日本列島に平行な形で山地・山脈が並んでいるのか?

→太平洋プレートに押し上げられているから・・・?

⑪・プレートの西へ押す力や北へ押す力により、東部と西部に列島に沿った形で山地・山脈が並んでいる(プレートの力のかかり具合がわかるように、プリントなどを使って右図のように矢印の方向から押しながら説明すると理解させやすい)。しかし、日本列島と平行ではない(例外の)山脈もある。

・それは、何地方にある山脈なのか?

→中部地方・・・

⑫・中部地方に並んでいる山脈は、北から順番に言うと何山脈なのか?

→ 飛騨山脈 ・ 木曽山脈 ・ 赤石山脈

⑬・3つの山脈をまとめて何と言うのか?

⇨ 日本アルプス

⑭・この日本アルプスは、日本列島に平行にはなっていない(むしろ垂直気味になっている)。

・どうして、ここだけ、(日本列島に対して)垂直気味になっているのか?

→・・・?

2 日本列島は、どうやってできたのか?

①・日本列島は、はじめから現在の位置にあったわけではない。

・では、（現在の位置から）東・西・南・北のどちらにズレていたのか？

→**東・西・南・北・・・？**

②・日本列島は、現在より「北」にあった〈図で説明！〉。

　約1500万年前に「日本海」ができたとき、日本列島の東部と西部は、大陸の端から観音開きの（反時計回りと時計回りに移動する）形で引き裂かれ、現在の位置に納まった。

※・貼りもの資料に描かれている「列島東部と西部の地形」を切り抜いた資料を別に用意しておき、その資料を動かしながら説明する。

　つまり、中部地方は、日本列島の東部と西部の「つなぎ目」にあたる。このつなぎ目には、「大きな溝」がある。

・この本州の中央部・日本アルプスから東側を南北に伸びる溝状の地形を何と言うのか？

▷ フォッサマグナ　※・フォッサマグナは、ラテン語で「大きな溝」と言う意味。

③・その「大きな溝」に、プレートにより山脈が押されて入ってきた！

※・このときの山脈は、フィリピン海プレートの下に沈み込んだ太平洋プレートが南東から押してできたため、カタカナの「ノ」の字型をしていた（地図を描いた貼りもの資料を右下（＝南東）から左上（＝北西）に押して説明する）。

④・こうして、現在の日本列島が造られた過程から、「日本アルプスが日本列島に対して垂直気味になっていること」がわかる。そして、そのプレートの力により、日本列島は現在も動いている。ただし、このプレートの力による地殻のたわみは、ある程度まで進むと、元に戻ろうとする。

・そして、地殻が元に戻るときには、大きなエネルギーが発散され、何が起こるのか？

→**地震・・・**

⑤・それは、 海溝型地震 と言われる（プレートがもぐりこむ場所には海底の谷・海溝ができる）。地震には、もう1つ、 内陸型地震 がある。

　この地震は、プレートの動きで陸地に断層ができ、それが上下や左右にズレて起きる（活断層）。そのため、過去の断層の動きを調べて、地震発生の予知がおこなわれている。

・では、その断層は、どこにあるのか？

→**・・・？**

⑥・日本列島とその周辺には、これだけの活断層がある！

　▷ 【 **活断層の分布の地図** 】

⑦・なかには、1,000kmにも及ぶ巨大な断層もある。それは、日本地図からもわかる。

・【地図帳P74・75・76】を開いてみなさい！

　▷ 【 **地図帳 P74・75・76** 】

※・諏訪湖 → 天竜川 → 渥美半島 → 紀伊半島 → 紀の川 → 吉野川 → 佐田岬半島 → 八代までをマーカーでなぞらせる。

⑧・長野県の諏訪湖から渥美半島 ～ 紀伊半島 ～ 四国 ～ 九州を横切り熊本の八代湾まで達している、この巨大な断層を 中央構造線 と言う。1596年には、地面が6mも横にずれる巨大地震（マグニチュード8）が起きている。これほどの大地震は、「1000年に一度ぐらいの割合で起きるので、現在はまだ心配ない」と言われていた。

・でもそれは、本当のこと（だったのか）？

→ウソ・正しくない（ 2016 年に熊本で大地震が起きた ）・・・

⑨・日本には、〈 活断層の分布図を示しながら！ 〉これだけの断層があり、地球は常に動いているのだから、「大地震の心配はない」、ことは、ない[現在、心配されているのが、〈 地図を示しながら！ 〉この南海トラフ沿いを震源地として起こる可能性の高い巨大地震＝南海トラフ地震だ]。※トラフ＝海底の細長い凹地。海溝より浅い。

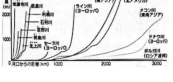

・１年生のときに勉強したが、日本は何と言う造山帯に属しているのか？

→ 環太平洋造山帯

⑩・そのため、日本の地形の成り立ちから考えると、地震は多く、山もたくさん造られている。だから、「山国日本」と呼ばれている。そして、その「山から生まれた地形」もある。

・それ（ 山から生まれた地形と ）は、何なのか？

→・・・平野・・・？

⑪・日本は「山国」であると同時に、「島国」でもある。

・それは、日本は周りを何に囲まれているからなのか？

→海・・・

⑫・その海と山とをつないでいるものは、何なのか？

→・・・川・・・？

⑬・その川が平野をつくっている。しかし、「川が平野をつくる」とは、どういうことなのか。なぜ川が平野をつくるのか（ 川が、どんな平野をつくるのか ）。次に、そんな日本の川の特徴を見てみる。

3 ボルガ川と信濃川には、どんな違いがあるのか？

①・日本の川の特徴を示すグラフがある！

▷【 日本の川と世界の川の底の傾き方がわかるグラフ 】

②・このグラフからわかる「日本の川の特徴」とは、何なのか？

→・・・

③・〈 黒板に約３ｍの線を書いて！ 〉この線を「ボルガ川」とする。ボルガ川は、世界で 15 番目に長い川だ。

・では、日本で 15 番目に長い川は、何川なのか？

→・・・（ 荒川 ）

④・「15 番目」と訊かれても、わからないだろう（ 知っている人は、まずいない ）。

・では、日本で「１番長い川」は、何川？

→・・・（ 信濃川 ）

⑤・日本で１番長い川＝信濃川と世界で 15 番目に長い川＝ボルガ川を比べることで、日本の川の特徴をとらえてみる。

・では、まず、この３ｍのボルガ川の下の部分に、信濃川を書き入れてみなさい！

▷〈 ノートに書いたボルガ川の下に信濃川を書き入れる作業 〉

⑥・それぞれの川を地図帳でなぞりながら、答えを考えてみる。

・まず「ボルガ川」だが、【地図帳】P42 06 にある バルダイ丘陵 を源にしている！

▷【 地図帳 P42 06（ バルダイ丘陵 ）】

⑦・バルダイ丘陵の「ダ」と「イ」の間に流れている川を追っていくので、今からあげる町に印をつ

けながら、ボルガ川をなぞっていきなさい！

▷ トベリ → モスクワ → ニジニーノブゴロド → カザニ → ウリヤノフスク →
シズラニ → サラトフ → ボルゴグラード → カスピ海

⑧・ボルガ川は、高さ345mのバルダイ丘陵から3,690kmも流れて、カスピ海に注ぐ。

次に「信濃川」だが、これは逆に日本海から遡（さかのぼ）っていく方がわかりやすい。

・日本海に注ぐ「信濃川」を見つけるために、【地図帳】P105B3で、まず 新潟 を見つけなさい！

▷ 【 地図帳P105B3（ 新潟 ）】

⑨・（ 印をつけた ）新潟から内陸に遡っていくので、今からあげる町に印をつけながら、信濃川をな
ぞっていきなさい！

▷ 長岡 → 小千谷 → 川口 → 十日町 → 栄（ 長野県 ） → （ ※・ここから信濃川は、
「千曲川」と名前が変わる ） → 上田 → 佐久穂 → 小海 → 野辺山原 → 川上 →
甲武信ケ岳

⑩・甲武信ケ岳（こぶしがたけ）の標高は、何m？

→2,475m

⑪・日本一長い信濃川の長さは何km？

→367km 【 地図帳 P144「 5 日本のおもな川」 】

⑫・つまり、ボルガ川と信濃川を並べて線で書き表わすと、信濃川はボルガ川の長さの約10分の1
程度、高さ（ ＝落差 ）は7倍以上になる！〈 下の図を板書する！ 〉

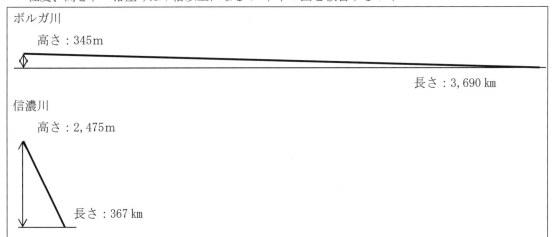

ボルガ川
　高さ：345m
　　　　　　　　　　　　　　　　　　　　　　　　　　　長さ：3,690km

信濃川
　高さ：2,475m

　　　長さ：367km

4 日本の川には、どんな特徴があるのか？

①・川の流れが速いのは、［ ボルガ川と信濃川の ］どっち？

→信濃川

②・（ 信濃川の場合 ）約2,500mの高さを、一気に流れる感じになる。ちなみに、流域の降水量は、
ボルガ川＝500mm 、 信濃川＝1,800mm 。（ 年間平均 ）

・信濃川流域の降水量は、ボルガ川流域の何倍？

→3倍以上

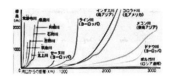

③・と言うことは、信濃川はボルガ川に比べると、何が違うのか？

→流れる水量・速さ・・・

④・信濃川は、日本で一番長い川。つまり、日本の他の川は、信濃川より短くて、更に急な流れにな

っている。

・最初の質問に戻ると、このグラフからわかる「日本の川の特徴」とは、何なのか？

→**高い山から短い距離を急な流れでドッと下る・・・**

⑤・外国の人に言わせると、「日本の川は、『まるで滝のようだ』」となる。そんな川に流れているのは、「水」だけじゃない。

・特に、豪雨などで濁流になると、何が大量に流されるのか？

→**土・土砂・・・**

⑥・しかし、土砂は流され続けることはない。川の流れが遅くなると、そこに溜まるからだ。
　大雑把に言えば、「山が雨や川の流れによって削られ、削られた土砂が、海岸まで運ばれる途中や河口付近で堆積してつくられた」のが日本の地形の特徴である。

・そのうち、「山地から平野部になる場所にできる地形」を何と言うのか？

→ 扇状地

⑦・【資料：5】に、扇状地の写真と地形図が載せてある！

▷【 資料：5 】

⑧・写真を見ながら、地形図に描かれている扇状地の部分を赤く塗りなさい！

▷【 資料：5 】への色塗り作業

⑨・次に、「川が海に注ぐ場所にできる地形」を何と言うのか？

→ 三角州

⑩・こうしてできる平野を 沖積平野 と言う。それに対して、［ 前回の授業で出てきた ］世界の大平原などの平野は、 構造平野 と言う。

5　島国日本の海岸線は世界で何番目なのか？

①・日本は「島国」であるため、周りを海に囲まれている。その海と陸地との境目である「海岸」には、大きく分けると2種類ある。1つは 磯浜（ 岩石 ）海岸 。

・では、もう1つ（ の海岸 ）は？

⇨**砂浜海岸**

②・日本の砂浜海岸と磯浜（ 岩石 ）海岸とを合わせると、約3万2,000kmにもなる。

・この日本よりも長い海岸線を持つ国には、どこがあるのか？

→・・・？

③・海岸線が世界一長い国、1位はロシア、2位がオーストラリアで、3位が・・・日本。

※・*国土面積では、ロシアは国土面積世界1、オーストラリアは6位、日本は61位。*

・これだけでも、日本が特色ある島国（ 海洋国家 ）であることがわかる。日本は「山国」で、山地・山脈が多く、地震や火山も多いが、日本は周りを海に囲まれていて、世界で3番目に長い海岸線を持っている。そんな地形的な特色を持つ国が、日本だ。

※・*以下の助言④以降は、時間があれば扱ってもよいが、時間がなければ省いてもよい。2時間扱いの授業になった場合には時間に余裕があるため、助言⑥の話し合い活動に時間を取ることができる。*

④・ちなみに、ボルガ川が流れ込んでいるカスピ海は、「海」なのか、「湖」なのか？

→**海・湖・・・？**

⑤・〈 カスピ海の写真を提示して！ 〉こうして衛星写真で見ても、「湖」にしか見えない。

・では、どうしてカスピ「海」なのか？

→・・・？

⑥・カスピ海は面積が 37 万 1,000 ㎢で、日本の国土面積とほぼ同じ。カスピ海は 5 つの国に囲まれている。そのカスピ海で、1992 年に海底油田が発見された。

・この油田は、どこの国のものになるのか？

> A：油田に最も近い国のもの　B：沿岸諸国が話し合いで決まる　C：沿岸諸国の海岸線の比率で決まる

・さて、答えはどれなのか。(班内の)グループではなしあい！

▷班内でのグループでのはなしあい

※・グループでのはなしあい → 各班からの発表へとつなげていく。

⑦・「海」なのか、「湖」なのかは、前回の授業内容と関係がある。カスピ「海」の場合には、「国連海洋法条約」が適用されるため、沿岸国は「領海の 12 海里」と「排他的経済水域の 200 海里」を主張できる。つまり、自国の権利が及ぶ範囲では、自由に開発ができる。しかし、カスピ「湖」の場合には、その(領海・排他的経済水域)主張はできない。湖は(慣習的に)沿岸国で均等に分割することになっているからだ。

・つまり、「海」か「湖」かで、こうした違いが出てくる！

▷ 【 カスピ「海」とした場合と「湖」とした場合の領域の違いの地図 】

⑧・「海」とした場合、損をする国と得する国が出てくる。

・では、特に損する国は、どこなのか？

→イラン・・・

⑨・そのため、イランは「カスピ湖」と主張してきた。しかし、イラン以外の沿岸国は「カスピ海」だと主張した。

・さて、(イランとそれ以外の国々の)どっちの主張が正しいのか？

→それ以外の国々・・・

⑩・その後、カスピ海には、更に石油が豊富に埋蔵されていることがわかってきた。そのため、2018 年に沿岸国 5 ヶ国が話し合い、カスピ「海」となった(イラン以外の国々の主張が通った)。カスピ海となったので、答えは「A」になる。カスピ「湖」ではなく、カスピ「海」なのには、そうした領土問題や資源問題が関わっていた。

・でも、こうして自然(の地形)についても、人間の都合で変えられてしまうのは、当然のことなのか？　おかしなことなのか？

→おかしいこと・・・？

＜参考文献＞

松村吉郎「動き続ける大陸と海洋底－世界の骨格はどう形成されたか」「世界の大地形・日本の小地形」松村吉郎・相原正義編『たのしくわかる　地理 100 時間　下』あゆみ出版

山崎晴雄・久保純子『日本列島 100 万年史　大地に刻まれた壮大な物語』講談社

加藤好一「指導案の作り方－『日本の川』の研究授業を例に」『学びあう社会科授業(上)　入門・地理編』地歴社

河原和之「『カスピ海』って海なのか？　湖なのか？」『100 万人が受けたい「中学地理」ウソ・ホント？授業』明治図書

<板書例>

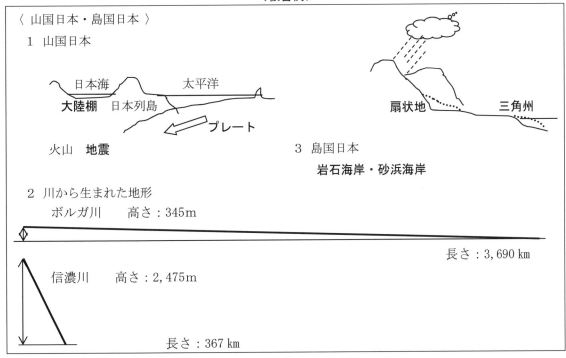

❖授業案 〈 山国日本・島国日本 〉について

　「太平洋と大西洋」の漢字の違いについての説明は、はじめは思いつきでおこなっていた。しかし、意外と生徒の食いつきがよく、「テストでも漢字を間違えなくなりました」などの声を聴くこともあったため、今では授業案の一部に書き入れている。ただし、こうした説明が苦手な場合には、「太平洋の『、』はハワイを表している」との説明でよい。実際、その方が後につなげやすくもある。

　日本の川の特徴については、資料のグラフは実力テストの問題としてよく出題されるため、日本の川の特徴は、「短くて、急流である」と単純に覚えさせることもある。しかし、こうした作業を伴った方が実感のある理解につながる。この作業の後に、ボルガ川と信濃川の長さと落差を板書して示すと、生徒は「あぁ～なるほど」の声を上げることが多い。ただ、こうした作業には時間がかかるため、2時間扱いの授業にすることもある。その場合は、2時間目の授業に提言5の助言④～⑩を取り入れている。

　なお、学習プリントの〈 日本の姿2-3 ～ 2-6 〉は、授業で取り扱うのではなく、家庭学習用として配布している。ただし、2時間扱いにした場合、2時間目の授業の後半に、授業内容の確認のために地図帳を使って調べさせることもある。そのため、事前に準備をして授業に持っていくようにしている。そして、授業の進み具合で、授業中に取り扱うのか、家庭学習用に持ち帰らせるのかを判断している。

地理 学習プリント〈日本の姿：2－1〉

■日本は「山国である」といわれる。なぜ山が多いのか？　日本の山地の並び方には、どんな特徴が
あるのか？　そのことから、日本の地形と地球の皮にあたる部分との関係がわかってくる。

1：【 ハワイ諸島 】

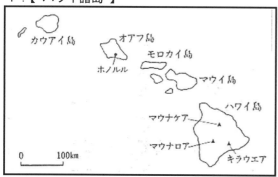

※　ハワイ諸島の年齢の古い順番は？

①（ カウアイ ）島　⇨②（ オアフ ）島

　⇨③（ モロカイ ）島　⇨④（ マウイ ）島

　　　　⇨⑤（ ハワイ ）島

2：【 古地磁気から見た日本列島復元図 】

（堀田・永田他「日本列島をめぐる海」岩波書店）

3：【 大地震 】　新潟県中越地震（ 2004.10.23 ）　　　　　　　阪神淡路大地震（ 1995.1.17 ）

←土砂崩れで大きく傾いてしまった家屋

グニャリと線路の曲がった阪神電鉄→

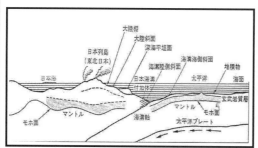

4：【 三角州 】　　雲出川（ 左 ）と安曇川（ 右 ）の三角州を赤鉛筆でなぞって塗りつぶしなさい！

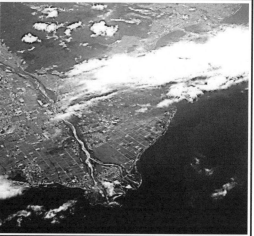

地理 学習プリント〈日本の姿 : 2-2〉

■陸（山地と平野）と海を結ぶものに"川"がある。その川が運ぶものが、いろいろな地形をつくっ
　ている。"扇状地"や"三角州"は、どうやってつくられてきたのか？

5 ：【 扇状地 】　　　　　　　　　　　　　　　　　　　　　　　　　　　　　　　山梨県甲府盆地

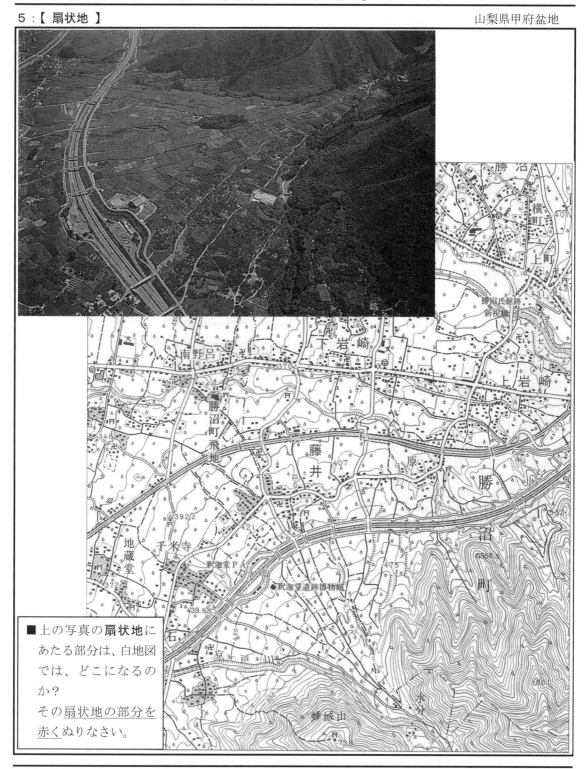

■上の写真の**扇状地**に
　あたる部分は、白地図
　では、どこになるの
　か？
　その扇状地の部分を
　赤くぬりなさい。

地理 学習プリント〈日本の姿： 2-3〉

■下の白地図の □□□□□ の部分を茶色でぬりなさい。そして①〜⑳までの日本の主な山地・山脈の名前を、地図帳や教科書を使って調べて書き入れなさい。

6：【 日本の大きな山地・山脈 】

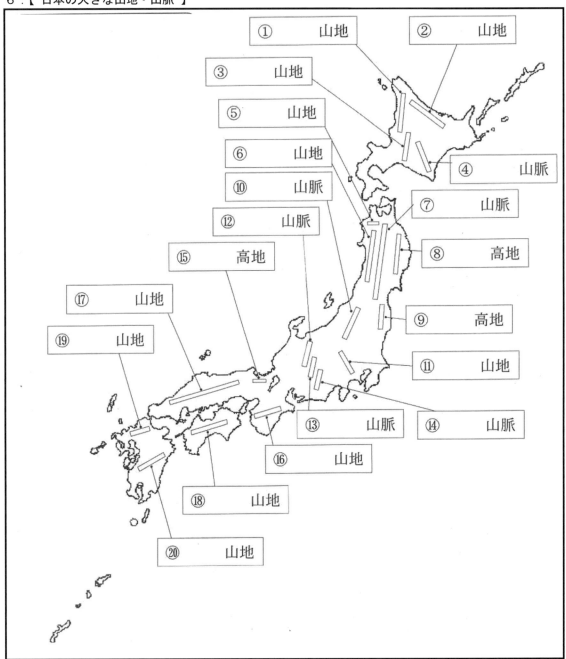

①	山地
②	山地
③	山地
⑤	山地
⑥	山地
⑩	山脈
⑫	山脈
⑮	高地
⑰	山地
⑲	山地
④	山脈
⑦	山脈
⑧	高地
⑨	高地
⑪	山地
⑬	山脈
⑭	山脈
⑯	山地
⑱	山地
⑳	山地

※ 日本列島そのものが大きな山脈である。
　　中国山地と筑紫山地が「なだらか」に、紀伊山地と四国山地と九州山地は「けわしく」なっている。

地理 学習プリント〈日本の姿：2-4〉

■下の白地図の川の部分を青でぬりなさい。また、①～⑳までの主な川の名前を、地図帳や教科書を
使って調べて書き入れなさい。

7：【 日本の大きな川 】

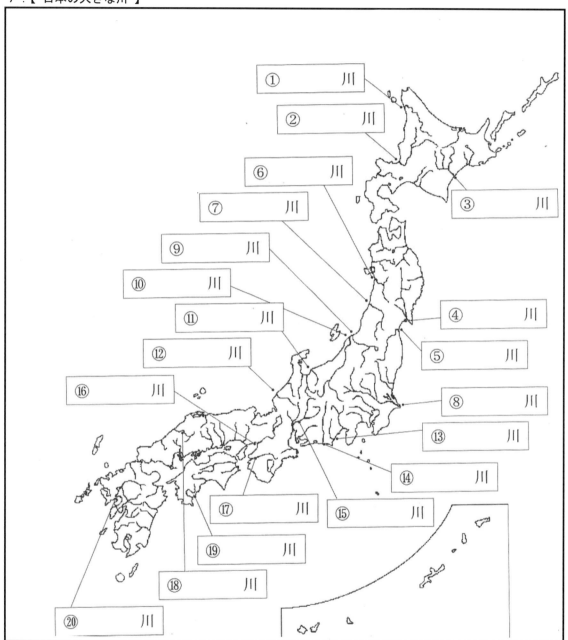

| ① 　　　　　川 |
| ② 　　　　　川 |
| ③ 　　　　　川 |
| ④ 　　　　　川 |
| ⑤ 　　　　　川 |
| ⑥ 　　　　　川 |
| ⑦ 　　　　　川 |
| ⑧ 　　　　　川 |
| ⑨ 　　　　　川 |
| ⑩ 　　　　　川 |
| ⑪ 　　　　　川 |
| ⑫ 　　　　　川 |
| ⑬ 　　　　　川 |
| ⑭ 　　　　　川 |
| ⑮ 　　　　　川 |
| ⑯ 　　　　　川 |
| ⑰ 　　　　　川 |
| ⑱ 　　　　　川 |
| ⑲ 　　　　　川 |
| ⑳ 　　　　　川 |

※ この他にも、日本列島にはたくさんの川があり、地図帳を使って調べて書き入れてみると実感し
やすい。また、長さ・流域面積・湖や湾との関連などを調べるのも、川の役割を理解しやすい。

地理 学習プリント〈日本の姿：2−5〉

■下の白地図の ⬭ の部分を緑色でぬりなさい。そして、①〜⑯までの日本の主な平野の名
　前を、地図帳や教科書を使って調べて書き入れなさい。

8：【 日本の大きな平野 】

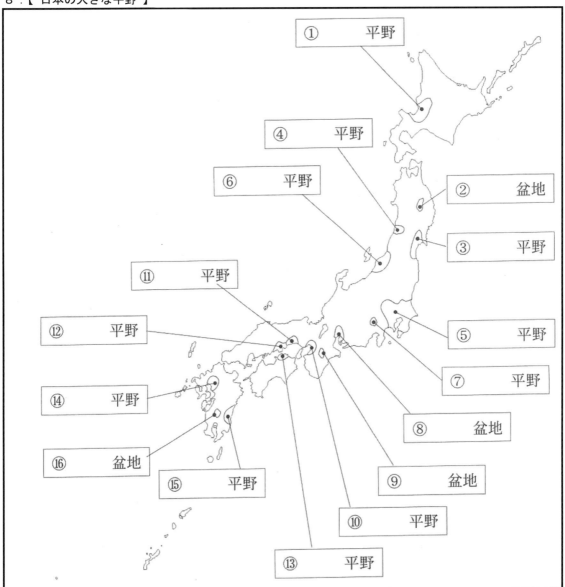

① 平野	
④ 平野	
⑥ 平野	② 盆地
	③ 平野
⑪ 平野	
⑫ 平野	⑤ 平野
	⑦ 平野
⑭ 平野	⑧ 盆地
⑯ 盆地	⑨ 盆地
⑮ 平野	⑩ 平野
⑬ 平野	

※　平野や盆地は、単純に名前を覚えるだけでなく、特産物や産業などと結びつけるようにすると
　　よい。例えば、「庄内平野」は「米どころ」であり、「関東平野」は「人口が集中している」など。

地理 学習プリント〈日本の姿：２－６〉

■下の白地図の①～⑰までの日本の主な半島の名前とA～Fまでの日本の主な湾の名前を、地図帳や
教科書を使って調べて書き入れなさい。

９：【 日本の大きな半島と湾 】

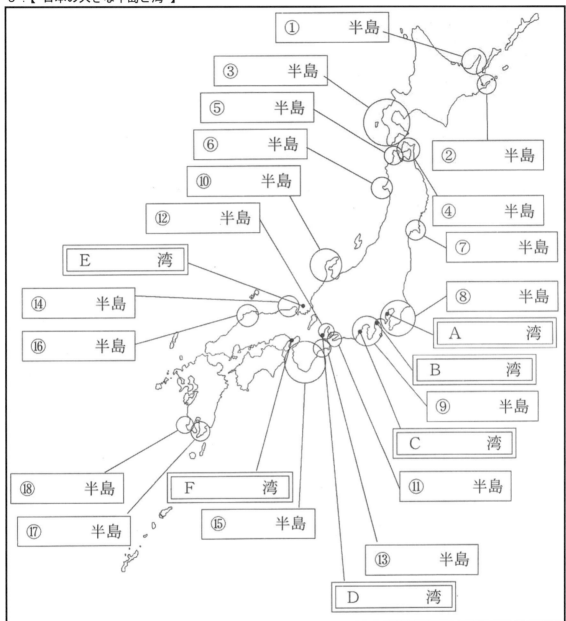

①　　　半島
③　　　半島
⑤　　　半島
⑥　　　半島
⑩　　　半島
⑫　　　半島
E　　　湾
⑭　　　半島
⑯　　　半島
②　　　半島
④　　　半島
⑦　　　半島
⑧　　　半島
A　　　湾
B　　　湾
⑨　　　半島
C　　　湾
⑪　　　半島
⑱　　　半島
F　　　湾
⑰　　　半島
⑮　　　半島
⑬　　　半島
D　　　湾

※　海に陸地が半分突き出ているのが「半島」。そして、陸地に海が囲まれるような形になってい
　るのが「湾」。日本には大小さまざまな半島や湾がある。

[26] 日本の気候

◎日本の気候の特徴を自然環境とのかかわりで理解させる。また、他の温帯の気候との比較や日本の
　地形との関係でも理解させ、その確認作業として日本各地の気候を示した雨温図を読み取らせる。

1　梅雨は、どうして起きるのか？

①・日本では昔から、夕方に西の空を見て、「夕焼けが鮮やかだと、翌日の天気は良い」と言われて
　　きた。

　・でも、どうして「西の空」を見ると、翌日の天気がわかるのか？

　→**西から天気が変わるから・西から東に雲が流れているから・・・**

②・それは、日本の天気が「西から東へと変わっていく」からだ。

　・では、どうして日本の天気は、西から東へと変わっていくのか？

　→**・・・？**

③・【資料：1】をもとに、考えてみよう！

　▷【資料：1】

④・6月は、「ジューンブライド」と言って、ヨーロッパでは最も爽やかな季節となり、結婚式には、
　　もってこいの時期となる。ところが、日本で6月に結婚式をやろうとすると、大変になる。

　・それは、6月が、日本では何の季節だからなのか？

　→**梅雨・・・**

⑤・梅雨のために、「食中毒」が起きる危険性が大変高くなる。【資料：1】からわかるように、日本
　　の「梅雨」に関係のある高気圧は2つある。

　・それは、何と何？

　→　**オホーツク海高気圧**　と　**太平洋高気圧**

⑥・2つの高気圧のうち、春まではオホーツク海高気圧が優勢。それが、6月頃になると、太平洋高
　　気圧が北上してきて、本州の南でぶつかる。

　・このように、「冷たい空気」と「暖かい空気」がぶつかると、どんな現象が起きるのか？

　→**・・・？**

⑦・空気は、「冷たいところから暖かいところへ移動する」のか？　それとも、「暖かいところから冷
　　たいところへ移動する」のか？

　→**冷たいところから暖かいところへ移動する**

⑧・冷たい空気が重いため、暖かい空気の下に潜り込むような形になり、2つ
　　の高気圧がぶつかるところに雲ができ、雨が降る。このような現象が、毎
　　年、同じ場所で、ほぼ1ヶ月続き、本州の南岸では雨が降り続く。

　・この気象現象が、何なのか？

　→　**梅雨**

⑨・この2つの高気圧がぶつかる面を　**梅雨前線**　と言う。この間、北海道や東北地方
　　の北部では、オホーツク海高気圧の影響で、雨は降らない。つまり、梅雨はない。

　・ところで、そのオホーツク海高気圧のできる原因と関係が深い気流は、何気流？

　→　**ジェット気流**

⑩・そのジェット気流って、何（なのか）？

　→**・・・？**

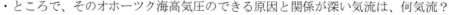

- 82 -

2　梅雨は、どうして起きるのか?

①・地球上では、緯度が低くなるほど(つまり、緯度が赤道に近づくほど)、気温は、どうなるのか?

　→高くなる・暑くなる・・

②・その結果、赤道のような低緯度地帯では、風は、どの向きに吹くのか?　つまり、「赤道に向かって吹く」のか?　「赤道から外に向かって吹く」のか?

　→赤道に向いて吹く・・・

③・太陽により、赤道付近の空気が一番暖められる。

　・空気は、暖められると、「上昇する」のか?　「下降する」のか?

　→上昇する

④・そのため、赤道付近の低緯度地帯では、このような空気の流れができる!

　▷【 太陽と空気の流れの図 】

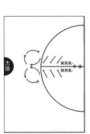

⑤・つまり、低緯度地帯では、「赤道に向かって風が吹く」。この風を 貿易風 と言う。

※・地球が自転しているため、北半球では北東の風になり、帆船時代の貿易に使われた。

　・これが、日本などの中緯度地帯になると、風の向きは、どうなるのか。

　・「赤道付近と同じ向きに吹く」のか?　「(赤道付近とは)逆向きに吹く」のか?

　→逆向きに吹く・・・

⑥・中緯度地帯では、このような空気の流れ(循環)になるため、低緯度地帯とは、逆向きの風になる!

　▷【 太陽と空気の流れの図 】

⑦・この風は、「西風」になるため 偏西風 と呼ばれている。その中でも、上空(高層)の特に強い西風を ジェット気流 と呼ぶ。※・激しい温度差と地球の自転が原因とされる。

　・「日本の天気が、西から東に変わる」のも、「梅雨前線が西から東に移動する」のも、このジェット気流が原因となっている。

　・このジェット気流に、大きな影響を与えている山脈が・・・?(何山脈?)

　→ヒマラヤ山脈

※・春に北へ移動したジェット気流がヒマラヤ山脈にぶつかって二手に分かれ、北に蛇行して合流し、気圧を高めてオホーツク海高気圧を持続させるため梅雨が続くとされる。

⑧・と言うことは、ヒマラヤ山脈がなかったら、日本から、何が無くなるのか?

　→梅雨

⑨・「梅雨が無くなる」どころか、「日本の寒さは和らぎ、日本海側の雪も、かなり減る」と言われている。しかし、現実には、そんなことはあり得ない。

　・何故なら、ヒマラヤ山脈は(無くなるどころか)、年々どうなっているのか?

　→高くなっている

※・インド=オーストラリアプレートが毎年約7㎝北上しているため、ヒマラヤ山脈は毎年約5㎜の造山運動を続けているとされる。

⑩・地球は、内部も動いている。ところで、この梅雨が終わると、(日本は)いよいよ夏へと突入する。

3　日本の夏は、どんな気候なのか?

①・日本の夏、特に太平洋側の夏は、大変に暑い。たとえば、赤道直下の シンガポール の 8月の 平均気温 は、 27.3度 。

・では、 東京 の 8月の平均気温 は、何度（ なのか ）？

→25度・30度・・・

② 26.7度 もある（ 熱帯の気温とほとんど変らない ）。日中の最高気温に至っては、最近は35度
を越えて40度近い暑さも出現し、「熱帯夜」が何日もある。 熱帯夜 とは、「夜間になっても気
温が25度以上ある日のこと」を言う（ こんな夜は大変に暑い。ただし、実際の熱帯の夜は、暑
くて寝苦しいことはない ）。

・年間の降水量は、熱帯雨林気候の シンガポール で 2,235mm 。サバナ気候のアフリカのコンゴ
共和国の ブラザビル では、 1,366mm 。

・では、 東京 では、どれくらいなのか？

→2,000mm・1,500mm・・・

③・東京の年間降水量は 1,460mm 。熱帯のサバナ気候のブラザビルよりも、雨は多い。もっとも、
東京も1年中雨が多いわけではなく、特に多いのは6月と9月。

・これは、何と何の影響なのか？

→梅雨と台風・・・

ロンドン	:	594mm
ローマ	:	653mm
ニューヨーク	:	1,123mm

④・降水量を同じ温帯で比べてみると、こうなっている！

▷【 3都市の降水量の表 】

⑤・つまり、日本は世界的にも雨が多い地域となっている。特に太平洋側は、夏は暑い上に雨が多い
ものだから、「じっとり」と汗が出てくる。

・では、どうして太平洋側では、夏に雨が多いのか？

→・・・

⑥・夏には、太平洋から、湿った・暖かい風が吹いてくる。

※・夏の日差しがユーラシア大陸を暖めて空気が上昇し、太平洋上の空気が流れ込む。

・この風が暖かいのは、日本列島の太平洋沖を流れる海流も影響している。

・何と言う海流（ なのか ）？

→ 日本海流

⑦・この日本海流は、暖流（ なのか ）？　寒流（ なのか ）？

→暖流

⑧・そのため、太平洋からの風は、湿った・暖かい風になる。そして、この風が上昇気流に乗り雲を
つくり、太平洋側に雨を降らせることになる。

・つまり、図であらわすと、こうなる！

▷〈 【 日本列島の断面図 】を提示して説明！ 〉

夏　（日本海がわ）　（太平洋がわ）
かわいた風　しめった風　雨
ユーラシア大陸　日本海　本州　太平洋

| 4 | 日本の冬は、どんな気候なのか？ |

①・一方、日本海側では、降水量が多いのは（ 夏ではなく ）冬だ。

・つまり、何が多く降るのか？

→雪・・・

②・では、どうして日本海側では、冬に雪が多いのか？

→・・・

③・冬には、日本海側から、湿った風が吹いてくる。

※・冬は大陸の方が太平洋より冷えやすいため、夏とは逆の風向きになる。

・日本のように、季節によって吹く向きが違う風を何と言うのか？

⇨ 季節風

④・このとき、日本海側からの冬の季節風は、湿っている。

・それは、何と言う海流の影響なのか？

→ 対馬海流

⑤・これ（ ＝対馬海流 ）は、暖流？　寒流？

→暖流・・・

⑥・（ 大陸の ）シベリアからの冷たい・乾いた風が、日本海を渡るときに、暖流の対馬海流からの水
蒸気を含み雲となり、この雲が大量の雪を降らせる。そして、この雪を降らせた冬の季節風は、
山地を越えると「からっ風」になって、太平洋側に吹き下ろす。

・すると、冬の太平洋側の天気は、どうなるのか？

→晴れることが多い・乾燥している・・・

⑦・つまり、図であらわすと、こうなる！

▷〈 【 日本列島の断面図 】を提示して説明！ 〉

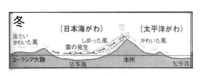

⑧・記録では、最高（ 最深 ）でどれくらいの積雪があったのか？

→818 cm

※・ 1927 年 2 月 13 日、新潟県中頸城郡寺野村（ 現在の上越市 ）では、40 日間雪が降り止まず、積雪は
8 m を越えた。人が住む地域での世界最深積雪と言われている。

⑨・他には、こんな記録がある！

▷ 【 ３都市の降水量の表 】

| 新潟県魚沼市：1981 年、463 cm |
| 新潟県津南町：2006 年、416 cm |
| 新潟県十日町：1981 年、391 cm |

⑩・４m も雪が降り積もったら、家は、どうなるのか？

→潰れる・壊れる・・・

⑪・積雪が１m 以上になると、屋根に積もった雪の重みで家が潰れる危険にさらされる。

・そのため、雪国の人たちは、雪が積もると、何をするのか（ 知っている ）？

→雪下ろし・雪かき・・・

⑫・これは、大変な重労働だ。

4　日本の気候の特徴をまとめてみよう（ その１ ）

①・日本は、気候帯で言うと、何（ と言う気候帯なのか ）？

⇨ 温帯

②・温帯の特徴は、一年間の中に何があることなのか？

⇨ 四季

③・だから、こうした夏と冬の間に、「秋」と「春」がある。その夏と冬の気候の特徴を考えると、
日本の気候は、大きくは太平洋側と日本海側に分けられる。しかし、実際は、もう少し細かく分
かれている。

・たとえば北海道は、「温帯」と言うよりは何気候帯？

⇨ 亜寒帯

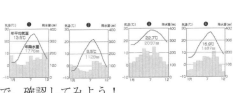

④・一方、九州の南の方にある沖縄は？

→ 亜熱帯

⑤・日本の気候について、【資料：3】の作業をすることで、確認してみよう！

▷【 資料：3 】

⑥・①の雨温図は、（ A〜Dの ）どこの都市なのか？

　→C

※・同じ要領で、②＝A、③＝D、④＝Bと答えを確認していく。

5　日本の気候の特徴をまとめてみよう（ その２ ）

①・では最後に、日本の気候のまとめに、日本の気候の特徴を雨温図から読み取ってみよう。

　・〈 フリップを提示して！ 〉では、この６つの雨温図は、次の、どこの都市のものなのか？

　・グループではなしあって答えを決めなさい！

▷グループでのはなしあい

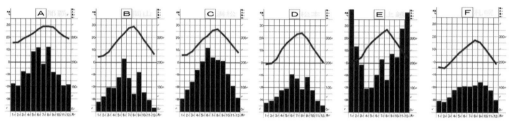

　※・黒板には、上の６つの雨温図と、 那覇 ・ 岡山 ・ 浜松 ・ 松本 ・ 上越 ・ 札幌 の６つの
　　カードを貼る。 ６つの都市の位置がわからないときには、それぞれの都市の位置を書き込んだ白
　　地図を提示する。
　　なお、瀬戸内気候と中央高地の気候については、答えを解説するときに説明をお
　　こなうため、まず雨温図を読み取らせる（ その逆でもかまわない ）。

　※・A＝ 那覇 ・B＝ 岡山 ・C＝ 浜松 ・D＝ 松本 ・E＝ 上越 ・F＝ 札幌

②・瀬戸内海を囲む地域は、こうした状況になる！

　▷〈 瀬戸内気候の成り立ちを図示！ 〉

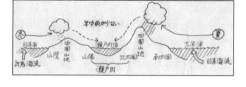

③・つまり、瀬戸内の地域は、どんな気候になるのか？

　⇨ 一年中温暖で降水量が少ない

④・残った気候は、中央高地。雨温図はDになる。

　・この中央高地の気候の特徴は、何なのか？

　⇨ 夏と冬の気温差が大きい

⑤・最後に、海流との関係で、もう１つ付け加えておく。東北地方の太平洋岸には、春から夏にかけ
　て冷たい風が吹く。

　・この風を何と言うのか？

　⇨ やませ

⑥・（「やませ」は ）何の被害をもたらすのか？

　⇨ 冷害

⑦・「冷害」は、東北地方の沖合を流れている海流が影響している。

　・この海流を、何海流と言うのか？

　→ 親潮（ 千島海流 ）

⑧・以上が、日本の気候の特色だ。気候については、１年生のときには「世界の気候」について学ん
　だ。そのときも説明したが、気候は単に緯度との関係で「暑い・寒い」ではなく、地形や海流・
　風などのいろいろな条件が影響している。

<参考文献>

小林汎「日本の気候の特性とその原因－ヒマラヤ山脈と日本の梅雨・豪雪」松村吉郎・相原正義編『た
　のしくわかる地理100時間　下』あゆみ出版
大谷猛夫「日本の気候」『中学校地理の板書』地歴社

<板書例>

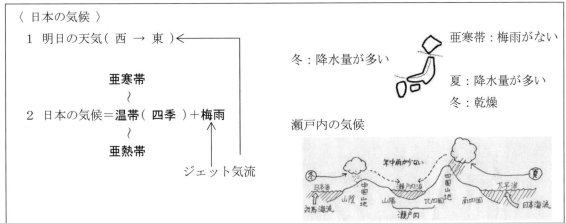

〈 日本の気候 〉

　1　明日の天気（ 西 → 東 ）

　　　　　亜寒帯
　　　　　 〉
　2　日本の気候＝温帯（ 四季 ）＋梅雨
　　　　　 〉
　　　　　亜熱帯
　　　　　　　　　ジェット気流

冬：降水量が多い

亜寒帯：梅雨がない

夏：降水量が多い
冬：乾燥

瀬戸内の気候

❖授業案〈 日本の気候 〉について

　日本の気候の特徴についての授業案だが、少し説明が多くなり過ぎている。どこまでが社会科で扱う
内容なのか（ または、理科で扱う内容なのか ）よくわからず、悩みながらおこなっている面もある。

　四季のはっきりした特色ある日本の気候を学ばせるために、班での話し合いや個人での作業など活動
をできるだけ多く組み入れようとしている授業でもある。

　少しでも生徒が理解しやすいようにと、説明する内容の図や数字は、目に見える貼りもの資料として
提示している。それは、言葉だけで説明しようとすると、完全に生徒は受け身になってしまうからであ
る。貼りもの資料の提示も、「こうなっている」との内容を説明するよりは、提示された貼りもの資料
を見て直感的に理解させるようにしている。その方が、生徒の受け止め方も「えっ」となることが多い。
また、重要な語句についても貼りもの資料を提示しておくことで、生徒に一斉発言させることができ、
それにより確認・記憶させることにつなげられる。

　なお、理科の先生に訊ねたところ、「自然現象としての気象については、理科の授業で取り扱う」と
のことだった。そして長期的な現象で生活にも影響が大きい「気候については、社会科で扱ってもいい
のではないですか」と教えてもらった。

地理　学習プリント〈日本の姿：３－１〉

■日本は気候帯でいうと「温帯」に属するが、その中でも独特な気候である。日本の気候の特色とは
　どんなことなのか？　また、地形的には、どんな特色があるのか？

1：【 ジェット気流とオホーツク海高気圧 】

　「ジューンブライド（＝6月の花嫁）は幸せになれる」とのキャッチフレーズに、乙女心が魅せら
れてか、6月に挙式するカップルが増えている。

　この6月、ヨーロッパでは真夏をひかえて最もさわやかな季節であり、結婚式にもふさわしい時期
である。一方、日本では"梅雨"のうっとうしい時期となっている。

　この梅雨は、オホーツク海に高気圧がデンと居座って、南の太平洋高気圧との間に停滞前線（＝梅雨
前線）を形づくるからである。この"オホーツク海高気圧"がつくられる原因と"ジェット気流"は、
関係が深い。

　気温上昇とともに亜熱帯ジェット気流が北上すると、ヒマラヤ山脈にぶつかり流れが2つにわかれ
て大きく蛇行する。そして、日本の東方海上で再び合流し、周辺の気圧を高め"オホーツク海高気圧"
をつくる。

　もし、ヒマラヤ山脈が低かったら、「日本の（ 梅雨 ）はなくなり、ヨーロッパと同じような"さわや
かな6月"になる」と言われている。

――――――――――――――――（『読売新聞』1988年5月30日ほかによる）――

2：【 季節風と降水量 】

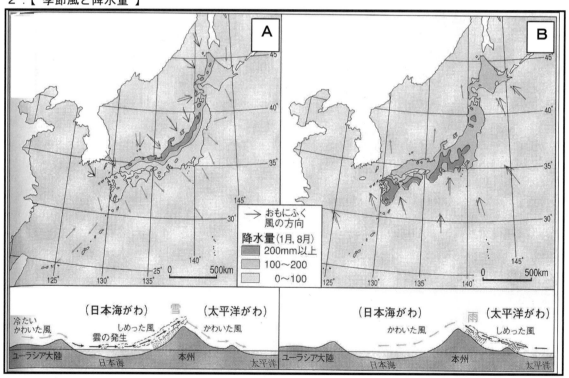

地理 学習プリント〈日本の姿：３－２〉

■南北に長い日本では、地域による気候の特色がはっきりしている。どの地域に、どんな特色のある
　気候があるのか？　おおまかにつかんでみよう！

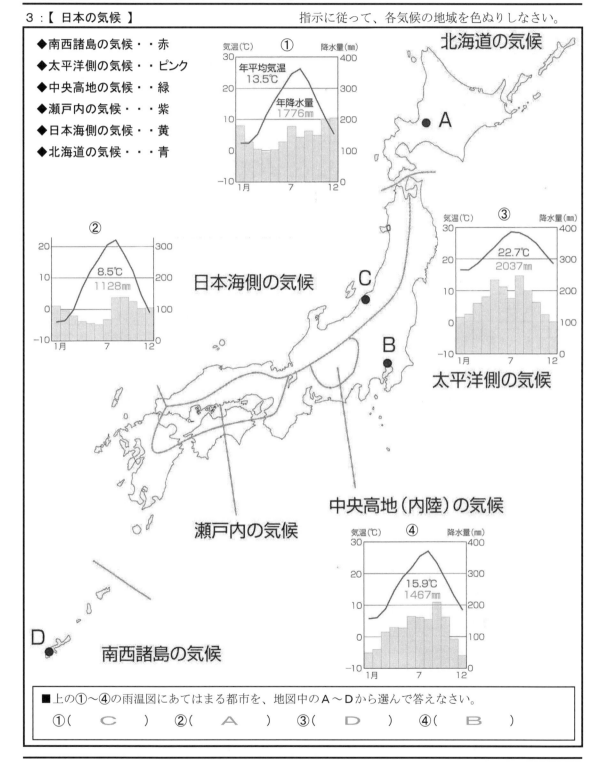

３：【 日本の気候 】　　　　　　　　　　　　指示に従って、各気候の地域を色ぬりしなさい。

◆南西諸島の気候・・赤
◆太平洋側の気候・・ピンク
◆中央高地の気候・・緑
◆瀬戸内の気候・・・紫
◆日本海側の気候・・黄
◆北海道の気候・・・青

① 年平均気温 13.5℃　年降水量 1776㎜

② 8.5℃ 1128㎜

③ 22.7℃ 2037㎜

④ 15.9℃ 1467㎜

北海道の気候

日本海側の気候

太平洋側の気候

中央高地（内陸）の気候

瀬戸内の気候

南西諸島の気候

■上の①～④の雨温図にあてはまる都市を、地図中のＡ～Ｄから選んで答えなさい。
　①（　Ｃ　）　②（　Ａ　）　③（　Ｄ　）　④（　Ｂ　）

[27] 日本をわける

◎日本は47都道府県から成り立っているが、それを大きく7つの地方にわけていることをつかませる。そして、その地方毎の違いについて方言をもとに考えさせ、県庁所在地名と県名の違いから県の成り立ちなどを簡単につかませる。

1　47都道府県を覚えよう！

①・前回までの授業では、地形や気候などの自然の面から日本を見てきた。今回からは人々の生活の面から日本を見ていく。そこではじめに、大まかに日本列島をつかむため、略地図を書いてみる。

　　・【資料：1】に四角と三角で、簡単に日本列島を描いてみなさい！

　▷【　資料：1　】への描き込み作業

②・こんなふうに描けばいい！

　▷〈　□と△の厚紙を貼って日本列島をあらわす！　〉右図→

③・これぐらい大胆に描かないと、略地図は描けない。

　　・【資料：1】の略地図の描き方を参考にして、【資料：2】の（　右側の　）Ⅱの欄に、日本列島の略地図を描いてみなさい！

　　そのとき、【資料：1】の略地図の描き方を参考にして、できるだけ簡単に描きなさい！

　▷【　資料：2　】への描き込み作業

④・こうして略地図を描くことで、大まかに日本をつかむことができる。そこで次に、全体ではなく、日本をわけて見ていく。いま描いた日本は、「7つの地方」にわけられる。

　　・それを、北から順番に言うと、どうなるのか？

⇨| 北海道地方 | 東北地方 | 関東地方 | 中部地方 | 近畿地方 | 中国・四国地方 | 九州地方 |

　※・北から順番に問答で確認していく。

⑤・更に、その地方は、いくつの都道府県に分けられるのか？

⇨ 47

⑥・その47の都道府県の名前を、【資料：3】の地図を見て、その左上の表に書き入れなさい！

　▷【　資料：3　】〈　表に都道府県名を書き込む作業　〉

※・資料の日本地図の都道府県は、各都道府県の名称の漢字をその県の形にして描いてある。そのことに生徒が気づいた場合には、すぐに作業を中断させ、その説明をする。

⑦・日本地図をよく見ると、各都道府県名が書いてあることはわかる？

　→ほんとうだ・何と書いてあるかわからない・・・

※・発問後、都道府県名の表を完成させる。ただし、都道府県名の漢字を知らないと地図からの読み取りも難しい。そのため、読み取りができない生徒には、「地図帳P174を見ると、日本の全体がわかるので、そこで確認して都道府県名を書き入れていきなさい」との指示を出すことになる。なお、時間が不足しそうな場合には、全員が書き入れられなくても中断させる。

⑧・さっきは日本を7つの地方に分けて、さらに47の都道府県に分けたように説明したが、正確には、この47都道府県をそれぞれのまとまりにして7つの地方としてある。

　　では、その7つの地方には、それぞれどこの都道府県が含まれているのか。

　　・確認のために、1〜8までの地方にある県の番号を右下の表に書き、7つの地方の境目を赤鉛

筆で日本地図に書き入れなさい！

    ▷【 資料：3 】への描き込み作業

※・書き込み作業は、約2分間。

⑨・ここまでの作業で、日本にある都道府県の位置と名称がわかった。そこで今度は、それをバラして見てみる。

    ・【資料：4】にバラバラになった都道府県が描かれている。

    ・そのバラバラの1〜47の都道府県の名前を、左の表に書き入れなさい！

    ▷【 資料：4 】〈 への描き込み作業 〉

※・書き込み時間は、約6分間とする。その後、答え合わせをおこなうが、時間が足りないようであれば、途中で中断して、「残りは試験に出します」などと説明し、各自に調べさせてもよい。

2　現在の県は、いつ頃できたのか？

①・こうした日本の地理について、一番初めに作られた本は何というのか（ 当然、知っているはずだよね ）？

    →・・・ 風土記 ・・・

②・「風土記」って、何時代につくられたものなのか？

    →奈良時代・平安時代・江戸時代・・・

③・（ 風土記は ）奈良時代に作られたため、完全な形で残っているのは、 出雲 風土記だけ。他にも、 常陸 、 播磨 、 豊後 、 肥前 の国の風土記も、かなりまとまった形では残っている。

※・ここでは、国名は読み上げず、カードを貼るだけにする。

④・ところで、これらの国の名前は、それぞれ何と読むのか？

    → 出雲 （ いずも ）、 常陸 （ ひたち ）、 播磨 （ はりま ）、 豊後 （ ぶんご ）、 肥前 （ ひぜん ）

⑤・それぞれ、現在の何県になるのか？

    → 出雲 （ 島根県 ）、 常陸 （ 茨城県 ）、 播磨 （ 兵庫県 ）、 豊後 （ 大分県 ）、 肥前 （ 佐賀・長崎 ）

⑥・奈良時代から、日本は、地方ごとに 国・郡・里 にわけられていた。

    ・明治時代のはじめまで、地方区分としてどこでも使われていたのは、この中の、どれなのか？

    → 国

⑦・日本各地の国がそれぞれ1つのまとまりだった名残りは、今でも人々の生活に見られる。たとえば、地方によって人々が日常使っている言葉が違っている。

    ・そんな地方の独自の言葉を何と言うのか（ 知っている ）？

    → 方言 　※・「お国ことば」「お国なまり」とも言う。

⑧・【資料：5】に、各地域の方言が載せてあるので、その意味を考えてみよう！

    ▷【 資料：5 】への書き込み作業

⑨・同じ日本の国なのに、地方によって言葉も、かなり違っていた。しかし、今ではそうした違いも少なくなってきた。全国的に人々が活発に交流するようになったからだ。マスメディアの発達も大きい。

    ・では、国から（ 現在の ）県になったのは、何時代からなのか？

    →明治時代

⑩・それは、明治時代の何と言う政策からだったのか？

    ⇨ 廃藩置県

⑪・【資料：7】に、県が造られていくときの様子が書かれている。

　　・読み上げるので、① 〜 ④までの（　　）の中の数字を選んだり、言葉を書き入れて、考えてみ
　　なさい！

　　▷【 資料：7 】への書き込み作業

※・時間不足が予想されるため、ここでは教師が資料を読み、読む途中で（　　）の中で当てはまる数字
　や（　　）の中に入る言葉を答えさせるようにする。①＝306、②＝72、③＝都、④＝沖縄

３　なぜ、県名と県庁所在地名が一致しない県があるのか？

①・【資料：7】を読むと、明治の頃は、今より県の数が多かったことがわかる。

　　・【資料：8】の地図は、その頃の県を描いた地図だ！

　　▷【 資料：8 】

②・この地図には、「佐賀県」はない。

　　・その代わりにあるのは、何県なのか？

　→ 伊万里県

③・現在は、「佐賀県」になっているが、その佐賀県の県庁所在地は、何市にある？

　→ 佐賀市

④・「佐賀」県の県庁所在地は、「佐賀」市。

　　・では、隣の「長崎」県の県庁所在地は（ 何と言う町 ）？

　→ 長崎市

⑤・長崎県は、「長崎」市。ところが全国的には、県名と県庁所在地名が一致していない県もある。

　　・たとえば、「宮城」県の県庁所在地は、何市なのか？

　⇨ 仙台市

⑥・「三重」県は（ 何市なのか ）？

　⇨ 津市

⑦・「島根」県は（ 何市 ）？

　⇨ 松江市

⑧・このように県名と県庁所在地名が一致しない県には、他には何県があるのか。

　　・地図帳を使って調べて、その県を【資料：6】に赤色で塗って、確認しなさい！

　　▷【 資料：6 】への色塗り作業

※・時間があれば、県名と県庁所在地名を確認してもよい。

1	北海道 ＝ 札幌市	2	岩手県 ＝ 盛岡市	3	宮城県 ＝ 仙台市			
4	茨城県 ＝ 水戸市	5	栃木県 ＝ 宇都宮市	6	神奈川県 ＝ 横浜市			
7	群馬県 ＝ 前橋市	8	山梨県 ＝ 甲府市	9	愛知県 ＝ 名古屋市			
10	石川県 ＝ 金沢市	11	三重県 ＝ 津市	12	滋賀県 ＝ 大津市			
13	兵庫県 ＝ 神戸市	14	香川県 ＝ 高松市	15	愛媛県 ＝ 松山市			
16	島根県 ＝ 松江市	17	沖縄県 ＝ 那覇市						

⑨・県名と県庁所在地名が一致しない県は、何地方に多いのか？

　→関東地方・・・

⑩・でも、どうして関東地方に多いのか？

　→・・・？

⑪・そもそも、どうして県名と県庁所在地名が一致しない県があるのか？

→・・・？

⑫・明治維新のとき、新政府に抵抗した藩（ ＝徳川幕府に味方した藩 ）は、いくつかの例外を除い
　　て藩庁所在地名を県名にはさせてもらえなかったらしい。

　　・では、戊辰戦争で徳川幕府に味方した藩が多かったのは、どこの地方だったのか？

　　→関東地方

⑬・どうして関東地方に多かったのか？（ 関東地方には、何があったのか？ ）

　　→（ 江戸 ）幕府があったから・・・

⑭・戊辰戦争で徳川幕府に味方し、新政府に抵抗した藩は、関東地方や東北地方に多かった。その
　　ため、県名と県庁所在地名が一致しない県も、関東地方や東北地方に多い。地名や言葉、そし
　　て県名・県庁所在地名なども、そこに生活している人々の歴史が反映されているわけだ。

※・県の成り立ち（【資料：7】【資料：8】についての補足説明 ）
　A：旧い県が、そのまま新しい県になったパターン
　　　山梨県　神奈川県　東京都　秋田県　青森県　京都府　和歌山県　新川（ 富山県 ）
　　　鳥取県　広島県　山口県　香川県　名東（ 徳島県 ）　高知県
　B：1つの旧い県が、いくつかの県と合わさって新しい県になったパターン
　　　静岡県　新潟県　山形県　石川県　兵庫県　島根県　愛媛県　熊本県　大阪府　岡山県
　　　三重県
　C：1つの旧い県が、他の旧い県の一部を合わせていく形で新しい県になったパターン
　　　鹿児島県　大分県　福岡県　長崎県　長野県　岐阜県　宮崎県
　D：1つの旧い県をそのまま新しい県名とし、もう一方の旧い県名を県庁所在地名にしたパターン
　　　栃木県（ 宇都宮市 ）　愛知県（ 名古屋市 ）
　※ 愛知県は、県庁所在地の名古屋城が愛知郡にあったので愛知県としたが、その後、市制施行で名古屋
　　　区が名古屋市になったため、県名と県庁所在地名が違ってしまった（ 実は明治5年までは名古屋県だ
　　　ったのだが、煩雑になるため省略 ）。

<参考文献>
加藤好一「日本国を区分する」「県の成り立ち」「日本列島の略地図づくり」『日本地理授業プリント』
　地歴社
「都道府県漢字パズル」『たのしい授業』1986年12月号、仮説社
石井郁男「都道府県さがし」石井郁男・安井俊夫・川島孝郎 編著『ストップ方式による教材研究　中
　学社会地理』日本書籍

<板書例>

〈 日本をわける 〉
　1　日本の略地図　　　　　　　　　3　47 都道府県　←　306
　　　　　　　　　　　　　　　　　　　　　　都道府県名と県庁所在地名
　2　7つの地方　　　　　　　　　　　　　　　　　　↓
　　　　　　　　　　　　　　　　　　　　　　一致しないのは？

❖授業案〈 日本をわける 〉について

　日本の地理を学んでいく上で、基本となる47都道府県の名称と位置を確認させることを目的にした授業案である。そのため、多少時間がかかっても学習プリントには47都道府県名を記入させていくようにしている。しかし、そうすると生徒による作業の進度に違いが出てくるため、提言1だけで1時間の授業が終わってしまうことが多い。その場合には、この授業案は2時間扱いでおこなうことになる（ 実際、そのパターンでの授業が多い ）。

　都道府県名については、くり返しくり返し確認・記入をさせていくことで、少しでも生徒の記憶に残るようにしている。そのため、この後の授業でも地図帳を使い都道府県を探す作業を入れていく（ この1時間で覚えさせようとは考えていない ）。都道府県名をそれだけで覚えようとすると、かなり大変な作業になる。また、単に暗記させるだけだと、授業がたのしくなくなる。そこで、「パズル都道府県」や「シルエット都道府県」などを資料として使い、遊びの要素を取り入れるようにしている。

　この「パズル都道府県」は「都道府県漢字パズル」をもとに資料として使っている。この「都道府県パズル」は大変よく考えられている。各都道府県の形が、その都道府県の名称でつくってあることを説明すると、ほとんどの生徒が、毎回「あっ本当だ」と言って感心する。そのため、パズルとして班毎に早く完成させる競争をさせていたこともあった。この「都道府県漢字パズル」は、雑誌『たのしい授業』（ No.46、仮説社 ）に紹介されていて、水井正さんが作られたもので、仮説社で扱っていることを知った。しかし、定価3,000円という価格では各班に1つずつ（ 合計6つ ）をそろえることは難しかったため、パズルを生徒につくらせ、そのパズルを使って班競争をおこなっていた。

　その方法とは、まず、Ａ3判の大きさの厚手の上質紙に「都道府県漢字パズル」を7地方に分けてコピーして各班に渡す。「都道府県漢字パズル」が描かれた用紙をもらった班は、班の生徒で手分けして都道府県に色を塗り、都道府県の形に切り取らせる。切り取った都道府県の裏にはマグネットシートを貼り、小黒板を使って各班でパズルを完成させる練習をする。何回か練習をした後には、2班ずつ教室の前に出てこさせて、教室前面の黒板に都道府県漢字パズルを貼って完成させる競争をさせていた。ここでは、2班ずつの競争になるが、優勝は「どの班が一番短い時間で完成させることができたのか」で決めていた（ なお、今は取り組む時間が取れなくなったため、実施していない ）。

　提言2では方言を面白く取り扱い、提言3では都道府県名と県庁所在地名が一致しない都道府県を探させるなどの作業を中心に進めるため、2時間扱いにしても、生徒の興味を十分に引きつけることはできている。

　ただ、方言についてはイントネーションがわからず、正確な表現にはなっていないという難点はある。なお、ここでは佐賀県・長崎県の方言は私たちの世代では使っているため、おまけの問題として取り上げたのだが、今の生徒はほとんど知らなかった。それほど世代間の違いがあることを知り、少々驚かされた。ただし答えを説明すると、生徒からは、「あぁ～、ばあちゃんの使いよんしゃ（ ＝祖母が使っている ）」などの反応はある。

　提言3の県庁所在地名については、時間的な余裕があれば歴史の授業（ ＝【幕末維新】の単元 ）でも復習として取り扱うことがあるが、実際は、なかなか難しいことの方が多い。

　学習プリントの【資料：2】の Ⅱ の資料は、できるだけ薄く印刷ができるようにしないと、そのまま日本列島の形をなぞる生徒が出てくる。そのため、資料としては載せなくてもいいようにも思うときがある。生徒が、少しでも「略地図を描きやすいように」と考えて載せているのだが、上手くいかないときもある。

地理 学習プリント 〈日本の姿：4-1〉

■日本列島は、大きく４つの島から成り立っている。北海道・本州・四国・九州は、どこにあり、ど
んな大きさなのか。日本列島全体の姿を描いてみよう！ 略地図で、すぐに描けるように！

1:【 □と△の日本列島 】↓下の□の中に、□と△の形を使って日本列島を描いてみよう！

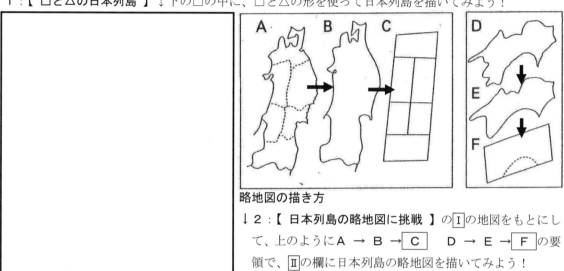

略地図の描き方

↓2:【 日本列島の略地図に挑戦 】の Ⅰ の地図をもとにし
て、上のようにA → B → C D → E → F の要
領で、Ⅱ の欄に日本列島の略地図を描いてみよう！

2:【 日本列島の略地図に挑戦！ 】

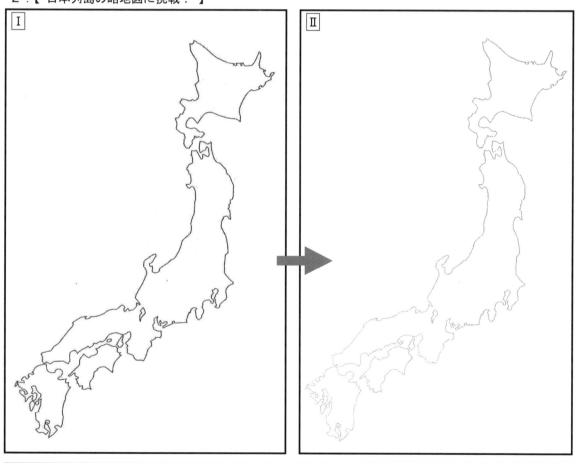

■日本の国は、都道府県にわけられている。では、どの県が、どこにあるのか？　また、各都道府県
　は、何と呼ばれる地域に属しているのか？　まずは、各都道府県の位置と名前に挑戦してみよう！

３：【 パズル都道府県 】　　まずは、位置と名前を覚えよう！　（参考：『たのしい授業』1986 年 12 月号 ）

1	沖 縄	13	山 口	25	福 井	37	神奈川
2	鹿児島	14	島 根	26	石 川	38	千 葉
3	宮 崎	15	広 島	27	富 山	39	茨 城
4	熊 本	16	鳥 取	28	岐 阜	40	栃 木
5	大 分	17	岡 山	29	愛 知	41	福 島
6	長 崎	18	兵 庫	30	静 岡	42	宮 城
7	佐 賀	19	京 都	31	山 梨	43	山 形
8	福 岡	20	大 阪	32	長 野	44	秋 田
9	高 知	21	和歌山	33	新 潟	45	岩 手
10	徳 島	22	奈 良	34	群 馬	46	青 森
11	愛 媛	23	三 重	35	埼 玉	47	北海道
12	香 川	24	滋 賀	36	東 京		

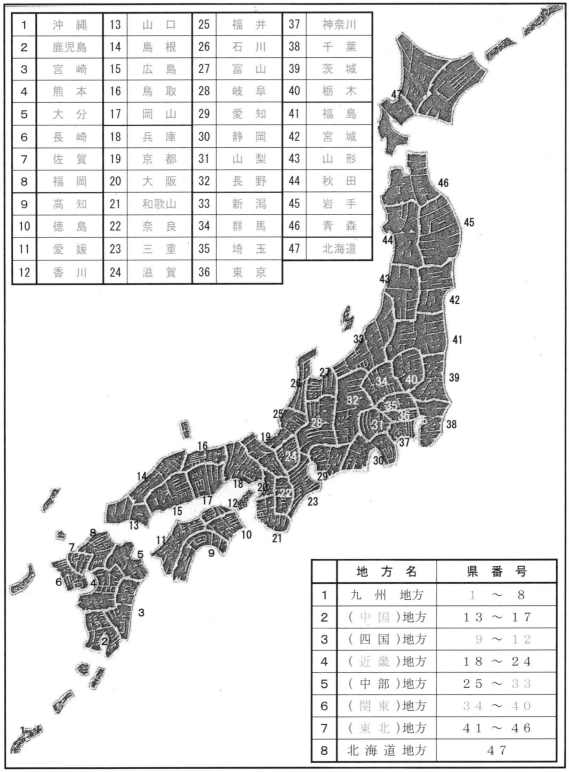

	地 方 名	県 番 号
1	九 州 地方	1 ～ 8
2	（中 国）地方	13 ～ 17
3	（四 国）地方	9 ～ 12
4	（近 畿）地方	18 ～ 24
5	（中 部）地方	25 ～ 33
6	（関 東）地方	34 ～ 40
7	（東 北）地方	41 ～ 46
8	北 海 道 地方	4 7

■日本の国は、都道府県にわけられている。では、それぞれどんなかたちをしているのか？　どこに、
　何という都道府県があるのか？　また、みんなはどれくらい都道府県名を知っているのか？

４：【　シルエット都道府県　】　　　　　　　　　　　　　　　　　　　　　　次は形から

1	北海道
2	長　野
3	山　形
4	徳　島
5	鹿児島
6	滋　賀
7	秋　田
8	兵　庫
9	福　井
10	岩　手
11	茨　城
12	鳥　取
13	大　阪
14	島　根
15	栃　木
16	熊　本
17	新　潟
18	京　都
19	三　重
20	青　森
21	和歌山
22	長　崎
23	宮　崎
24	千　葉
25	富　山
26	広　島
27	佐　賀
28	埼　玉
29	山　梨
30	東　京
31	大　分
32	沖　縄
33	石　川
34	宮　城
35	香　川

36	高　知	37	愛　知	38	奈　良	39	岡　山	40	岐　阜	41	福　岡
42	静　岡	43	群　馬	44	愛　媛	45	山　口	46	神奈川	47	福　島

地理 学習プリント〈日本の姿：4－4〉

■都道府県の領域は明治時代以前に「国」と呼ばれていた領域がもとになっている。それぞれの国には昔からその土地ならではの生活があり、独特の言葉＝方言（お国ことば）が使われてきたが・・。

5：【 方言 】　　　　　　　　　　　　　　　　　　　　　　　　いくつわかるかな？

①	あらすか	愛知	あるわけない	⑨	なまらしばれる	北海道	非常に寒い
②	おしょうしな	山形	ありがとう	⑩	なーん	富山	いいえ
③	さすけね	福島	だいじょうぶ	⑪	なんくるないさ	沖縄	やればなんとかなる
④	ずく	長野	やる気	⑫	ぶち	山口	とても
⑤	だら	石川	ばか	⑬	まむし	大阪	うな重
⑥	だんだん	島根	ありがとう	⑭	まんでがん	香川	全部
⑦	とぜんなか	長崎	たいくつだ	⑮	めやぐだ	青森	もうしわけない
⑧	ない	佐賀	はい	⑯	わやくそ	広島	めちゃくちゃ

シロクマ　ネコ　ありがとう　大盛りうどん　頭を丸めな　はい　ズック　階段　やればなんとかなる
突然　ゼロ　うな重　多少しぼられる　やわらかすぎ　何　何も起きないさ　ムチ　ひま　授けない
まぶしい　いいえ　迷惑だ　あるわけない　少しずつ　焼き菓子　おいしい　ありがとう　だいじょうぶ
やる気　ばか　たいくつだ　非常に寒い　とても　全部　もうしわけない　めちゃくちゃ　調子が良い

6：【 日本の都道府県 】　　　　県名と県庁所在地名が不一致の県を、赤で塗りつぶしてみよう！

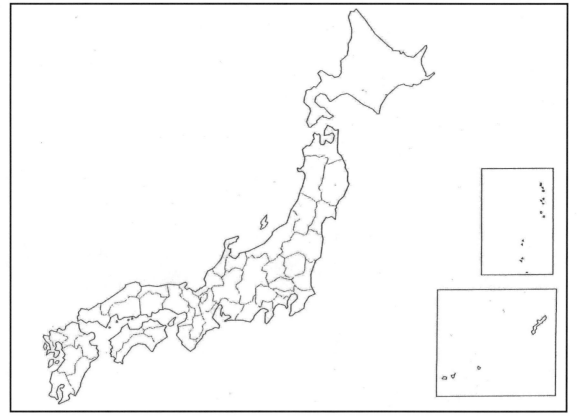

地理 学習プリント〈日本の姿：4-5〉

■現在、日本にある都道府県の数はいくつなのか？ どうして、そんな数になっているのか？ また、
県名と県庁所在地名とが違う県があるのは、どうしてなのだろうか？

7：【 県の成り立ちクイズ 】

　現在につながる県がつくられたのは、1871（明治4）年7月に「廃藩置県」がおこなわれたときである。旧い藩がそのまま県となり、数は合わせて①（ 306 ・ 210 ・ 108 ・ 47 ）、他に東京・大阪・京都の三府、北海道と琉球藩があった。あまりにも数が多いため、同年11月には10万石を最低基準として1道3府②（ 108 ・ 72 ・ 47 ）県に減らした。

　その後、明治21年には1道3府43県となったが、1943（昭和18）年には東京府・東京市を合わせて東京③（ 都 ）をつくった。

　琉球藩は、明治12年に ④（ 沖 縄 ）県となり、1945年からはアメリカ軍に占領されたが、1972年には日本国に復帰して現在に至っている。

8：【 旧県地図（ 明治4〔1871〕年12月 ）】

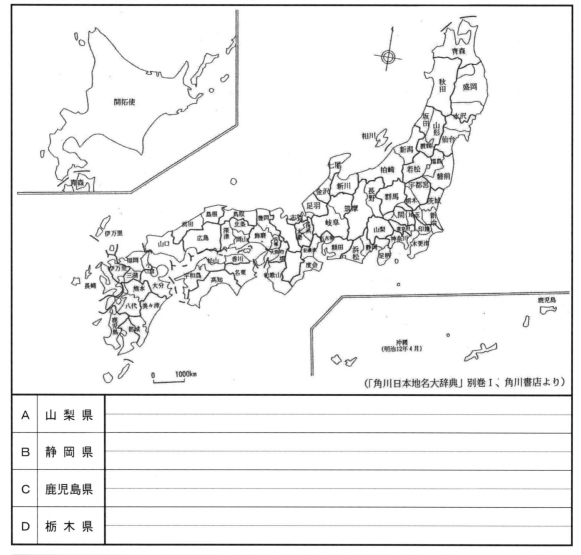

（「角川日本地名大辞典」別巻I、角川書店より）

A	山 梨 県	
B	静 岡 県	
C	鹿児島県	
D	栃 木 県	

[28] 人口から見る日本

◎まず、世界や日本の人口について大まかにつかませる。そして、人口ピラミッドや白地図作業を
通して人口の変化から生じてくる日本国内の問題点を理解させる。

1　日本や世界の人口は、どうなっているのか？

①・現在の日本の人口は、約何人なのか？

⇨ 約1億2,803万人　　※・この数字は、生徒が持っている地図帳の統計数字を確認して合わせる。

②・その日本の人口は、世界で何番目なのか。

・答えは、【地図帳P146〜148】に載せてある統計表を使って、日本より人口の多い国を見つけれ
ばわかる！

▷【　地図帳P146〜148　】

③・人口の多い国を順番に並べると、1位が 中国 （13億8,853万人）、2位 インド （12億1,337
万人）、3位 アメリカ （3億1,391万人）、そして4位 インドネシア （2億4,881万人）、
5位 ブラジル （2億103万人）、6位 パキスタン （1億8,435万人）、7位 ナイジェリア
（1億5,970万人）、8位 バングラディシュ （1億4,404万人）、9位 ロシア （1億4,350
万人）の9ヶ国となる。

・つまり、日本の人口は、世界第何位なのか？

→10位

④・では、約90年前の1930年には、日本の人口は、世界何位だったのか？

→・・・？

⑤・答えは、【資料：1】に書かれている！

▷【　資料：1　】

⑥・約90年前も昔の文章で読みにくいが、日本の人口は、世界何位だったのか？

→4位

⑦・そのときの（ 日本の ）人口は、何人だったのか？

→6,400万人

⑧・では、日本より人口の多い1位から3位までの国は、どこだったのか？

→中国・ソ連・アメリカ

⑨・日本の人口は約90年前と比べると、4位から10位へと下がっている。しかし、（ 日本の ）人口
そのものは増えている。もっとも、人口が増えているのは、世界的傾向。

・1930年頃の世界の総人口は、約何億人だったのか？

→約20億人

⑩・それが現在は、約何億人？

⇨ 約73億人

⑪・世界の人口は、（ 約20億から約73億へと ）3倍以上も増えている。世界全体の人口が増える中
で、日本の人口も増えているが、その順位は下がっている。このことは、日本以外の国の人口
増加が多いことを意味している。人口については、数の変化だけではなく、その構成自体も大
きく変わってきている。

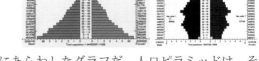

① ・〈 人口ピラミッドのグラフを提示しながら！ 〉

　　こうしたグラフを何と言うのか？

　⇨ 人口ピラミッド

② ・この人口ピラミッドは、人口を男女別、年齢別にあらわしたグラフだ。人口ピラミッドは、その形状により、いくつかの型にわけられる。

　・では、【資料：2】に載せてある「1930年の人口ピラミッド」は何型と言うのか？

　⇨ 富士山型

③ ・「2000年（ の人口ピラミッド ）」は何型（ と言うのか ）？

　⇨ つぼ型

④ ・日本の人口は1930年の「富士山型」から2000年の「つぼ型」に変わっている。

　・と言うことは、日本の人口は、この70年間で、何が？　どう変わったのか？

　→若者が減った・高齢者が増えた・寿命が延びた（ 85＋が、90＋に ）・・・？

⑤ ・ただし、この変化は日本全体を見た場合であって、国内の全ての県で同じような変化が起きているわけではない。そのことを、【資料：3】に載せてある2つの人口ピラミッドから読み取ってみる。

　・【資料：3】のAは 島根県匹見町 （ 現在は益田市 ）の人口ピラミッドで、Bは 千葉県船橋市 の人口ピラミッド。少し古い資料だが、特徴がつかみやすいので2つの地域を例に考えていく。

　・まず、それぞれ、どこにあるのか、地図帳で探してみよう！

　▷ 【 匹見町＝P87D4S 】【 船橋市＝P118F4N 】

⑥ ・ただし、ここに描かれている人口ピラミッドは、「1960年」と「1995年」の2つが重ねてあるために、その特徴がつかみにくい。

　・そこで、「1995年」の部分を赤く塗りつぶしてみなさい！

　▷ 【 資料：3 】への色塗り作業

⑦ ・1960年から1995年になり、匹見町で、「一番」変わったことは何なのか？

　→人口が減少したこと

⑧ ・特に減ったのは、どの年齢の人口なのか？

　→年少者・10歳以下の子ども・・・

⑨ ・逆に、あまり減らずに、多いままなのは、どの年齢の人口（ なのか ）？

　→年配者・65歳以上の高齢者・・・

⑩ ・つまり、Bの船橋市と比べて、Aのの人口の3つの特徴は、何と何と何なのか？

　→極端な人口減少・10歳以下の人口が減った・65歳以上の人口は（変わらず）多い・・・

⑪ ・「10歳以下の子どもの人口が減っていること」を、何と言うのか？

　→ 少子化

⑫ ・「65歳以上の（ 高齢者の ）人口が増えている社会のこと」を、何社会と言うのか？

　→ 高齢化社会

⑬ ・つまり、「子どもが減り、高齢者が増えている社会」を何と言うのか？

　⇨ 少子高齢化社会

⑭ ・匹見町は人口が減少して、「少子高齢化社会」になっている。それに対して、船橋市の人口は増加している。

・特に増えているのは、どの年齢の人口（なのか）？

→**45歳以上・20歳代・・・**

⑮・この2つの地域の違いは、「人口密度」を比べてもわかる。 船橋市（ 85.71㎢ ）：約6,310人/㎢

　　と 匹見町（ 301㎢ ）：約（ 7 ）人/㎢ 。

※・匹見町の面積は、船橋市の約7倍以上となる。

　　・船橋市では1㎢当たり、約6,310人が住んでいる。

　　・それに比べて匹見町では、同じ1㎢に約何人住んでいるのか？

　　→**約7人**

⑯・わずか「7人」と言うことは、それだけ人が・・・、住んで・・・、いない。しかも、「住民の
　　多くは高齢者」の町が、匹見町である。

3　　各都道府県での人口の増減は、どうなっているのか？

①・匹見町のように「若い人たちが流出し、老年人口が増えて、地域社会を支える活動が困難にな
　　る現象」を何と言うのか？

　⇨ 過疎

②・船橋市のように「人口が集中し、生活に深刻な問題が起こる現象」を何と言うのか？

　⇨ 過密

③・では、「過疎」や「過密」になると、それぞれどんな問題が起きてくるのか。

　　・考えられることを【資料：3】の人口ピラミッドの下の欄に書きなさい！

　▷ 【 資料：3 】〈 への記入作業 〉

※・過疎＝若者が減る → 結婚がない → 子どもが増えない → 学校が統廃合になる（ 減る ）・人口が
　　　　増えない → 商店が成り立たなくなる・病院がなくなる・働く場がなくなる
　　過密＝人口が増え過ぎる → 住宅や学校が不足する・通勤や通学時の交通渋滞や混雑が起きる・大
　　気が汚染される・ゴミが増える・土地の価格が上昇する

※・プリントへの記入後、各班から1名ずつ指名発言で発表させる。過疎と過密については生徒の発言
　　を活かしながら、更に上に書いた内容をからませ、問題点を板書する。

④・ところで、こうした「過疎」の現象は、島根県だから起きていることなのか？

　　→**そんなことはない・そうだ・・・**

⑤・【資料：4】を使って、日本全体について、人口の増減について確認してみよう。

　　・25年間で、人口が、200％（ ＝2倍 ）以上増加した県を、青色で塗りなさい！

　▷【 資料：4 】への色塗り作業

　　※・埼玉県・千葉県の2県

⑥・25年間で、人口が、140％以上増加した県を、緑色で塗りなさい！

　▷【 資料：4 】への色塗り作業

　　※・茨城県・神奈川県・愛知県・滋賀県・奈良県・沖縄県（ 復帰を期に増加 ）の6県

⑦・一方、日本全体で129.1％もの人口増加があったにもかかわらず、人口が減少した県もある。25
　　年間で増加率が90％と言うことは、100％以下だから、これは人口が減ったことを意味している。

　　・そんな90％台の県を、赤色で塗りなさい！

　▷【 資料：4 】への色塗り作業

　　※・秋田県・山形県・鳥取県・長崎県・鹿児島県の5県

⑧・ちなみに、25年間で増加率が100％台は、ほとんど人口の増減がない県だ。

・100％台の県を、ピンク（ 桃色 ）で塗りなさい！

▷【 資料：４ 】への色塗り作業

※・北海道・青森県・岩手県・福島県・新潟県・富山県・和歌山県・鳥取県・山口県・徳島県・愛媛県・高知県・佐賀県・熊本県・大分県・宮崎県の16県

⑨・ここまでの作業で、わかることが３つ。

・それは、どんなことなのか？

→東北・九州は人口減少・関東は人口増加・中部・九州の変化は小さい・・・

4　各都道府県での人口の増減は、どうなっているのか？

①・最後に、こうした日本国内での高齢化のスピードを、国際的に比較した表が【資料：５】に載せてある！

▷【 資料：５ 】

②・日本の高齢化は、アメリカやヨーロッパの国と比べると、どんな特徴があるのか？

→・・・

③・〈 グラフを提示しながら！ 〉匹見町でも、このように人口が減少している！

▷【 匹見町の人口変化のグラフ 】

④・つまり、日本の人口減少は、欧米の国に比べて、どんな特徴があるのか？

→急激に減っている・短い期間で人口が減少している・・・

⑤・アメリカで「70年」、フランスで「115年」かかった変化が、日本では何年で起きているのか？

→24年

⑥・つまり、日本では、アメリカやヨーロッパの国に比べて、３倍から４倍のスピードで少子高齢化が進んでいる。

・そのため日本では、欧米諸国では見られない、どんな問題が起きているのか？

→施設・制度などが間に合わない・長生きすることがかえって不幸になりかねない・・・

⑦・そうすると、今後、日本では、どんな対策を立てなければならないのか？

→（ 投げかけのみでもかまわない ）

⑧・最近、金融庁の審議会から、「老後に2,000万円必要」との報告書が出されて話題になった。年金については、みんなには今すぐにかかわる問題ではないけど、いずれ「老後」はくるわけだから、全く関係ない話でもない。

老後の人生を65歳＋30年＝95歳と仮定する。夫65歳、妻60歳以上の（ 仕事をしていない ）夫婦２人の世帯は、平均で年金などの収入（A）＝20万9,198円、支出（B）＝26万3,718円と考える。収入（A） － 支出（B） ＝ －５万4,520円。つまり、毎月の不足金額が５万4,520円となる。この不足分を貯金や退職金などでまかなおうとすると、30年分として予想して考えると約2,000万円となる。もっとも、これは「95歳まで生きた」と考えた場合の話だ。

・では、その可能性は、高いのか？　低いのか？

→高い・・・

⑨・つまり、急激な少子高齢化社会が進んでいる日本では、「国として、個人として、どんなことを考えておかなければならないのか」と言う、年金だけの問題ではない。

<参考文献>
　加藤好一「人口から地域社会の特色をとらえる」『日本地理授業プリント』地歴社

<板書例>

〈 人口から見る日本 〉

1　日本の人口＝約1億2,705万人

　　世界4位　→　10位

　　（1930年）　（2013年）

2　世界の人口＝約67億人（2015年）

　　約20億人

　　（1930年）

3　人口ピラミッド

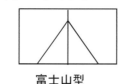

富士山型　　　　　つぼ型

4　過疎と過密

5　少子高齢化　→　急激に進むと？

❖授業案〈 人口から見る日本 〉について

　この授業案は、人口について学ぶ内容となっているが、主に人口ピラミッドの読み方を学ぶようになっている。授業案で取り上げている匹見町と船橋市は統計資料としては古いのだが、ピラミッド型の人口構成などがつかみやすいこともあり、そのまま使い続けている。そして、最後に時事的な話題として、「老後2,000万円の貯蓄が必要」との金融庁報告を取り上げた。

　年金については3年生の公民分野での学習になる。しかし、こうして1度授業で取り扱っていれば、3年生の授業のときに振り返らせることができる。3年生の公民の授業で、「年金については、1年生のときに、勉強した内容に『老後2,000万円問題』ってあったよね？」と取り上げることができるわけである。社会科の中の地理の学習なのだから、そうした後の学年でのつながりも考えていく。

　なお、世界の人口については、生徒が持っている地図帳の統計資料の数字を確認しておく必要がある。そうしないと、教師の説明と生徒の資料がズレていることがある（ 特に地理や公民の教科書は、事前のチェックが必要になる ）。

地理 学習プリント〈日本の姿：5-1〉

■少子高齢化社会となった日本の人口には、これまでどんな動きがあったのか？　また、現在、どんな問題が起きているのか？　特徴的な例を取り上げ、人口ピラミッドを見ながら考えてみよう！

1：【 約90年前の統計 】　　　　　　　　　　　　　　（『列国国勢要覧』内閣統計局、昭和八年より）

昭和五（1930）年に於ける世界の總人口は約二十億である。列國中人口の最も多いのは中國の四億四千萬で、ソヴィエト聯邦の一億六千百萬、北米合衆國の一億二千三百萬之に亞ぎ、帝国（内地）は六千四百萬で第四位にある。而して独逸の六千四百萬、英吉利の四千六百萬、伊太利の四千百萬、佛蘭西の四千萬等皆帝国の下位にある。

・1930年：日本の人口＝　６４００万人（世界第　４　位）

　日本より人口の多い国＝　中国　・　ソ連　・　アメリカ合衆国

・2011年：日本の人口＝　１億２７３３万人（世界第　10　位）

　日本より人口の多い国＝　中国　・　インド　・　アメリカ合衆国　・　インドネシア　・　ブラジル
　　　　パキスタン　・　ナイジェリア　・　バングラディシュ　・　ロシア

2：【 日本の人口の変化 】　　　　　　　　　　　　　　　　　人口ピラミッドの変化より

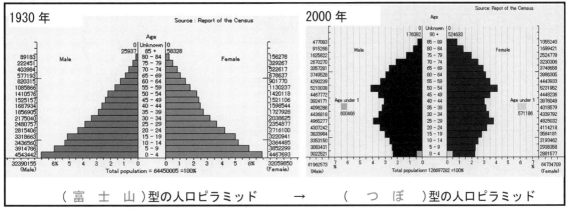

（　富　士　山　）型の人口ピラミッド　　→　　（　つ　ぼ　）型の人口ピラミッド

3：【 ２つの町の人口ピラミッド 】

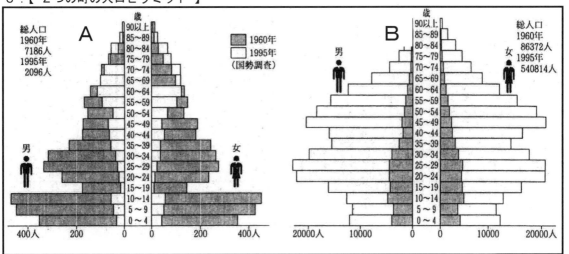

▶Aの町で発生する問題とは？　　　　　　　　　▶Bの町で発生する問題とは？

_____　　　　_____

_____　　　　_____

_____　　　　_____

地理 学習プリント〈日本の姿：５－２〉

■1965 年と 2000 年、25 年間の人口の変化がわかる表を見て、次の項目に当たる都道府県を指示に従って色分けをしてみよう！　その作業の中から、どんなことが見えてくるのか？

４：【 都道府県の人口変化 】・人口が 200%（２倍）以上増加＝青 ・140%以上増加＝緑 ・90%台＝赤 ・100%台＝ピンク

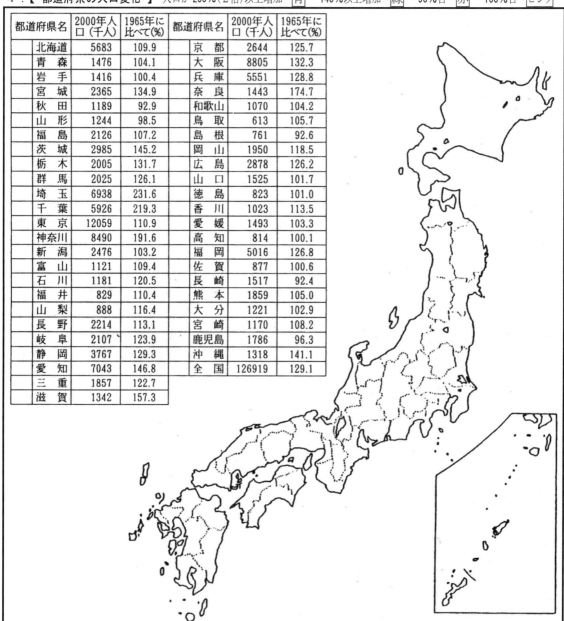

都道府県名	2000年人口（千人）	1965年に比べて(%)	都道府県名	2000年人口（千人）	1965年に比べて(%)
北海道	5683	109.9	京 都	2644	125.7
青 森	1476	104.1	大 阪	8805	132.3
岩 手	1416	100.4	兵 庫	5551	128.8
宮 城	2365	134.9	奈 良	1443	174.7
秋 田	1189	92.9	和歌山	1070	104.2
山 形	1244	98.5	鳥 取	613	105.7
福 島	2126	107.2	島 根	761	92.6
茨 城	2985	145.2	岡 山	1950	118.5
栃 木	2005	131.7	広 島	2878	126.2
群 馬	2025	126.1	山 口	1525	101.7
埼 玉	6938	231.6	徳 島	823	101.0
千 葉	5926	219.3	香 川	1023	113.5
東 京	12059	110.9	愛 媛	1493	103.3
神奈川	8490	191.6	高 知	814	100.1
新 潟	2476	103.2	福 岡	5016	126.8
富 山	1121	109.4	佐 賀	877	100.6
石 川	1181	120.5	長 崎	1517	92.4
福 井	829	110.4	熊 本	1859	105.0
山 梨	888	116.4	大 分	1221	102.9
長 野	2214	113.1	宮 崎	1170	108.2
岐 阜	2107	123.9	鹿児島	1786	96.3
静 岡	3767	129.3	沖 縄	1318	141.1
愛 知	7043	146.8	全 国	126919	129.1
三 重	1857	122.7			
滋 賀	1342	157.3			

５：【 人口高齢化のスピード　国際比較 】

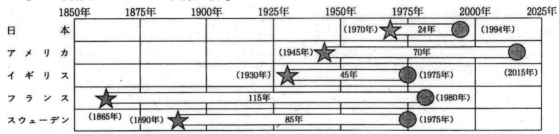

	1850年	1875年	1900年	1925年	1950年	1975年	2000年	2025年
日 本					（1970年）★	24年 ●	（1994年）	
アメリカ				（1945年）★		70年		●
イギリス			（1930年）★		45年	●（1975年）	（2015年）	
フランス	★			115年		●（1980年）		
スウェーデン	（1865年）	（1890年）★		85年		●（1975年）		

[29] 資源とエネルギー

> ◎資源の少ない日本の現状をつかませ、今後の日本のエネルギー資源の獲得方法について、どうあ
> るべきなのかを考えさせる。

1　石油を産出している国、使っている国はどこなのか？

①・金属の原料やエネルギー資源として利用される鉱物を何と言うのか？

⇨ 鉱産資源

②・では、その鉱産資源の中で、一番使われているエネルギー資源は何なのか

　→石油・原油・・・

③・その原油の埋蔵量が多いのは、西アジアの何湾周辺なのか？

⇨ ペルシャ湾

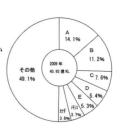

④・【資料：1】の円グラフのA～E（つまり石油産出国の1位～5位）に当てはまる国は、それぞ
れ、どこの国なのか？（知っている？）

　→ A＝ロシア　B＝サウジアラビア　C＝アメリカ　D＝イラン　E＝中国

※・その後、アメリカはトランプ政権がシェール（頁岩）原油の採掘に力を入れ、産油量が第1位にな
った。イランは核開発などをめぐってトランプ政権から強い制裁を受け、ドル建ての原油輸出がで
きなくなったため産油量が減っている。このように世界の原油の産出量は政治の影響が大きい。

⑤・この5つの国を【資料：1】の世界地図の中で見つけて、薄く赤色の斜線を引いて、それぞれ
の国の位置を確認しなさい！

▷【資料：1】の世界地図への記入作業

※・国の位置がわからないときには、【地図帳】で探して確認させる。

⑥・次に、その石油を輸入している国ベスト5（F～J）に当てはまる国は、それぞれ、どこの国
なのか？（知っている？）

　→ F＝アメリカ　G＝日本　H＝中国　I＝インド　J＝韓国

⑦・この5つの国を、【資料：1】の世界地図の中で見つけて、薄く青色の斜線を引いて、それぞれ
の国の位置を確認しなさい！

▷【資料：1】の世界地図への記入作業

⑧・この2つの作業で、わかることは何なのか？

　→アメリカと中国は石油の生産も輸入も多い

⑨・アメリカと中国は、自分の国で産出する以上の量の石油を使っていることがわかる。

　・でも、一体どれくらい石油を使っているのか？

　→・・・？

⑩・アメリカの石油の輸入量は、長い間圧倒的な世界のナンバー1だった。

※・ドルが基軸通貨になっていることが大きい。その後、アメリカは石油の輸出国になるが、カナダな
どから輸入もしており、2019年統計では中国に次ぐナンバー2だ。
中国は、自動車・石油化学工業・発電に大量の石油を使うようになり、1993年から石油の輸入
国になっている。

2　資源の乏しい日本は、エネルギー資源の獲得をどうするのか？

①・日本は石油の輸入量は世界第2位だが、アメリカや中国と違い自国での生産量は大変少ない。

・2008年の石油の「国内生産量」は、日本全体の使用量の何％ぐらいだと思う？

→　0.4％

（右上の表）
日本が原油を輸入している国ベスト5　2009年

	千kl	％
K	67,905	31.9
L	45,449	21.3
M	25,375	11.9
N	23,856	11.2
O	18,188	8.5

②・と言うことは、日本の石油の輸入量は、全体の何％になるのか？

→99.6％

③・日本は、ほぼ100％の石油を輸入に頼っている。では、日本は、どこの国から石油を輸入しているのか。

・【資料：1】のK〜Oまでに当てはまる国は、どこの国なのか？（知っている？）

→ K=サウジアラビア　L=アラブ首長国連邦　M=カタール　N=イラン　O=クウェート

④・この５つの国を、【資料：1】の世界地図の中で見つけて、薄い茶色の斜線を引いて、それぞれの国の位置を確認しなさい！

　▷【資料：1】の世界地図への記入作業

⑤・ちなみに、日本の石油輸入相手国の６位は、どこの国だと思う？

→ロシア・中国・アメリカ・・・？

⑥・隣の国ロシアは、世界１の石油産出国にもかかわらず、日本の石油輸入相手国では第６位。それも（ロシアからの石油の輸入量は）全体の4.3％しかない。しかし、日本との位置や距離など考えると、遠い西アジアの国々からよりも、ロシアから石油を輸入する方が、費用など安くできる。

・では、どうして日本は、ロシアから大量に石油を輸入しないのか？

→・・・？

⑦・そもそもロシアは、石油を輸出しているのか（いないのか）？

→輸出していない・輸出している・・・

⑧・ロシアは、世界第２位の石油の輸出国だ。

・では、ロシアは、どこの国に石油を輸出しているのか？

→・・・

⑨・ロシアは、長い「パイプライン」を使って石油を「ヨーロッパ」に輸出している。それも、日本が西アジアの国々から輸入している約２億トンを上回る３億3,200万トンもの石油を輸出している。

※・ロシアがヨーロッパに石油を輸出していることは、1年生のときに取り扱っている。

・そうした現実を考えると、開発の進む東シベリアの油田から日本海までパイプラインで石油を運ぶことも不可能ではない。実際、日本はロシアに対し、東シベリアからのパイプライン建設の援助を申し出ている。ところが、同じようなことを考えている国は、日本以外にもある。

・さて、その国は、どこなのか？（これまでで出てきた国で言うと・・・？）

→中国・・・

⑩・中国も、「パイプラインを造り石油をロシアから輸入したい」と考えている。

・果たして、この３カ国の思惑は、実現するのか？（しないのか？）

→実現しない・実現する・・・

⑪・資源の乏しい日本としては、「エネルギーの獲得をどうするのか」は大きな問題だ。たとえロシアから石油を輸入できるようになっても、国際情勢の変化で資源輸入に困難が生まれる可能性もある。また、資源はいずれ無くなってしまうという問題もある。そのため、日本は、石油などの化石燃料に頼らない発電方法を進めてきた。

・では、その発電方法とは何なのか？

　→原子力発電・・・

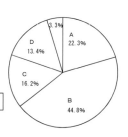

３　日本に原子力発電所は必要なのか？

①・日本国内には何基の、原子力発電所があるのか？

　　486（世界全体）　・　54（日本）　・　21（中国）　・　13（韓国）

※・挙手により予想を確認する。

②・〈フリップを提示しながら！〉この54基の原子力発電による日本の（第１次）エネルギーに占める割合はこの円グラフA〜Dのどれなのか？

　→A＝石炭　B＝石油　C＝天然ガス　D＝原子力

③・日本政府は原子力発電を進めているが、まだまだ石油や天然ガスなどによる（火力）発電の占める割合が高い。とは言っても、世界の陸地のわずか0.25％しかない日本列島に、世界の原子力発電所の11％も集中している。

　　ただし、原子力発電所が、日本国内にまんべんなくあるわけではない。

・【資料：２】の表に書かれている原子力発電所がある都道府県を、日本の白地図で見つけて、指示に従って色を塗って、それぞれの位置を確認しなさい！

　▷【資料：２】の白地図への色塗り作業

④・原子力発電所がある県に共通していることは、何なのか？

　→全て海のある県（海に面している県）・大都市から遠い（場所）・・・

⑤・〈フリップを提示しながら！〉この地図（＝地震発生分布図）を基に考えると、もう１つ、何がわかるのか？

　→原子力発電所の場所は地震発生が多い・・・

⑥・東日本大震災で被害を受けた福島第１原発では、津波の高さを5.4m〜5.7mと想定していた。

・しかし、実際に福島第１原発を襲った津波の高さは、何mだったのか（知っている）？

　→・・・14m

⑦・何と、（想定の）３倍もの高さだった。これでは防げるわけがなかった。

・どうして、原子力発電所は、津波の高さを低く想定していたのか？

　→・・・？

⑧・それ（＝津波の高さの想定）以前の話として、どうして、そんな地震地帯に（津波に襲われる危険性が高いにも関わらず）、原子力発電所をつくっているのか？

　→・・・？

⑨・大都市から遠い場所に、原子力発電所を造ってあるのは、なぜなのか？

　→・・・

⑩・大量の電気を必要としているのは、そんな地方なのか？　大都市なのか？

　→大都市・・・

⑪・では、どうして電気を必要としている大都市に原子力発電所を造らずに、大都市から遠く離れた地方に造ってあるのか？

　→・・・

⑫・そもそも、日本に「原子力発電所」は、必要なのか？（必要ないのか？）

　→必要・必要ない・・・？

⑬・たとえ「原子力発電所は必要ない」としても、電気は日常生活に必要不可欠だ。

・では、どうすればいいのか？

→（ 投げかけのみ ）・・・

4 再生可能エネルギーには、どんなものがあるのか？

①・〈 コピーを提示して！ 〉この家を何と言ったのか（ 覚えている ）？

→ゲル・パオ

②・「ゲル」は、モンゴルで高原を移動して遊牧生活をしている人たちが住む、組み立て式の家。

・ところで、このゲルに住んでいる人たちは、テレビを観て、いるのか？　いないのか？

→観ていない・観ている・・・？

③・今ではテレビを観ている。しかし、かつては（ ゲルでの生活ではテレビは ）観られなかった。

・それは、何がなかったからなのか？

→電気・・・

④・「テレビ電波」は飛んでいる。「テレビ」は買ってくれば手に入った。そのため、あと必要だったのは（ テレビを起動させるための ）「電気」だけだった。それが、「テレビを観ている」と言うことは、今は「電気」を手に・・・入れているわけだ。

・でも、（ こうした移動式の家で ）どうやって電気を手に入れているのか？

→・・・？

⑤・答えは、これだ！

▷【 太陽光パネルつきのゲルの写真 】

⑥・これは、便利な発電方法だ。

・どんな点で（ 便利なのか ）？

→移動が可能・大工事が必要ない・電気代がかからない・無制限に使える・・・

⑦・この方法だと、ステップの草原だけでなく、〈 コピーの提示しながら！ 〉砂漠を移動するキャラバン隊でも「電気」を手に入れることができる。

・（ それは ）どうやればいいのか（ わかる ）？

→ラクダの背に太陽光パネルを載せる・・・

⑧・このように、くり返し何回も利用できる自然の力のエネルギーのことを何と言うのか？

▷ 再生可能エネルギー

⑨・電気をつくるには、再生される自然の力を利用するいろいろな方法がある。

・具体的に、再生可能エネルギーには（ 太陽光発電以外には ）、どんなものがあるのか？

→ 風力 （ 発電 ）・潮汐（ 発電 ）・波力（ 発電 ）・太陽熱（ 発電 ）・ 地熱 （ 発電 ）

5 電気は、どうやってつくっているのか？

①・ところで、電気はどうやってつくるのか。

主な発電方法は、3つある。

・それは、何と何と何？

⇨ 火力発電 ・ 水力発電 ・ 原子力発電

② ・（ ３つあるが ）基本的には、発電の方法は全てほぼ同じ。

・こうやっている！

▷〈 【 発電方法の説明資料 】（ タービンを回転させ、発電機を動かす ）！ 〉

※・フリップを使って、それぞれの発電方法を簡単に説明する。その他の発電方法
についても、簡単に説明をする。

③・この３つの発電方法の中で、現在、日本で主流を占めているのは、石油
・石炭・天然ガスなどの化石燃料を使う「火力発電」である。ところが、
この化石燃料を使う発電では、大量のCO_2を排出する。

・これは、何の原因になっているのか？

⇨ 地球温暖化

④・その地球温暖化を防ぐため、日本で、テレビCMなどを使って、「CO_2を発生させない地球に
優しい発電」「クリーンな発電」として勧められてきた発電方法が、何発電だったのか？

→原子力発電・・・

⑤・それだけではなく、原子力発電は、「費用も安い」と言われて推進された！

▷【 発電の比較グラフ 】

⑥・こうして地震大国日本に、54基の原子力発電所が造られていったわけだ。

・では、原子力発電は、本当に「クリーンで、優しい」発電なのか？

→・・・

⑦・東日本大震災での福島第一原発の事故以降、原子力発電のテレビCMが放送されなくなった
のは、何故なのか？

→・・・

⑧・世界的に見た場合には、原子力発電は、増えているのか？（ 減っているのか？ ）

→減っている・増えている・・・？

6 原子力発電を推進すべきなのか？

①・〈 グラフを提示しながら！ 〉このグラフは、世界における「化石燃料」と「再生可能エネルギ
ー」と「原子力」での発電の割合を示している。

・この中で、原子力発電の割合を示しているのは、A～Cのどれだと思う？

→C（ 化石燃料 ）・B（ 再生可能エネルギー ）・A（ 原子力 ）

②・これは2008年の統計なので、東日本大震災での福島第一原発事故より前の数字だが、それでも
世界的には、原子力よりも再生可能エネルギーの割合が多くなっている。つまり、世界では、
化石燃料から再生可能エネルギーへの転換が進んでいる。

・どうして、世界的には「原子力による発電方法」は、増えていないのか？（ 投げかけのみ ）

→・・・

③・理由は、簡単。原子力発電には、３つの大きな問題があるからだ。その大問題とは、 ①建設
・維持費が高額 なこと、 ②事故が防げない こと、増え続ける ③ 核廃棄物を処理すること
が不可能 なことの３つだ。

・そのため、ドイツは、2022年までに原発を廃止する予定にしている。イタリアも（ 福島第一原
発事故を受けて ）原発全廃を決めている。アイスランドでは、30年間で再生可能エネルギー100

%を達成している。そうした世界の流れとは違い、日本は未だに原子力発電を進めようとしている。日本の原子力発電所の立地条件は、他の地域とは違っているにもかかわらず・・・だ。

・（ 日本の原子力発電所の立地条件は ）何が違うのか？

→・・・？

④・その違いは、この地図からわかる！

▷【 環太平洋造山帯の地図 】

⑤・（ この地図からわかるのは ）日本は、何が多いのか？

→地震・・・

⑥・「地震が多い」と言うことは、何が起きやすいのか？

→事故・・・？

⑦・地震大国の日本は、どうして多くの原子力発電所をつくっているのか？

→・・・？

⑧・原子力発電所で事故が起きたら、1つの国だけの被害では済まされない。

・たとえば、中国で原発事故が起きたら、その被害を受けるのは、どこの国になるのか？

→日本・・・？

⑨・日本に「放射性物質」が飛んでくる。

・でも、どうして中国で原発事故が起こると、放射性物質が日本に飛んでくるのか？

→偏西風の影響・・・

⑩・日本国内では、東日本大震災での福島第一原発事故以来、原子力発電はほとんど稼働していなかった。しかし2015年に、鹿児島県の川内原子力発電所が再稼働された。そして、佐賀県の玄海町にある原子力発電所も（ 佐賀県知事の方針もあり ）、2011年から約7年半ぶり（ 2018年 ）に、再稼働された。その間、箱根、桜島、口永良部島、阿蘇山で、活発な火山活動が起きていた。そして、熊本や大阪、最近は新潟でも大きな地震が起きている。地震大国日本では、アイスランドのように再生可能エネルギーを活用する地熱発電など方法はいくらでもある。

電気は必要だが、その電気は「原子力発電じゃないとつくれないのか」を、真剣に考える時期にきている。

<参考文献>

平林麻美「授業『東京のエネルギーを探そう！』」「現代」の授業を考える会編『「ひと」BOOKS　エネルギーと放射線の授業』太郎次郎社エディタス

<板書例>

〈 資源とエネルギー 〉

1　鉱産資源＝石油・石炭・天然ガス（ 化石燃料 ）　　　　　　地球温暖化←→再生可能エネルギー

　　　　　　↓

　　　　日本は西アジアから輸入（ 99.9% ）

2　原子力発電←→地震（ 環太平洋造山帯 ）

　　　　　　　　ex 東日本大震災

❖授業案〈 資源とエネルギー 〉について

　この授業案のタイトルは、「資源とエネルギー」としてはいるが、「資源とエネルギーとは何か」と考えると、これは意外と難しい。そのため、「資源」「エネルギー」の言葉の説明をおこなうべきなのだが、そうすると内容が固くなってしまう。そこで、授業では、「電気と石油・原子力」に絞って考えさせている。授業案では、はじめにグラフや白地図などへの作業をさせ、現代の生活では電気や石油などが必要なことをおさえるようにしている。その上で、電気をつくり出す様々な方法を紹介し、「地震大国日本で、多くの原子力発電所をつくって大丈夫なのか」を考えさせるような流れにしてみた。

　前半の作業は、できるだけテンポよく進めないと、後半が時間不足になる。再生可能エネルギーについては、いろいろな方法を紹介すると生徒は興味を持って聞いている。遊牧民の太陽光発電には、特に興味が引かれるようだ。佐賀県は太陽光発電の普及率が高く、生徒の家でも半数は取り入れている現状があり、「うちも設置している」という意識で聞いている。

地理 学習プリント〈日本の姿 : 6−1〉

■現在、日常の生活や産業に使われている石油は、どこで生産されているのか？ 大量の石油を輸入している国は、どこなのか？ 日本は、どの国にエネルギー資源を頼っているのか？

1：【 原油関係の地図 】

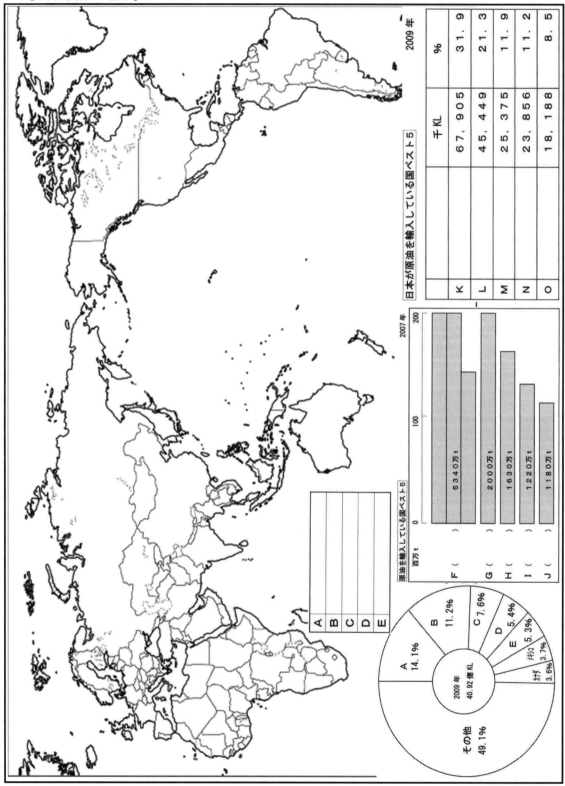

日本が原油を輸入している国ベスト5

	千KL	%
K	67，905	31．9
L	45，449	21．3
M	25，375	11．9
N	23，856	11．2
O	18，188	8．5

2009 年

原油を輸入している国ベスト5

2007 年

F（ ）	5340万t
G（ ）	2000万t
H（ ）	1630万t
I（ ）	1220万t
J（ ）	1180万t

百万t

A	
B	
C	
D	
E	

2009 年
40.92億 KL

A 14.1%
B 11.2%
C 7.6%
D 5.4%
E 5.3%
（約）3.7%
3.6%
その他 49.1%

■化石燃料に頼らないために進められた原子力発電所の建設。現在どれくらいの原子力発電所がどこにあるのか？　なぜそんなところにあるのか？　多くの電気はどこで使われているのか？

２：【 原子力発電所のある場所 】

原子力発電所のある都道府県

1	北 海 道	3基	8	石 川 県	2基
2	青 森 県	1基	9	福 井 県	13基
3	宮 城 県	3基	10	島 根 県	2基
4	福 島 県	10基	11	愛 媛 県	3基
5	茨 城 県	1基	12	佐 賀 県	4基
6	静 岡 県	3基	13	鹿児島県	2基
7	新 潟 県	7基			

※原子力発電所のある県を次の指示に従って色を塗ってみよう！

・1～4基 ＝ 黄色 ・5～9基＝ 茶色

・10基以上 ＝ 赤色

※左の地図：2005 年8月の1ヶ月間の地震発生状況
※右の地図：2011 年8月の1ヶ月間の地震発生状況

向こうに見える半球状の建物は

- 115 -

[30] 日本を支える産業

◎日本の産業を俯瞰して、農業や林業・漁業の役割についてつかませる。そして、それらの事実を基に「日本を支える産業は何か」について自分なりの答えを出させ、持続可能な社会の実現につながる視点を持たせる。

1　日本国内のトップ3とラスト3には、どこの都道府県があるのか？

①・〈「日本を支える産業」と板書して！〉「日本を支える産業」とは、何なのか？

　　→**工業・農業・・・**

②・「産業」は、大きくわけると3つになる。

　　・農業・林業・漁業などは、第何次産業なのか？

　　▷ 第1次産業

③・工業・建設業などは（ 第何次産業なのか ）？

　　▷ 第2次産業

④・小売業・卸売業、運輸・郵便・通信などは？

　　▷ 第3次産業

⑤・では、「日本を支えている産業」とは、この3つの産業の中では、どれなのか？

　　→**第2次産業・第1次産業・・・**

⑥・「第3次産業」は、「つくられたもの」を扱うことになるため、第1次産業や第2次産業に支えられている面が強い。そのため、「日本を支える」となると、第1次産業か第2次産業のどっちかになる。

　　・そこで、2つの産業に関わって日本国内でのトップ3とラスト（ ボトム ）3で調べることで、答えを探ってみよう。初めに、基本的な事実を確認するために、【資料：1】で、都道府県の「面積」での「トップ3」と「ラスト3」を調べてみる。

　　・1マス＝5,000㎢として、トップ3（ の道県 ）を青で、ラスト3（ の都府県 ）を赤で、それぞれ何マスになるのかを考えて、塗りつぶしなさい！

　　▷【 資料：1 】のグラフへの着色作業

⑦・次に、白地図にトップ3（ の道県 ）を青で、ラスト3（ の都府県 ）を赤で塗りつぶして、それぞれの「位置」を確認しなさい！

　　▷【 資料：1 】の白地図への着色作業

⑧・【資料：2】には、都府県の「人口」でのトップ3とラスト3が書かれている。

　　・1マス＝100万人として、トップ3（ の都府県 ）を青で、ラスト3（ の県 ）を赤で塗りなさい！

　　▷【 資料：2 】のグラフへの着色作業

⑨・白地図にトップ3（ の都府県 ）を青で、ラスト3（ の県 ）を赤で塗りつぶし、それぞれの「位置」を確認しなさい！

　　▷【 資料：2 】の白地図への着色作業

⑩・この「面積」と「人口」の2つのグラフと白地図からわかることは、何なのか？

　　→**東京は狭いが人口は多い（ 大阪も ）・面積が広いのは北海道や東北（ 東日本 ）・・・**

⑪・北海道以外は面積が広くても、人々が生活をしている平地部分は狭い。

　　ここまでの基本的な事実を基にして、次は、【資料：3】の都府県別の「工業出荷額」のトップ3とラスト3についてみていく。

・１マス＝１兆円（ 百の位は四捨五入 ）として、トップ３（ の都県 ）を青で、ラスト３（ の県 ）を赤で塗りなさい！

▷【 資料：３ 】のグラフへの着色作業

⑫・白地図にトップ３（ の都県 ）を青で、ラスト３（ の県 ）を赤で塗りつぶして、それぞれの位置を確認しなさい！

▷【 資料：３ 】の白地図への着色作業

⑬・この「面積」と「人口」と「工業出荷額」の３つのグラフと白地図からわかることは、何なのか？

→東京は狭いが人口が多く工業生産も多い・四国には面積が狭く人口も少なく工業生産も少ない県がある・愛知の工業は断トツで多い

⑭・工業は、地域によって、かなりの偏りが見られる。

・たとえば、関東地方から九州北部まで伸びる工業地帯は何と言うのか？

⇨ 太平洋ベルト

⑮・工業生産は、この太平洋ベルトにある都府県に偏っている。太平洋に面した都府県や地域で工業が発達しているのは、原料を輸入し、製品を輸出するのに都合がいいからだ。

・そうした貿易を、何貿易と言うのか？

⇨ 加工貿易

2 日本は、農業をやめてもいいのか？

①・最後に【資料：４】に、都道府県別の「農業出荷額」のトップ３とラスト３が書かれている。

・１マス＝１兆円（ 十の位は四捨五入 ）として、トップ３（ の道県 ）を青で、ラスト３（ の都府県 ）を赤で塗りなさい！

▷【 資料：４ 】のグラフへの着色作業

②・白地図にトップ３（ の道県 ）を青で、ラスト３（ の都府県 ）を赤で塗りつぶして、それぞれの位置を確認しなさい！

▷【 資料：４ 】の白地図への着色作業

※・農業のグラフは、ほとんど塗りつぶす部分がないため、「これは早くできるはずだ」と作業を急がせるようにする。

③・茨城県や千葉県で、農業生産が多い理由は、何なのか（ どこに売っているのか ）？

→東京に出荷している・・・

④・そんな大都市周辺で、野菜などを出荷する農業を何農業と言うのか？

⇨ 近郊農業

⑤・「工業」と「農業」の出荷額の２つのグラフと白地図からわかることは、何なのか？

→工業と農業では生産額の差があまりに大きい・・・

⑥・農業生産は、日本全体の総出荷額でも ８兆4,736億円 。これは、愛知県１つの工業製品出荷額（ 46兆6,000億円 ）の１/６弱しかない。

・つまり、日本が力を入れているのは、農業なのか？ 工業なのか？

→工業

⑦・と言うことは、日本を支えている産業は、何なのか？

→工業・第２次産業・・・？

⑧・でも、どうして日本は、農業に力を入れないのか？

　→**工業が儲かるから・農業をする人がいないから・・・？**

⑨・国民が食べる農産物を作る農業に力を入れなくて、日本は大丈夫なのか？

　→**輸入すれば大丈夫・食料を輸出している国が売ってくれなくなると困る・・・**

⑩・現在の日本の農業生産量で、日本人の食料は足りて、いるのか？（　いないのか？　）

　→**不足している・足りている・・・**

⑪・では、不足している分の食料は、どうしているのか？

　→**輸入している・・・**

⑫・現実には「輸入する」ことで、日本人の食料はまかなわれている。

　・日本では、農産物や家畜の飼料の大部分が輸入されている結果、何が非常に低くなっているのか？

　⇨　食糧自給率

⑬・現在、日本の食料自給率は大変に低くなっていて、日本人の食料を、日本人が全て作っている状況ではなくなっている。

　・しかし、それでも「食糧不足にはなっていない」のであれば、日本は、いっそのこと農業をやめて工業だけに絞り、食料は安い外国産を輸入した方がいいのではないだろうか？

　・Ａ：確かに、それでもいいと思う人〔　挙手　〕！

　▷〈　挙手による人数の確認　〉

　・Ｂ：それは出来ないだろうと思う人〔　挙手　〕！

　▷〈　挙手による人数の確認　〉

　・どっちがいいのか、グループではなしあい！

※・ここからグループでのはなしあい　→　*意見の発表へとつなげていく。ただし、色塗り作業で時間がかかり過ぎると発表の時間が取れなくなることがある。*

3　農業には、どんな機能があるのか？

①・農業は、「食料生産」以外にも、さまざまな機能を果たしている。

　・では、農業には、どんな「機能」があるのか？

　→・・・？

②・日本の耕地の半分以上は、何なのか？

　⇨　水田

③・水田は平野に広がっているが、山間部にもある。

　・そんな（　山間部にある　）田んぼを何と言うのか？

　→　棚田

④・つまり、【資料：5】の石垣のところには、何があるのか？

　→水田・棚田・・・

⑤・こうした棚田を見ると、「農業の機能」と言うより、具体的には「水田の機能」がわかる。

　・つまり、「水田」は、存在していることにより、どんな機能を果たしているのか？

　→・・・

⑥・農林水産省によると、水田が存在することにより、次のような機能が果たされていることがわかる。

水田に水をためることによる洪水防止機能　・河川流域の安定機能　・土砂崩壊防止機能

・これらの機能には、それぞれいくら位の価値があると思う？

　→・・・？

⑦・農林水産省の試算では、次のような機能と価値が算出されている。

| 水田に水をためることによる洪水防止機能 ・・・・ | 3兆4,988億円 |

| 河川流域の安定機能 ・・・・・・・・・・・・・ | 1兆4,633億円 |

| 土砂崩壊防止機能 ・・・・・・・・・・・・・・ | 4,782億円 |

合計 で、年間 5兆4,403億円 にもなる。

・水田が果たしているこうした機能を、土木工事をおこなって造り出すことは、できるのか？　できないのか？

　→**できない・できる・・・？**

⑧・つまり、農業がおこなわれていることにより、ばく大な費用がかかる洪水防止工事などしなくても済んでいる。そんな農業を見捨ててしまうと、平野ばかりか山や海までもが荒廃してしまうことになる。なぜなら、日本は、周りを海に囲まれた島国であり、山国でもあるからだ。そうした日本の特徴は、地球上に日本列島がどうやって生まれたのかと関係している。

・日本は、何と言う造山帯の一部なのか？

　→**環太平洋造山帯**

⑨・そのため、日本は周囲を海に囲まれ、地形は山がちになっている。

・では、その山と海を結びつけているのが、何だったのか？

　→**川・・・？**

4　林業には、どんな機能があるのか？

①・川によって生み出された地形が、何だったのか？

　→**平野・・・**

②・その平野でおこなわれている農業が見捨てられたら、当然のことながら平野よりも手間のかかる山間部の農業はもっとやっていけなくなる。そうすると農業と兼業でやってきた林業も続けるのが難しくなる（これはやがて海や漁業にも影響が出てくる）。

　そこで次に、林業の仕事場である森林の機能（役割）を考えてみる。

・では、山にある「森林」は、どんな機能を果たしているのか？

　→・・・？

③・2010年度の林野庁の試算では、1年間の森林の多面的機能について、次のような報告がなされている。

| 保健やレクの機能 ・・・・・ | 2兆2,546億円 |

| 水質浄化の機能 ・・・・・ | 14兆6,361億円 |

| 洪水緩和の機能 ・・・・・ | 6兆4,686億円 |

| 崩壊防止の機能 ・・・・・ | 8兆4,421億円 |

| 浸水防止の機能 ・・・・・ | 28兆2,565億円 |

| 化石燃料代替の機能 ・・・・ | 2,261億円 |

| CO_2吸収の機能 ・・・・・・ | 1兆2,391億円 |

これも、 合計 では、 61兆5,231億円 にもなる。

・これだけのものを、人間は造り出すことが、できるのか？（できないのか？）

→できない・・・

④・森林が持つ、こうした機能は、便利な生活とは直接に縁はないように思える。しかし、山野が荒廃して洪水が頻繁に襲ってくるようになってしまったら、便利な生活どころではなくなる。森林が島国日本・山国日本の人々の生活の場（基盤）を守ってきたのは事実だ。林業は、その「森林を守る役割」を果たしている。

・さらに、【資料：7】に載せてある佐賀新聞の記事を読むと、林業に従事する人も一般の人たちも一緒になって山に木を植えて「森林を守る」ことで、有明海と言う「海を守っている」ことがわかる。

・でも、山に木を植えて「森林を守ること」と、「海を守ること」とは、どんな関係があるのか？

→山と海はつながっている・・・

⑤・山と海、林業と漁業は、つながっている。

・たとえば、いけすなどで魚や貝などを人工的に増やすやり方があるが、これを何と言うのか？

▷ 養殖業

⑥・その養殖で、有明海で有名なのは何（の養殖）？

→海苔・・・

⑦・また、有明海の漁業では、こうした珍しい魚が捕れる！

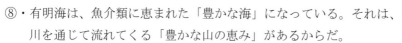

▷【 ムツゴロウ・わらすぼの写真 】

⑧・有明海は、魚介類に恵まれた「豊かな海」になっている。それは、川を通じて流れてくる「豊かな山の恵み」があるからだ。

・と言うことは、木を植えることもなく、山の森林が荒れて無くなってしまったら、有明海は、どうなってしまうのか？

→栄養がなくなる・死んでしまう・・・

⑨・有明海が死んでしまったら、有明海特有の魚も海苔も、二度と採れなくなる。つまり、「森林を守ること」が、「海の生き物を守ること」にもなっているわけだ。

「日本の経済」を支えているのは「工業」＝「第2次産業」なのだが、そこに生きている「日本人の生活」や「日本列島の生き物たちの生存」を支え・守っているは「農林水産業」＝「第1次産業」なのである（これらを海外から輸入することはできない）。農林水産業は、利益（＝もうけ）や便利さなどの「経済的視点」からのみ捉えることができない役割を果たしている。授業の最初に訊いた、「日本を支える産業は何か？」の答えが、ここにある。

・つまり、「日本を支える産業」とは、何なのか？

→農林水産業・工業・・・

⑩・ただ、「日本を支える」と言う場合、日本の「何を支えるのか」で、答えは違ってくる。

戦後の日本は、貿易立国として輸出産業である工業が中心になって人々の生活を支えてきたと言える。それによって、確かに簡単で便利な生活は実現した。しかし、ここにきて生活の基盤は安心できるものではなくなってきている。人間以外の生き物の生存についても、危機が叫ばれるようになった。これからは安全で「持続可能な社会」の実現をめざすのであれば、それを支える産業に目を向ける必要が増してくる。

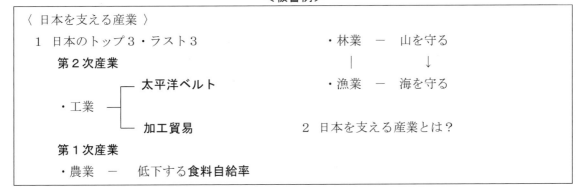

<板書例>

〈 日本を支える産業 〉
1 日本のトップ3・ラスト3　　　　　　　　　・林業 － 山を守る
　　第2次産業　　　　　　　　　　　　　　　　　｜　　　　　↓
　　　　　┏━━ 太平洋ベルト　　　　　　　　・漁業 － 海を守る
　・工業 ┫
　　　　　┗━━ 加工貿易　　　　　　　　　2 日本を支える産業とは？
　　第1次産業
　・農業 － 低下する食料自給率

❖授業案 〈 日本を支える産業 〉について

　「日本を支える産業は何か？」との発問には、多くの生徒が「工業」と答え、少数ながら「農業」と答える生徒もいる。そこで、そのことを「日本のトップ3・ラスト3」のグラフへの色塗り作業で確認させる。すると、明らかに工業出荷額の方が断然多く、「工業が日本を支えている」との印象を強くする（ 統計年度がやや古いのは、東京を工業出荷額のトップ3に登場させたいからである。最近は産業の情報化・サービス化により、東京は特に金融・通信関連などの第3次産業に従事する人が増え、工業出荷額のトップ3には入らなくなった ）。

　その結果を受けて、「では、いっそのこと農業をやめて、工業だけに切り替えて、食料は輸入でやっていけばいいのではないか？」と投げかけ、はなしあわせる。その結果は、「それはできないだろう」と言う意見が多くを占めることになる。その理由としては、「これまで農業をやってきたから」「食料を輸出している国が、輸出をしてくれなくなったら困るから」などが多い。そこで、「でも、現状では日本人が食糧難で困っているわけじゃないのだから、工業製品をたくさん売っていけばやっていけるのではないか」と、教師から反論を出すと、そこに生徒からの再反論は返ってこない。「では、やはり工業だけで日本を支えていっていいのではないか」と投げかけても、「そう言われても・・・」と、何となく納得できないと言う雰囲気が漂ってくる。そこで、生徒たちが知らない農業や林業などの第1次産業が果たしている役割について紹介をすることになる。こうした事実については、生徒は知らないため、「そんな視点もあるのか」と学ぶことになる。

　この授業では、前半の提言1・2でのグラフへの色塗り作業に時間がかかることが多い。そうなると、後半の説明中心となる提言3・4は扱えなくなる可能性が高くなる。そのため、前半を少し急いで進めて1時間で終わるか、前半だけで1時間を終わり、後半を次の時間に回し2時間扱いにするしかない。

　前半だけで1時間の授業として扱うとなると、少しグラフの読み方に重点を置くことになる。「色塗り作業をした（ 1つの ）グラフから、わかることは何なのか？」「2つ（ あるいは3つ ）のグラフからわかることは何なのか？」など丁寧な指導をおこなう（ もっとも、そうしないと1時間の授業がもたないことにもなる ）。

　後半だけで1時間の授業として扱う場合には、授業内容が少なくなってしまう。その上、後半は説明が中心となるため、生徒が受け身の授業になってしまう。そうした問題点があるため、2時間目の最初は、前半（ ＝1時間目の授業 ）のおさらいとして班毎に指名発言をさせていくことや授業の最後には、次回の授業のための問題プリントをさせる時間にあてたりもしている。

地理 学習プリント〈日本の姿：７−１〉

■日本の各都道府県の面積や人口を比べてみる。工業出荷額と農産物出荷額を比べてみる。どんなことが見えてくるのか？ 日本の産業は、どんな状況にあるのか？ 大まかに見てみると・・・。

１:【 面積トップ３＆ラスト３（ 2009 年 ）】

１マス＝5,000 ㎢

順位	都道府県名 （ 面積 ）															
1	北海道 （ 83456 ㎢ ）															
2	岩手県 （ 15279 ㎢ ）															
3	福島県 （ 13783 ㎢ ）															
45	東京都 （ 2188 ㎢ ）															
46	大阪府 （ 1898 ㎢ ）															
47	香川県 （ 1877 ㎢ ）															

面積トップ３＆ラスト３

人口トップ３＆ラスト３

２:【 人口トップ３＆ラスト３（ 2010 年 ）】

１マス＝100 万人　　千の位を四捨五入

順位	都道府県名 （ 人 口 ）													
1	東京都 （ 1316 万人 ）													
2	神奈川県 （ 905 万人 ）													
3	大阪府 （ 886 万人 ）													
45	高知県 （ 76 万人 ）													
46	島根県 （ 72 万人 ）													
47	鳥取県 （ 59 万人 ）													

■日本の各都道府県の面積や人口を比べてみる。工業出荷額と農産物出荷額を比べてみる。どんなこ
とが見えてくるのか？　日本の産業は、どんな状況にあるのか？　大まかに見てみると・・・。

3：【 製造品等出荷額トップ3＆ラスト3（ 2008年 ）】　　　1マス＝1兆円　　百の位を四捨五入

順位	都道府県名（ 金　額 ）												
1	愛知県（ 46兆6千億円 ）												
2	東京都（ 19兆6千億円 ）												
3	静岡県（ 19兆3千億円 ）												
45	鳥取県（ 1兆1千億円 ）												
46	沖縄県（ 6千億円 ）												
47	高知県（ 6千億円 ）												

製造品等出荷額トップ3＆ラスト3

農業産出額トップ3＆ラスト3

4：【 農業産出額トップ3＆ラスト3（ 2008年 ）】　　　　1マス＝1兆円　十の位を四捨五入

順位	都道府県名（ 金　額 ）																		
1	北海道（ 1兆3百億円 ）																		
2	茨城県（ 4千3百億円 ）																		
3	千葉県（ 4千2百億円 ）																		
45	奈良県（ 5百億円 ）																		
46	大阪府（ 3百億円 ）																		
47	東京都（ 3百億円 ）																		

■日本の農業は、どうなっているのか？　日本の水田は主食である米を作るほかに、どんな機能を果たしているのか？　その機能を土木工事で造り出そうとすると、どれくらいの費用がかかるのか？

5：【 水田のある風景 】　　　　　　　　　　　　　　　　　日本全国で見られる「棚田」の風景

右の写真の石垣のところには、何があるのか？
石垣は、どんな機能を果たしているのか？

6：【 林業（ その１ ） 】

⇧ 林業のイメージは、写真のような山奥にたくさんの樹木を育成し、その樹木を伐採して木材を生産するというものである。

　でも、林業には、山で育てた樹木から木材を得る以外に役割はないのだろうか？

■日本の林業はどうなっているのか？　どんな役割を果たしているのか？

７：【 林業（その２ ）】

８：【 海の森"植樹祭" 】　　　　　　　　　　　（『佐賀新聞』2008年3月22日）

　豊かな森林に育て、有明海の再生を目指す「海の森植樹祭」が22日、鹿島市山浦の国有林であった。地元の小学生や漁業、林業関係者ら約280人が参加して、広葉樹の苗木約2400本を山の中腹に植えた。

　植樹の前に桑原允彦市長が「有明海や森の環境を保全して、次の世代にしっかり引き継いでいこう」とあいさつ。能古見小の4年生42人が、山と海の関係など環境学習で調べたことを発表した。

　この後、参加者は、地元森林組合のメンバーの指導を受け、急斜面の山肌にクヌギやケヤキなど10種類の苗木を植樹。

　親子で参加した地元小学生（7歳）は「緑がいっぱいの山になってほしい。木が大きくなったら、見に行きたい」と話していた。同市と市環境衛生推進協議会などが主催し、今年で14回目。これまで15ヘクタールに約4万6,000本を植えている。

2. 身近な地域／全1時間

[31] 地形図を読む

[31] 地形図を読む

◎はじめに中学校の周りの地図を描かせ、次に自宅の周りの地図を描かせることで、地図を描くには
　共通のきまりが必要になることを理解させ、そのきまりに従って地元の地図の読み取りをさせる。

1　地図を描いてみよう！

①・今日は、はじめに地図を描いてもらう。描く地図は、中学校を中心として直径2km（半径1km）
　　の範囲とする。【資料：1】の真ん中に塩田中学校があり、塩田中学校を中心に半径1kmの円が
　　描いてある。

　・この円の中心に塩田中学校があるとして、【資料：1】の四角の中いっぱいに、塩田中学校周辺
　　の地図を描きなさい（時間は3分間程）！

　　▷【資料：1】に地図を描く作業

※・地図を描く時間は、生徒の作業の様子を見て短くしたり長くしたりしてよい。

②・いま描いた地図を、班内で交換して、見せてもらいなさい！　見てもらいなさい！

　　▷【資料：1】に描いた地図を班内で交換して見せ合う

③・誰が描いた地図が、一番わかりやすいのか？

　　→・・・

④・次に、【資料：2】の真ん中には、みんなの自宅が描いてあるとする。ここには、自宅を中心に
　　して直径1km（半径500m）の円が描かれている。この円の中心に自分の家（自宅）があるとし
　　て、【資料：2】の四角の中いっぱいに、自宅周辺の地図を描きなさい。

　・この地図は、（4月に）担任の先生が家庭訪問のとき、迷わず、みんなの家に到着できるように
　　描くこと（時間は3分間程）！

　　▷【資料：2】に地図を描く作業

※・地図を描く時間は、生徒の作業の様子を見て短くしたり長くしたりしてもよい。

⑤・いま描いた地図を班で集めて、1班と2班、3班と4班、5班と6班で交換しなさい！

　　▷地図を描いた学習プリントを班毎に交換

⑥・地図の交換が終わったら、班内で、右回りで、見せてもらいなさい！　見てもらいなさい！

　　▷【資料：2】に描いた地図を班内で見る

⑦・まず、それらの地図が、誰の家の周りを描いた地図なのかわかった人［挙手］！

　　▷〈挙手の人数を数える！〉

⑧・次に、受け取った中で、「これが一番わかりやすい」と言う地図を、1つ決めなさい！

　　▷一番わかりやすい地図を選ぶ作業

⑨・さて、選んだその地図は、誰の家の周りを描いたものなのか、わかった（人、［挙手］）？

　　▷〈挙手の人数を数える！〉

⑩・どうして、その地図が一番わかりやすいと判断したのか？

　　→・・・

⑪・地図は自由に描かれた絵とは違って、必要な情報が描かれていないと役に立たない。描かれてい
　　る情報は、地図によって違っている。

2　地図には、どんなものがあるのか？

①・【資料：3】に載せてある地図は、それぞれ何の地図なのか？

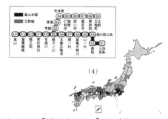

・（1）は、何の地図？

　→観光マップ・・・

②・（2）は（　何の地図　）？

　→天気図・・・

③・（3）は（　何の地図　）？

　→鉄道路線図・・・

④・（4）は？

　→・・・

⑤・プリントに書かれた「語群」から選ぶと、「人口密度の地図」しかない。【資料：2】に描かれているの地図のように、特定の主題（　テーマ　）を表示した地図は「主題図」と言う（　これに対して地表をあるがままに表示しようとする地図は「一般図」と言う　）。今日は、そうした主題図をつくる際に基礎になる（　一般図の代表とも言える　）地形図の読み方について学んでいく。

3　地形図には、どんなきまりがあるのか？・その①（　方位　）

①・地形図を読むためには、読むための「きまり」を知っておかなければならない。

　・そこには、どんなきまりがあるのか？

　→（　投げかけのみ　）・・・

②・まず、きまりの1つに「方位」がある。地形図を読む場合、特別の記号がない限り、方位は決まっている。

　・地形図の上は、どの方位なのか？

　→北・・・

③・では、下は（　どの方位なのか　）？

　→南・・・

④・右は？

　→東・・・

⑤・最後に、左が？

　→西・・・

⑥・東西南北、これで4方位となる。

　・これを更に4つに分けて8方位となると、こうなる！

　▷〈　8方位を板書　〉

⑦・〈　北と東の間を示しながら！　〉ここの方位は、何と言うのか？

　→北東・・・

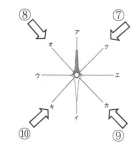

⑧・〈　北と西の間を示しながら！　〉ここの方位は何？

　→北西・・・

⑨・〈　南と東の間を示しながら！　〉ここの方位は（　何　）？

　→南東・・・

⑩・〈　南と西の間を示しながら！　〉ここの方位は？

　→南西・・・

⑪・この方位の名称には、「ある法則」があることはわかる？

　→北と南を優先して言う・・・

⑫・〈 さらに 16 方位を書き足して！ 〉 さらに細かく 16 方位に分けても、同じような「法則」があ
　　ることがわかる。

　　・〈 北と北西の間を示しながら！ 〉 ここの方位は、何と言うのか？

　　→北北西・・・

⑬・〈 北東と東の間を示しながら！ 〉 ここの方位は、何（ と言うのか ）？

　　→東北東・・・

⑭・この方位の名称の「法則」は、どんなことだかわかる？

　　→・・・

⑮・北と北西の間で、「北」寄りの方位だから、「北」北西。北と北東の間で、「東」寄りの方位だか
　　ら、「東」北東と言う。

　　・この法則に従って、【資料：4】のA［ 8 方位 ］・B［ 16 方位 ］に描かれているア〜タまでの方
　　　位の名称を、それぞれ（　　　）の中に書きなさい！

　　▷【 資料：4 】への書き込み作業

4　地形図には、どんなきまりがあるのか？・その②（ 等高線 ）

①・地形図は、立体（ 3 次元 ）を平面（ 2 次元 ）で描いているため、高さを表すために工夫が必要に
　　なる。そのため、地形図には、同じ高さを結んだ線が描かれている。

　　・この線を何と言うのか？

　⇨ 等高線

②・等高線では、どのように高さを表し、立体を表現しているのか。

　　・【資料：5】に、その例が載せてある！

　　▷【 資料：5 】

③・〈 板書した【資料：5】の等高線を示しながら！ 〉 この等高線：Bは、何mの高さを表してい
　　るのか？

　　→・・・？

④・ここに描かれている「四角に点」は、何の記号なのか？

　⇨ 水準点

⑤・「水準点」とは、地形や構造物などの高さを測定する基準として設けられた標識。水準原点から
　　の高さを記したもの（ 主要国道に 2 kmおきに埋められている ）。【資料：6】には、水準点の高
　　さが書かれている。

　　・何mになっている！

　　→85. 2m

⑥・と言うことは、その水準点のすぐ下の等高線Bは、何mを表しているのか？

　　→80m・・・

⑦・少し間隔が広く取って書いてある、その上の等高線Aは何mを表しているのか？

　　→100m

⑧・では、その上の等高線Cは何mを表しているのか？

　　→120m

⑨・つまり、ここに描かれている等高線は、何m間隔になっているのか？

　　→20m

⑩・このように等高線、正確には等高線の中の主曲線が20m間隔で描かれているのは、「5万分の1」の 縮尺 の地形図だ。

・ここまでの内容から、【資料：5】の（　　　）の中に入る言葉を書き入れてみなさい！

▷【 資料：5 】への書き入れ作業

⑪・次に【資料：5】と【資料：6】の等高線があらわしている山の断面図を、それぞれ描いてみなさい！

▷【 資料：5 】【 資料：6 】へ断面図を描く作業

※・【資料：5】【資料：6】の断面図では、それぞれ山頂の高さと形に間違いがないか、【資料：6】では、左右の2つの山の間の高さと形に間違いがないかを確認させる。

| 5　地形図にはどんなきまりがあるのか？・その③（ 縮尺 ）|

①・等高線の説明のときに出てきた「縮尺」とは、何なのか？

　→・・・

②・「実際の大きさや距離を縮めた割合」のことを何と言うのか？

　⇨ 縮尺

③・「実際の大きさや距離を縮めた割合」が、「縮尺」だ。だから、縮める割合によって縮尺は違ってくる。

・たとえば、【資料：7】には、それぞれ縮尺の違う地形図が4枚載せてある！

▷【 資料：7 】

④・身近な地域を調べるのに適している地図は、①〜④のうちのどれなのか？

　→③・④・・・

⑤・どうして、③や④が（ 身近な地域を調べるのに ）適しているのか？

　→詳しく描いてあるから・・・

⑥・①の 1/60万 や②の 1/15万 の地図より、③の 1/2万5千 や④の 1/9千 の地図の方が縮尺は、大きいのか？　小さいのか？

　→大きい・小さい・・・？

⑦・縮尺については、「尺が大きいほど、実際の大きさに近い」と覚えておく。①〜④の地図では、「分母が小さいほど、実際の大きさに近くなる」ことがわかる。つまり、 分母が小さいほど、縮尺が大きい となる。そんな縮尺が大きい地図ほど、身近な地域の調査に適している。

・【資料：5】の等高線が描かれた地図の縮尺は、何分の1だったのか？

　→5万分の1・・・

⑧・等高線に描かれている主曲線は、何m間隔になっていたのか？

　→20m

⑨・（ 等高線の ）主曲線が「20m間隔」で描かれている場合（ 地形図 ）の縮尺は決まっている。

・それは、何分の1の縮尺なのか？

　→5万分の1（ の縮尺 ）

⑩・それでは、（ 主曲線が ）10m間隔で描いてある場合には、何分の1の縮尺の地図なのか？

　→2万5千分の1（ の縮尺 ）の地図

⑪・【資料：8】にまとめた表が載せてある！

▷【 資料：8 】

⑫・【資料：8】には、問題が３つ載せてあるが、この問題の解き方がわからない人［ 挙手 ］！

　▷〈 挙手による人数の確認！ 〉

⑬・「縮尺」とは、「実際の大きさや距離を縮めた割合」のことを言うわけだから、縮めた割合を戻せば、元の大きさがわかる。

　・たとえば、「２分の１」に縮めたものは、何倍すれば元の大きさに戻るのか？

　→２倍（ する ）・・・

⑭・では、１万分の１に縮めたものは、何倍すれば（ 元の大きさに ）戻るのか？

　→１万倍

⑮・この考え方で、【資料：8】の３つの問題を解いてみなさい！

　▷【 資料：8 】の計算問題を解く作業

⑯・①の縮尺が１万分の１の地形図上で、１㎝は、　１㎝ × 10,000 ＝ 10,000㎝ → 100m。②の縮尺が２万５千分の１の地形図上で、１㎝は、　１㎝ × 25,000 ＝ 25,000㎝ → 250m。③の縮尺が５万分の１の地形図上で、１㎝は、　１㎝ × 50,000 ＝ 50,000㎝ → 500m　となる。

※・１m ＝ 100㎝ だから、そのままの計算だと長さの単位は㎝になっているため、その㎝ をm に変えるためには、０を２つ消す。

6　きまりに従って地形図を読んでみよう！

①・最後に、もう１つ（ その④ ）。地形図には、いろいろと細かくは描けないために、いろいろなものを記号化して表してある。

　・では、【資料：9】に描かれている地図の記号は何を表したものなのか？（ 各自で解いてみなさい！ ）

　▷【 資料：9 】

②・では、これまでの地形図の約束事に従って、【資料：10】に載せてある地形図についての質問を解いてみよう！

　▷【 資料：10 】

③・最後に、これまでの（ 地形図の ）約束事に従って、【資料：11】に載せてある地形図についての問題を解き、プリントに書かれている指示に従って色塗りをして、授業を終わろう！

　▷【 資料：11 】

<板書例>

〈 地形図を読む 〉	
1 地形図	② **等高線** ＝ 同じ高さを結んだ線
2 きまり ① 方位 	③ **縮尺** ＝ 分母が小さいほど縮尺は大きい ④ 記号

❖授業案〈 地形図を読む 〉について

　はじめに中学校周辺の地図、次に自宅周辺の地図を描かせているのは、生徒たちが知っている地域の地図と本人と近くの生徒しか（ つまり一部の生徒しか ）知らない地図を描かせていることにより、知っている地域はきちんと描かれていなくても、ある程度は想像しながら読み取りができるが、知らない地域については、描くためのきまりがないと読み取りができないことをつかませるためである。

　「地図を描かせる」とはいっても、それほど本格的な地図を描かせるわけでもない。せいぜい直径1km以内ぐらいなら時間もかけずに描けるだろうとの判断でおこなっている。そこから地図に興味を持たせるようにはしているが、1〜2時間では難しい（ 提言3か提言4ぐらいで1時間目の授業が終わることが多い ）。

　「スマホなどのアプリを使えば、わざわざ地図の読み取りなどの必要はないのではないか？」との声を、最近は聴くこともある。しかし、そうしたアプリを利用する場合でも、基本的な地図の読み方は知っておいた方がよい。私も知らない土地に行ったときには、スマホの地図を利用することがあるが、道を間違えることが多い。特に多いのは方角の間違いだ。地図を見て、晴れていたら太陽の位置から方角を確認する。そうすると間違いは少ない。スマホは画面サイズが小さいため広い範囲と狭い範囲を紙の地図のように一覧することができないという難点もあるから、全体像を踏まえた空間認識を育てるためには、やはり紙の地図で学ぶ必要があるのではないだろうか。

　授業の最後は、中学校の周りの地形図を使っての読み取りで、これまでの学習を確認させる活動としている。

■地図には、いろいろなことが書き込まれている。塩田中学校を中心に半径1kmぐらいの範囲の略地
　図を書くことで、そのことを確かめてみよう！

1 :【 学校を中心にした半径1km（ ＝直径2km ）の範囲での "略地図" 】

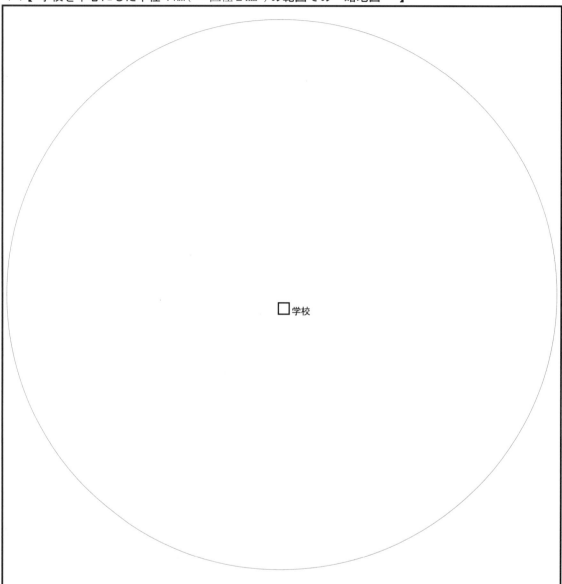

□学校

① 地図の中心にある □ は、中学校とする。

② 地図を描く場合には、「どんなことに注意して描けばいいのか？」を考えて描くこと。

③ 方位・記号・距離などを考えて描くこと。

※ 地図は丸く円の中だけに描くのではなく、四角の中いっぱいを使って描くこと！

※ 小学4年生にわかるように、描くこと！

■地図には、いろいろなことが描き込まれている。自分の家を中心に半径 500ｍぐらいの範囲の略地
　図を描くことで、そのことを確かめてみよう！

２：【 自分の家を中心にした半径５００ｍ（ ＝直径１㎞ ）の範囲での "略地図" 】

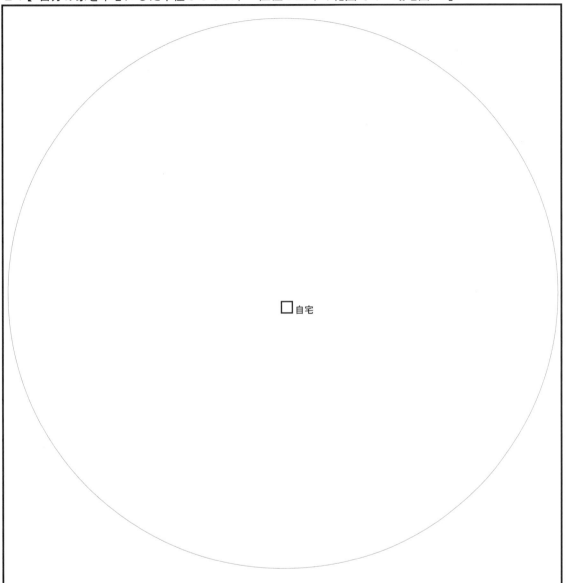

□自宅

① 地図の中心にある □ は、自分の家（ ＝自宅 ）とする。

② 地図を描く場合には、「どんなことに注意して描けばいいのか？」を考えて描くこと。

③ 方位・記号・距離などを考えて描くこと。

※ 地図は丸く円の中だけに描くのではなく、四角の中いっぱいを使って描くこと！

※ 小学４年生にわかるように、描くこと！

地理　学習プリント 〈 身近な地域 : 1 - 3 〉

■身近な地域を調べるためにも地図を使う。でも、地図にはいろいろな種類があり、また、地図には
いろいろときまりがある。どんな地図やきまりがあるのか調べよう！

3 :【 いろいろな地図 】　　　　このように特定の目的のためにつくられた地図を（　　　　）図という

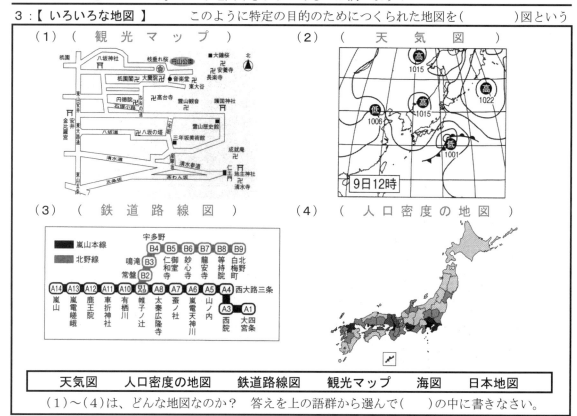

（1）（　観光マップ　）

（2）（　天気図　）

（3）（　鉄道路線図　）

（4）（　人口密度の地図　）

天気図　　人口密度の地図　　鉄道路線図　　観光マップ　　海図　　日本地図

（1）〜（4）は、どんな地図なのか？　答えを上の語群から選んで（　　）の中に書きなさい。

4 :【 地図の読み方①(方位) 】

A：8方位　　　　　　　　　　　　　　B：16方位

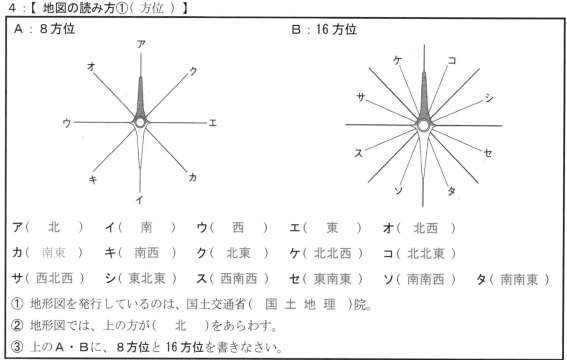

ア（　北　）　イ（　南　）　ウ（　西　）　エ（　東　）　オ（　北西　）

カ（　南東　）　キ（　南西　）　ク（　北東　）　ケ（　北北西　）　コ（　北北東　）

サ（　西北西　）　シ（　東北東　）　ス（　西南西　）　セ（　東南東　）　ソ（　南南西　）　タ（　南南東　）

① 地形図を発行しているのは、国土交通省（　国 土 地 理　）院。

② 地形図では、上の方が（　北　）をあらわす。

③ 上のA・Bに、8方位と16方位を書きなさい。

地理　学習プリント〈 身近な地域 : 1 - 4 〉

■地形図を読む場合、いくつかのきまりを知っておかなければならない。まず、3次元（＝立体）を
　2次元（＝平面）で表現するために、等しい高さを結んだ線で土地の高低をあらわすが・・・。

5：【 地形を読み取る②（ 等高線 ） 】A・B・Cの高さを書きなさい。また縮尺は何分の1なのか？

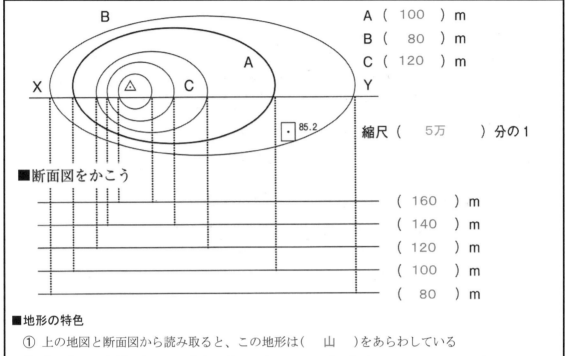

A （ 100 ）m
B （ 80 ）m
C （ 120 ）m

縮尺（ 5万 ）分の1

■断面図をかこう

（ 160 ）m
（ 140 ）m
（ 120 ）m
（ 100 ）m
（ 80 ）m

■地形の特色

① 上の地図と断面図から読み取ると、この地形は（ 山 ）をあらわしている

② 高いところと低いところの高さの差は、（ 80 ）mある

③ 頂上へ行くのはXからは近いが傾斜が（ 急 ）で、Yからは遠いが傾斜は（ ゆるやか ）だ

④ 等高線の間隔が狭いほど、傾斜は（ 急 ）になっている

6：【 地形を読み取る②（ 等高線 ） 】　　　下に描かれている山の形を、等高線から描き出しなさい。

160
180
200
100
100　120　140

220
200
180
160
140
120
100
80

地理　学習プリント〈 身近な地域：１－５ 〉

■地形図は、実際の大きさを１枚に収めるために実物を小さくあらわしている。その小さくしている
　割合のことを縮尺という。縮尺によって、地図も変わってくるが・・・。

7：【 身近な地域を調べる 】　　　　身近な地域を調べるのに適している地図は＝（　③　・　④　）

① 60万分の１の地図

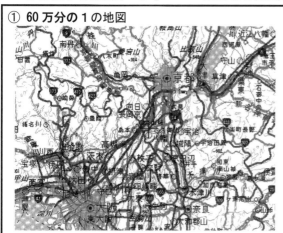

② 15万分の１の地勢図

③ ２万５千分の１の地形図

④ ９千分の１の地形図

※ 分母が小さいほど、縮尺が（　大きい　）という＝身近な地域の調査に適している。

8：【 地形を読み取る③（ 縮尺 ） 】　　　　　　　　縮尺＝実際の距離を縮めた割合のこと

※ 地図上の長さが１cmのとき、次の地形図があらわす実際の距離はいくらになるのか計算しなさい

① 縮尺が 10,000 分の１　→　1cm × 10,000 ＝
　　　　　　　　　　　　　　　（　　100　　）m

② 縮尺が 25,000 分の１　→　1cm × 25,000 ＝
　　　　　　　　　　　　　　　（　　250　　）m

③ 縮尺が 50,000 分の１　→　1cm × 50,000 ＝
　　　　　　　　　　　　　　　（　　500　　）m

等高線	50,000 分の１	25,000 分の１
補助曲線	高さ 10mごと	高さ 5mごと
主曲線	高さ 20mごと	高さ 10mごと
計曲線	高さ 100mごと	高さ 50mごと

■校舎など地表にある物の実際の姿を地図に描き込むことは難しい。そのため記号化して、いろいろ
な地表物をあらわしている。では、その記号には、どんなものがあるのだろうか？

9：【 地形を読み取る④(地図記号) 】

① ✕ (	) 警棒		② ⊗ (	) 警棒に○囲み	
③ ◇ (	) そろばん玉		④ ⚲ (	) 立て札	
⑤ Ψ (	) 火消し道具		⑥ ☼ (	) タービン	
⑦ ⊖ (	) カタカナのテ		⑧ ⚘ (	) その物の形	
⑨ 文 (	) 文の字		⑩ ⊗ (	) 文の字に○囲み	
⑪ 卍 (	) 円満の意味		⑫ ⊞ (	) 旧陸軍衛生隊の印	
⑬ 开 (	) 鳥居		⑭ ⌷ (	) 本	
⑮ ⍍ (	) つえ		⑯ ☼ (	) 歯車	
⑰ ‖‖ (	) 切り株		⑱ ◯ (	)	
⑲ ⊥⊥ (	) 木の形		⑳ ❤ (	) 若葉	
㉑ ◯ (	)		㉒ ᴼᴼ (	) 木を横から見た形	
㉓ ᴬᴬ (	) 木を横から見た形		㉔ ∘∘ (	) 実の形	
㉕ ∴ (	) 実を半分に切った形		㉖ ʸʸ (	) 木の形とかげ	
㉗ ‖‖ (	) 雑草				

10：【 地図の読み取り①(簡単な地図) 】

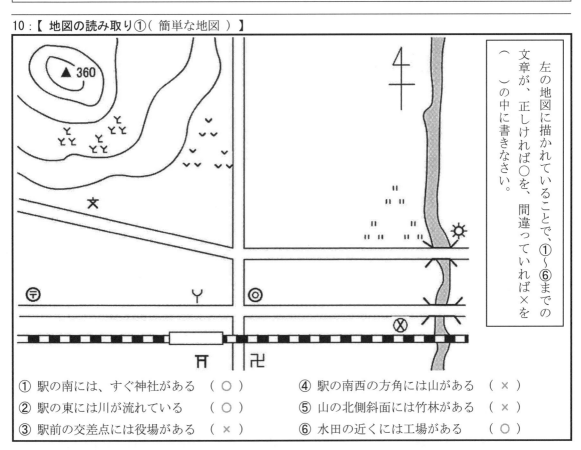

左の地図に描かれていることで、①～⑥までの文章が、正しければ○を、間違っていれば×を（　）の中に書きなさい。

① 駅の南には、すぐ神社がある （ ○ ）　④ 駅の南西の方角には山がある （ × ）

② 駅の東には川が流れている （ ○ ）　⑤ 山の北側斜面には竹林がある （ × ）

③ 駅前の交差点には役場がある （ × ）　⑥ 水田の近くには工場がある （ ○ ）

11：【 地図の読み取り②（ 塩田町の地形図 ）】　　　　　国土地理院　50,000 分の 1 「塩田町」

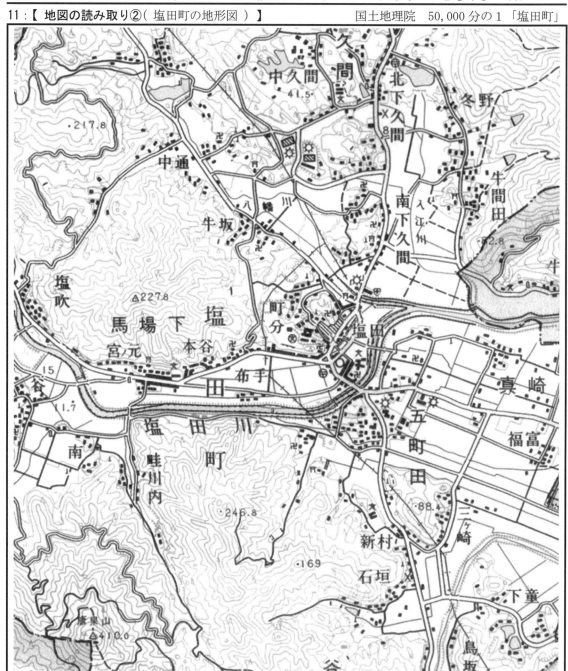

※・塩田川は、大きく見ると地図の（ 西 ）から（ 東 ）の方角へ流れている。塩田川沿いは平野が広が
　　っているが、住宅はまばらで、平野は（　田　）に利用されている。
　　地図の南西の方角には「肥前富士」と呼ばれた（ 唐 泉 ）山があり、その高さは（ ４１０.０ ）m
　　である。北下久間の「駐在所」があるあたりとの標高差は、（　４０２.０　）mになる。
　　この地図に描かれている範囲の**塩田町**には、お寺が（　8　）つあり、神社が（　5　）つ、学校が
　　（　5　）あり、郵便局が（　2　）つあることがわかる。
※・上の地形図に、**田＝緑色　・住宅地＝黄色　・山地＝茶色　・川や堤＝青色**　を塗りなさい！

3. 日本の諸地域／全 21 時間

(1) 九州地方／全 4 時間

[32] 九州を知ろう

◎「九州」の名称の由来を導入に、現在の九州各県の県庁所在地・県章や写真でとらえさせ、日本
　列島における九州の位置や歴史的な役割についてつかませる。また、九州は南北に長いことを気
　候の違いなどから理解させる。

1　どうして「九州」と言うのか？

① ・今日から、日本の各地について勉強をする。日本は、大きくは４つの島を中心に成り立っている。

　　・その４つの島を、大きい順番にいうと、どうなるのか？

　　→ 本州（島） ・ 北海道（島） ・ 九州（島） ・ 四国（島）

② ・日常の生活では、４つの島ではなく、７つの地方にわけている。

　　・（ この７つの地方を ）南から順番に言うと、どうなるのか？

　　→九州（地方）、中国・四国（地方）、近畿（地方）、中部（地方）、関東（地方）、東北（地方）、北海道

③ ・この中で、まずは、私たちの住む九州地方について勉強をする。

　　・ところで、どうして「九州」というのか？

　　→・・・？

④ ・かつて（ 古代には ）、佐賀県は、何と呼ばれていたのか（ 知っている ）？

　　→ 肥前 ・・・

※ ・お隣の鹿島市には「肥前」鹿島駅がある。これは、福島県の鹿島駅と区別するため。なお、鹿島アン
　　トラーズにその名を残す茨城県の鹿島町は鹿島市の名で市制移行を希望したが、佐賀県の鹿島市が
　　暗に反対したため、1995年に「鹿嶋市」として発足した。

⑤ ・肥「前」があると言うことは・・・？（「前」があれば・・・？ ）

　　→ 肥後 （ もある ）・・・

※ ・もともとは、雲仙岳や阿蘇山などの火山に由来する「火の国」と呼ばれていた国が２つに分かれた
　　と言われている

⑥ ・「肥前」とか「肥後」というのは、古代の国の名称だ。地図帳で九州島を探していくと、この２
　　つ以外にも、古代の国の名称がある。

　　・見つけ出して、マーカーで色を付けてみよう！

　▷【 地図帳Ｐ77・78 】の肥前・肥後・筑前・筑後・豊前・豊後・日向・薩摩・大隅に印

⑦ ・北から順にいうと・・・？

　　→肥前・肥後・ 筑前 ・ 筑後 ・ 豊前 ・ 豊後 ・ 日向 ・ 薩摩 ・ 大隅

⑧ ・全部で９つの国があって、九国とも呼ばれた。「州」は、「島」とか「国」などの意味で、「九
　　州」となった。

　　・ただし、今では古代の国の名称ではなく、県名が付けられている。たとえば、私たちの住んで
　　いるのは 佐賀県 。

　　・他には、何と言う県があるのか？

　　→ 長崎県 、 福岡県 、 熊本県 、 大分県 、 宮崎県 、 鹿児島県 、 沖縄県

⑨ ・（ 沖縄を加えて ）、九州地方は全部で８つの県で成り立っている。

※ ・明治時代から「九州地方」と言えば沖縄県が含まれることになったが、単に「九州」と言うと、古
　　代からの「九国」のイメージに引きずられてか、沖縄県が含まれないことがある。そのため、一般
　　には「九州・沖縄地方」と呼ばれることが多い

　　・それぞれの県には、県庁所在地があり、県の印＝県章がある。

・そこで、現在の各県を知るために、【資料：1】のア〜クまでのそれぞれの空欄を埋め、表を完成させなさい！

▷【資料：1】の空欄を埋める

	A	B	C	D	E	F	G	H
県章								

▷【 資料：1 】への作業

※・班に挙手発言をさせる（ 班の挙手→班指名→ア〜ケの中で答えられるものを答える ）。挙手がなければ、指名発言で順番に班を当て答えさせる。正解であればそのまま、間違った場合には班全員を立たせていく。答えは、県庁所在地名、県章、写真の順番に発言させる。

※・ア＝福岡市(福岡県)・A＝県花の「梅」の花を図案化・⑥(博多山笠)

　イ＝佐賀市(佐賀県)・H＝3つのガ → さんガ → 佐賀・⑦(唐津くんち)

　ウ＝長崎市(長崎県)・B＝NAGASAKIの「N」を図案化・③(浦上天主堂)

　エ＝大分市(大分県)・D＝大分の「大」を図案化・⑧(別府温泉の海地獄)

　オ＝熊本市(熊本県)・C＝熊本の「ク」を図案化・②(熊本城)

　カ＝宮崎市(宮崎県)・E＝「日向」を図案化(真ん中に日、周りに向の文字)・④(高千穂峡)

　キ＝鹿児島市(鹿児島県)・G＝鹿児島県の形を図案化・⑤(屋久島の縄文杉)

　ク＝那覇市(沖縄県)・F＝大きな輪を表現・①(首里城)

　県名と県庁所在地名が違う都道府県については、覚えておくように説明をしておく。

⑩・ところで、沖縄だけ古代の国の名称がないのは、何故なのか？

　　→・・・

⑪・江戸時代まで、沖縄(琉球)は東アジアの貿易の中継地として日本と中国の両方に属していたからだ(日本は薩摩藩が出兵して服属させ、中国は宗主国として冊封使を派遣していた)。

2　どうして長崎に、「日本初」が多いのか？

①・さて、〈 ジャガイモの模型、あるいは実物を提示しながら！ 〉これは何だろう？

　→ジャガイモ・・・

②・日本で(ジャガイモの)生産が1番の産地は、どこの都道府県だか知っている？

　→北海道(全国246万トンのうち、191万トンを生産している　※・2005〜2019年の平均値)

③・では、(ジャガイモの生産)第2位は、次のうちのどこなのか？

　　A：長野県　B：茨城県　C：長崎県　D：千葉県　E：鹿児島県

　→長崎（2位：10万ﾄﾝ）・鹿児島（3位：8.7万ﾄﾝ）・茨城（4位）・千葉（5位）・長野（6位）

④・長崎県が2位なのには理由がある。

　・さて、その理由とは、何なのか？

　→長崎の人はジャガイモを良く食べる・・・

⑤・ジャガイモは、江戸時代に外国から日本に入ってきた。

　・それは、どこの国から？(名前からわかるけど・・・？)

　→・・・？

⑥・1598年、オランダ人がインドネシア（同時のジャワ）のジャガタラ港から持ち込んだ。

・それが日本のどこだったのか？

→**長崎**・・・　※・「ジャガタラのイモ」　→　「ジャガタライモ」　→　「ジャガイモ」と説明

⑦・そのため、日本で最初にジャガイモの栽培がおこなわれたのも長崎だった。そんな歴史があるため、長崎では現在もジャガイモの栽培が盛んにおこなわれている。

※・天保の飢饉のとき、例年通りに収穫できたのは大根とジャガイモだけだった。そこで、お助け小屋ではジャガイモを食べさせた。ジャガイモは「お助けイモ」と呼ばれて、日本中に広まっていくことになった。

※・ジャガイモの原産地は、南アメリカのチリやペルーのアンデス山脈で、16世紀にスペイン人がヨーロッパに持ち帰り、広まっていった（世界地理の復習）。

・実はジャガイモに限らず、長崎には海外からいろいろなものが日本で一番初めに入ってきた。そのため、長崎には、○○発祥の地 とか、○○伝来の地 と言われるものが多い。

・では、この○○に当てはまる言葉を、【資料：2】の中から選んで、印をつけなさい！

①女医	②造船所	③活版印刷	④写真撮影	⑤時計製作	⑥眼鏡製造	⑦ビリヤード
⑧検尿	⑨英和辞典	⑩金星観測	⑪鉛筆伝来	⑫算盤製作	⑬缶詰製造	⑭潜水機利用
⑮煙草栽培	⑯気象観測	⑰汽車の運行	⑱ストライキ	⑲ラジオ放送	⑳アスファルト舗装	

▷【資料：2】への○つけ作業

⑧・答えは、女医、造船所、活版印刷、写真撮影・・・。つまり、これ全部だ。長崎には2,500位の「日本初」があるらしい。

・それらは、たとえば江戸時代であれば、長崎の、どこに持ち込まれたのか？

→**出島**

⑨・出島は（大坂や江戸ではなく）、なぜ長崎につくられたのか？

→・・・

⑩・九州は、日本列島全体の位置から見ると西寄りにある（その九州の中でも、長崎がいちばん西にある）。西寄り、つまり大陸に近いため、古代から九州には新しいものが入ってきていた。

・九州が、どれくらい西寄りにあるのか、コンパスを使って確認してみよう！

▷【資料：3】の地図で福岡から各都市への距離を測る

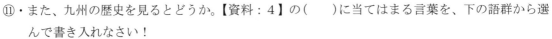

※・コンパスの針を福岡に立て、大阪・東京・札幌に鉛筆を当てて円を描かせる。

①	ソウルまで　約550km	④	大阪まで　　約480km
②	上海まで　　約900km	⑤	東京まで　　約850km
③	北京まで　約1,450km	⑥	札幌まで　約1,450km

⑪・また、九州の歴史を見るとどうか。【資料：4】の（　　）に当てはまる言葉を、下の語群から選んで書き入れなさい！

▷【資料：4】の年表の（　　）埋め作業

701年：大宰府　1274年・1281年：元　1543年：ポルトガル・種子島　1639年：出島

※・「大宰府」とは、古代律令時代に数か国を統治した役所の名称。吉備や周防にもあったが、それらは廃止され、大宰府と言えば九州のそれを指すようになった。一般的には、古代律令時代の役所、およびその遺跡に関しては「大宰府」、中世以降の地名や天満宮については「太宰府」と表記されている。現状でも、行政的な表記も「大宰府政庁跡」・「太宰市」などとの使い分けがされている。

3　どうして、他所の町に役場があるのか？

①・では、最後にもう1つだけ。

・九州地方で、いちばん南にあるのは、何県なのか？

　→**沖縄県**

②・その沖縄県竹富町（たけとみちょう）の３・４年生が学校で使っている副読本『むすびあう
　　島じま』の奥付が、【資料：６】の左に載せてある！

　▷【資料：６】

③・これを嬉野市の教科書『生きる力』と比べてみると、明らかに「おかしい」。

　　・さて、何がおかしいのか？

　→**教育委員会（町役場）の住所が、別の町（石垣市）になっている・・・**

④・教育委員会、つまり竹富町の役場が石垣市にある（たとえて言えば、嬉野市の市役所が鹿島市
　　にあるようなもの）。

　　・どうして、竹富町の教育委員会の住所が別の町（＝石垣市）になっているのか？

　→**竹富町の教育委員会が石垣市にあるから・竹富町の役場は竹富町にないから・・**

⑤・このように、自分のところの役場が他の市町村にある町村は、竹富町以外にもあるのか？

　　→**ある・ない・・・**

⑥・では、竹富町以外には、いくつあるのか？

　　→・・・

⑦・実は、２つある。それも、ある１つの県に［ ２つ ］ある。

　　・さて、その「ある県」とは、次のうちの何県なのか？

Ａ：鹿児島県　　Ｂ：長崎県　　Ｃ：佐賀県　　Ｄ：北海道　　Ｅ：岩手県　　Ｆ：東京都

　→**鹿児島県**

⑧・鹿児島県の三島村（みしまむら）と十島村（としまむら）の２つの村の役場は、鹿児島市内にある。つまり、竹富町と三島村
　　と十島村の３つは、自分の町・村に役場がない。

　　・一体、その理由は、何なのか？

　　→・・・？

⑨・〈 地図を提示して！ 〉竹富町は、ここにある！

　　・三島村と十島村の位置は【資料：７】でわかる！

　▷【 それぞれの地図 】および【 資料：７ 】

⑩・つまり、この３つの町村に共通することは、何なのか？

　　→**離島・・・**

⑪・竹富町は16の島（有人：９・無人：７）、三島村は３つの島、十島村は12の島（有人：７・無
　　人：５）で成り立っている。町村がたくさんの島から成り立っているのなら、「その町村の中心
　　となる場所に役場をつくればいい」ように思える。しかしそうではなく、まったく別の町に役
　　場がある。

　　・なぜ、そんな変なことをしているのか、その理由は、わかったかな・・・？

　　→・・・？

⑫・竹富町を例に考えると、島と島を結ぶ交通手段がほとんどないことが、その理由だ。船や飛行
　　機は石垣市とそれぞれの島を結んでいるため、石垣市への方が行きやすい。
　　だから、石垣市に竹富町の役場はある。このことからもわかるように、九州
　　には多くの島があり、それも南北に長く連なっている。
　　そのため【資料：５】の雨温図を見てもわかるように、気候にも違いがある。

・では、【資料：5】にある３つの雨温図の、どれが 福岡 で、 宮崎 で、 那覇 なのか？

→①＝福岡・②＝宮崎・③＝那覇

<参考文献>

辻健司「九州地方の自然」羽田純一監修『まるごと社会科　中学・地理（下）』喜楽研

河原和之「長崎のじゃがいも」「離島の役場」『100万人が受けたい中学地理ウソ・ホント？』明治図書

<板書例>

〈 九州を知ろう 〉

1　**九　州**

　古代：９つの国

　　　　ex　肥前国

2　列島の西寄り　＝　大陸に近い

　　　　　　　　↓

　　　　　　新しい文化

　　　　　　ex　出島

3　南北に長い　＝　たくさんの離島

　　　　　　　　↓　　　ex　南西諸島

　　　亜熱帯の気候も

❖授業案 〈 九州を知ろう 〉について

　九州地方が、日本の諸地域７地方について学ぶ最初の授業になる。そのため、はじめに九州地方各県の「県章」と「県庁所在地」「県の特色を示す写真」を提示し、その後その地方に特徴的なことがらを１〜２つ取り上げて学ばせるという、この後の日本の各地方の学習の基本形をていねいにおこなっている。２年生の日本地理の授業で各地方を学ぶ場合には、こうした内容が１時間目にあることを生徒に意識させることを意図している。

　各地方の学習は、同じ形でくり返されるため、慣れてくると県章もどこの県のものか当てられるようになり、県庁所在地も地図帳を使って素早く見つけられるようになっていく。

　県章については、県の名称や形などを基にデザインしてあるものが多いため、謎解きのような感覚で、個人で考えさせたり、学習班で取り組ませたりすることもできる。

　九州は日本列島の西端に位置し、大陸や西洋の文化が最も早く入ってきやすかったことを意識させるために、長崎の「日本初」を取り上げている。そして、「九州」と一言（ひとこと）でいっても、かなり南北に長く、多くの島々で成り立っていることを感じ取らせるため、よその市町に役所がある町村を紹介したり、雨温図の読み取りをさせたりしている。

　しかし、竹富町の役場が石垣市にあることのおかしさに気づく生徒はほとんどいない。そこで、「嬉野市で使用している副読本の奥付けとの比較をさせるとわかりやすいだろう」と考え、資料として学習プリントに載せているのだが、気がつく生徒はほとんどいない。せいぜい出てくる意見は、「電話番号が変だ」くらいである。そのため、ヒントを出しながらも、結局最後は教師からの説明となる。その説明を聞いて生徒たちは初めて、「あ〜ぁなるほど」といった感じになる。納得しているだけいいのだろうと考えてはいるが、何となくすっきりしない授業となることが多い。離島への交通の便や島独自の自治について具体的に提示できれば良いのだが、この授業案では、そこまでの時間はない。

地理 学習プリント 〈日本の諸地域：01 九州地方：1-1〉

■九州地方には、県がいくつあるのか？　それぞれの県庁所在地の都市名は何というのか？　それらの県の県章は？　それらの県をあらわしている写真は、それぞれどれなのか？

1：【 九州の各県 】

	県庁所在地の都市	県章	写真
ア	福岡市	A	⑥
イ	**佐賀市**	H	⑦
ウ	長崎市	B	③
エ	大分市	D	⑧
オ	熊本市	C	②
カ	宮崎市	E	⑤
キ	鹿児島市	G	④
ク	那覇市	F	①

① 〇〇城
② 〇〇城
③ 浦上天主堂
④ 縄文杉
⑤ 高千穂峡
⑥ 〇〇山笠
⑦ 〇〇くんち
⑧ 〇地獄

	A	B	C	D	E	F	G	H
県章								

地理 学習プリント〈日本の諸地域：01 九州地方：1-2〉

■江戸時代、海外に開かれた窓口の一つ、出島のあった長崎。そこには、どんな日本初があるのか？
また、九州は日本列島の中で、どんな位置にあるのか？　どんな歴史を持っているのか？

2：【 長崎はじめて物語 】

①女医　②造船所　③活版印刷　④写真撮影　⑤時計製作　⑥眼鏡製造　⑦ビリヤード
⑧検尿　⑨英和辞典　⑩金星観測　⑪鉛筆伝来　⑫算盤製作　⑬缶詰製造　⑭潜水機利用
⑮煙草栽培　⑯気象観測　⑰汽車の運行　⑱ストライキ　⑲ラジオ放送　⑳アスファルト舗装

3：【 東アジアの中の福岡 】　　　　　　　　　　　　　　　　福岡の位置は？

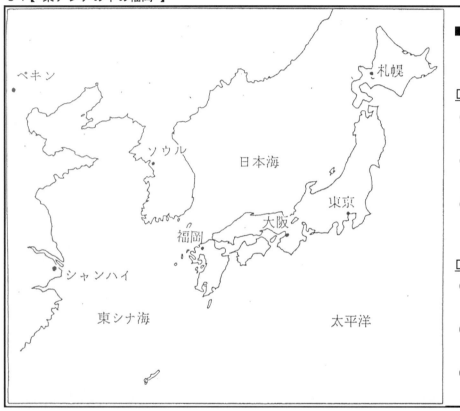

■福岡から次の各市
までの距離

□ 海外
① ソウル まで
（ 約550 ）km
② 上海 まで
（ 約900 ）km
③ 北京 まで
（ 1450 ）km

□ 国内
④ 大阪 まで
（ 約480 ）km
⑤ 東京 まで
（ 約850 ）km
⑥ 札幌 まで
（ 1450 ）km

4：【 九州地方のあゆみ 】

701年：大宝令で九州に（ 大宰府 ）が確立
1274年：┐（ 元 ）の大軍が博多を襲うが大敗し
1281年：┘て逃げ帰った
1543年：（ ポルトガル ）の船が（ 種子島 ）に流
れ着き、鉄砲を伝えた
1549年：（ ザビエル ）が鹿児島に上陸し、キリス
ト教を伝えた
1639年：江戸幕府は外国貿易の港を長崎の（ 出島 ）
に制限した

5：【 九州各地の気候 】

① [福岡] ② [宮崎] ③ [那覇]

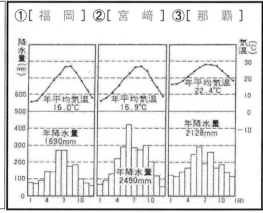

⇧[元・スペイン・ポルトガル・大宰府・出島・入島・種子島・ハウステンボス・ザビエル]

■同じ九州でも、住む地域によっていろいろと違っていることがある。特に、多くの島々を持ち南
　北に長い九州ならではの特徴もある。そんな特徴の一つを、副読本の奥付から見てみると・・・

6：【 むすびあう島じま 】

新版　**むすびあう島じま**　　　　3・4年

編集・著者　竹富町教育委員会社会科副読本編集委員会
発　行　所　竹 富 町 教 育 委 員 会
　　　　　　〒907-0012 沖縄県石垣市美崎町 16-6
　　　　　　　　電話 09808-2-2276・8491
印　　　刷　八 島 印 刷
　　　　　　〒907-0023 沖縄県石垣市字石垣258
　　　　　　　　電話 09808-2-3816

**嬉野市副読本
「生きる力」の教科書**

2012（平成24）年3月22日　発行

発　行　嬉野市教育委員会
　　　　〒849-1492
　　　　佐賀県嬉野市塩田町大字馬場下甲 1769 番地
　　　　電話 0954-66-9128
編　集　「生きる力」の教科書編集委員会
印　刷　教育出版株式会社
　　　　〒101-0051
　　　　東京都千代田区神田神保町 2-10
　　　　電話 03-3238-6811

7：【 三島村・十島村 】　　　　8：【 南の島々 】

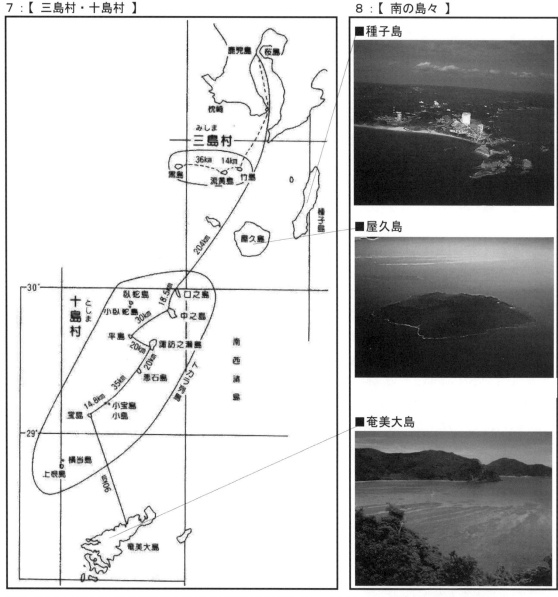

■種子島

■屋久島

■奄美大島

[33] 九州の農業・北と南

◎九州北部と南部の農業の違いについて紹介する。特に南部の農業ではブロイラーの飼育の様子から日本の農業の一つの仕組みをつかませて、どんな問題があるのかを考えさせる。

1　佐賀平野では、何が栽培されているのか？

①・これは、佐賀の秋の風景だ！

　▷【　バルーンの拡大写真　】

②・佐賀で、（　国際　）バルーン大会が開催されているのは、広い何があるからなのか？

　→平野・佐賀平野・・・　※・「佐賀平野」と発言があった場合には、助言③は省く

③・つまり、〈　佐賀平野の写真を提示しながら！　〉こうした平野が広がっている中を流れる嘉瀬川（かせがわ）

　の河川敷を利用してバルーン大会は開かれている。

　・では、この平野は、何平野と言うのか？

　→佐賀平野・・・

④・ところで、〈　「クリーク」の写真を提示しながら！　〉これも佐賀平野だ。佐賀市より東の神崎

　辺りの佐賀平野だが、よく観ると、同じ佐賀平野でも違っている。

　・何が（　違っているのか　）？

　→用水路みたいなものがある・池がある・水田がつながっていない・・・

⑤・クリークと呼ばれるものがある。

　・クリークって、何に使われるのか（　わかる　）？

　→用水路・水田に水を引く・・・

⑥・こうした佐賀平野で栽培されている農作物は何なのか？

　→米・稲・・・

⑦・つまり、〈　「カントリーエレベーター」の写真を提示しながら！　〉この

　中には、何が入れてあるのか？

　→米・稲・・・

⑧・バルーン大会が開催されるのは、その稲の収穫が終わった後。

　・では、稲の収穫が終わった後の田んぼは、何に使っているのか？

　→バルーン大会・畑・麦づくり・・・

⑨・〈　「小麦」の写真を提示しながら！　〉小麦の栽培がおこなわれている。

　・でも、この小麦は、何の原料として栽培されているのか？

　→パン・小麦粉・・・

⑩・麦は、ビールの原料になっている。この小麦の生産量を、全国の中で確認するために、【資料：

　　4】の2つの円グラフで、佐賀を赤色で、福岡をピンクで塗りなさい！

　▷【　資料：4　】への色塗り作業

⑪・佐賀と福岡、つまり佐賀平野から筑後平野にかけては、小麦と大麦

　の生産が、全国的に多いことがわかる。

　・ちなみに、佐賀平野と福岡県側の筑後平野を併せて、九州北部に広がる平野を何というのか？

　▷筑紫平野

⑫・つまり、「筑紫平野では麦の生産が多い」ということなのである。

　・こうした米と麦のように、異なった穀物を1年間で作るやり方を何と言うのか？

⑬・ついでに、もう１つ。

　・【資料：３】の円グラフで、佐賀を赤色で、福岡をピンクで塗りなさい！

　▷【 資料：３ 】への色塗り作業

⑭・この【資料：３】の円グラフは、何の収穫量をあらわしたものなのか？

　→ 苺 ・イチゴ・・・

⑮・筑紫平野では、イチゴの生産も多い。佐賀平野を含めた筑紫平野は、クリークが発達した米作りの先進地だった。しかし、「米を作ってはいけない」との国の政策により、事情が変わった。

　・その政策を何というか知っている？

　→ 減反 ・・・

⑯・そこで現在は、ビールの原料となる麦類やハウス栽培によるイチゴなどで、全国上位に入る収穫を上げている。

　・つまり、筑紫平野では、近年、何が盛んになっているのか？

　⇨ 野菜の栽培

2　シラス台地は、どうやってできたのか？

①・さて、これ〈 「知覧の茶畑」の写真を提示！ 〉は、何の畑なのか？

　→茶・茶畑・・・

②・お茶で有名なのは「嬉野」だが、これは嬉野の茶畑ではない。この風景〈 「桜島」の写真を提示！ 〉が見られる県（ の茶畑 ）だ。

　・さて、噴煙を上げている、この島を何というのか？

　→桜島・・・

③・桜島があるのは、何県なのか？

　→鹿児島県・・・

④・その鹿児島県から宮崎県にかけての九州南部には、古い火山の噴火により積もった火山灰の台地が広がっている。

　・この台地を何台地というのか？

　⇨ シラス台地

⑤・〈 「シラス台地」の写真を提示して！ 〉このシラス台地に積もった火山灰は、どこから噴き出した火山灰が長年積ったものなのか？

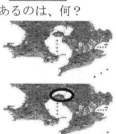

　→桜島・・・？

⑥・【資料：５】に、鹿児島湾の周りを描いた地図があるが、そのほぼ中央にあるのは、何？

　→桜島・・・

⑦・では、その桜島から奥（ 北 ）の方は、何だったのか？

　→・・・？

⑧・実は、そこが火山の噴火口だった。

　・つまり、この部分だ！

　▷〈 噴火口だった部分を〇で囲む 〉

※・「姶良カルデラ」とも呼ばれるが、正確には複数のカルデラが複合して形成された地形である。桜島は、約２万６千年前の噴火でできた。

⑨・何と、ここからの火山灰は、（ 偏西風に流され ）北海道にも積っている（ 九州では

30m以上積ったところも少なくない ）。〈 シラス台地分布の地図を提示しながら！ 〉

当然、この噴火は、鹿児島の自然や生活に大きな影響を与えた。その１つが農業だ。

・農業は稲作が中心ではなく、何が中心なのか？

→畑作・・・

3　鹿児島では、どんな農業がおこなわれているのか？

①・〈 再度、「知覧の茶畑」の写真を提示！ 〉 この畑では、何が栽培されていた？

→茶・・・

②・畑では、〈 「桜島大根」の写真を提示して！ 〉 こうしたものも栽培されている。

・これは何なのか？

→・・・？

③・大きさは、これくらいになる大根（ 桜島大根 ）だ！（ 子ども程の大きさ ）

▷【 桜島大根と幼児の拡大写真 】

④・こうしたものも作られている〈 「白波」のラベルの写真を提示 〉 ！

・これは、何から作られているのか？

→さつまいも・・・

⑤・また、作物栽培以外では、畜産も盛んにおこなわれている。

・【資料：7】のグラフを見ると、鹿児島や宮崎では、何の飼育が盛んなことがわかるのか？

→豚・鶏・肉牛・・・

⑥・鹿児島で有名な豚は、これだ〈 「黒豚」の写真を提示 〉 ！

・これは、何？

→黒豚・・・

⑦・（ 鹿児島の黒豚 ）食べたことがある人［ 挙手 ］！

▷〈 挙手による人数の確認！ 〉　※・たぶん手は挙がらない

⑧・（ あまりいないようだが ）、でも、これは食べたことがあるはずだ！

▷【 フライドチキンのピースの拡大写真 】

⑨・これは、何なのか？

→フライドチキン・・・？

⑩・〈 「KFC」→「カーネルさん」の写真と順に提示して 〉 これでわかるかな？

→ケンタッキー・フライド・チキン・・・？

⑪・鹿児島では、こうしたブロイラーの飼育も多い！

▷【 鶏肉の拡大写真 】

4　ブロイラーの飼育は、どのようにおこなわれているのか？

①・ところで、鹿児島で飼育されているのは、A・Bのどっち？

→B（ ブロイラー ）・A（ 地鶏 ）・・・

②・この２枚の写真を比べると、何が違っているのか？

→鶏の色・外か内か・鶏の数・・・

③・Aは地鶏（ 自由に地面を動き回れる平飼い ）。Bはブロイラー。

※・「ブロイル」は英語で「丸焼きにする」と言う意味で、「ブロイラー」とは、早く太るようにアメリカで品種改良されてきた食肉用の若鶏(わかどり)のこと。

・日本のブロイラー生産者の数(戸数)は年々減っているが、1生産者当たりの飼育羽数は年々増えている。

・各飼育場では何羽くらいのブロイラーが飼育されているのか?

→ | A：600羽　　　　B：6千羽　　　　**C**：6万羽　　　　D：60万羽 |

※・Aだと思う人[挙手]！　▷〈 挙手による人数の確認！〉・・・と、おこなっていく。

④・各飼育場で飼育されている平均6万羽のブロイラーは、オスなのか?　メスなのか?　両方なのか?

　　→両方・オス・メス・・・

⑤・オス・メスが一緒の鶏舎に、何万羽も飼育されている。ただ、こんなに数が多いと、ブロイラーがお互いで、「あること」を始める。

・さて、その「あること」とは何なのか?

　　→・・・?

⑥・ケンカやイジメを始める。そのためブロイラーは、ケンカしないように(品種改良して)性格を変えてある。ただし、性格を変えてケンカはしなくなっても、病気には罹(かか)ることはある。

・たとえば、鳥インフルエンザが発生すると、ブロイラーは、どうされるか知っている?

　　→全て殺処分・全て処分される・・・

⑦・そうなったら大損害になる。そのため、全滅する危険を避けるために「ある工夫」がされている。

・その工夫とは、次のうちのどれなのか?

A：毎日消毒している　　　　　B：1日毎に飼育場を変えている
C：特別な餌を与えている　　　　D：予防注射をしている

※・Aだと思う人[挙手]！　▷〈 挙手による人数の確認！〉・・・と、おこなっていく。

⑧・餌の中に、病気にならないように、抗生物質を入れている。餌は、トウモロコシが1番多く、他にはコウリャンと大豆粕を混ぜてある。そこに、病気に罹らないように抗生物質を入れる。

・ちなみに、魚粉などのタンパク質も入れているが、これは何のためなのか?

　　→早く太らせるため・・・

⑨・病気に罹らせないためには、衛生面でも気をつけなければいけない。

・では、飼育場のフンは、どうしているのか?

A：毎日きれいに掃除する　　　　B：そのまま垂れ流しにしている
C：飼育場の隅に便所がある　　　　D：実はフンなどしない

※・Aだと思う人[挙手]！　▷〈 挙手による人数の確認！〉・・・と、おこなっていく。

⑩・ブロイラーのフンは、出荷時まで垂れ流しになっている。床にはオガ屑(くず)などが敷かれているので、サラサラして臭いも少ない。運び出したフンは、肥料や鶏糞発電の燃料にしている。

・ところで、飼育場の中の明かりは、どうしているのか?

A：常に明るくしている　　　　B：常に薄暗くしている
C：明るくしたり暗くしたりしている　　　D：特別なことはしてない

※・Aだと思う人[挙手]！　▷〈 挙手による人数の確認！〉・・・と、おこなっていく。

⑪・1日中、新聞が読める程度の明るさに薄暗くしてあるが、それは何のためなのか?

　　→・・・

⑫・ブロイラーに夜を感じさせることなく、一日中餌を食べさせて、太らせるためだ。

※・感染症を防ぐために、窓を設置しない鶏舎も少なくない。

[5　ブロイラーで儲けているのは、誰なのか？]

①・そうやって太らせられたブロイラーは、どれくらいの期間で出荷されているのか？

　　→1年・2年・・・？

②・鶏の場合、成人するのに、つまり成鳥となるのに、4～5ヶ月かかる。

　　・では、ブロイラーは（　と言うと　）・・・？

　　→1年・半年・・・

③・一羽のブロイラーは、餌を6kg（　1日約100ｇ　）食べ、49日（　7週間　）で成鳥の大きさになり、
　　出荷時には2.8kgになっている（　何年どころか、1ヶ月半ちょっとで出荷されている　）。

　　・ところで、そんな短期間で育てられるブロイラーは、卵を産むのか？

　　→産む・産まない・・・

④・卵は産む。しかし、そこから雛にして飼育しても、肉付きの悪い成鳥にしかならない。そのた
　　め、ブロイラーを卵から育てることはしていない。

　　・では、どうやってブロイラーを手に入れているのか？

　　→・・・？

⑤・アメリカから元になる原種鶏の雄と雌を輸入して卵を産ませ、孵化させて雛として育てている。
　　原種鶏は、アメリカで「品種改良」をおこなっている育種会社が厳しく管理していて、日本で
　　は育てられない。必ずアメリカの会社から買わなければならない。

　　・つまり、日本でブロイラーがたくさん食べられれば食べられる程、儲けるのは誰なのか？

　　→アメリカの会社・・・

※・世界中のほとんどのブロイラーは、エビアジェン社とコッブ社の原種鶏が元になっている。日本のブ
　　ロイラーの90％を占める「チャンキー」種は、エビアジェン社から輸入している。

⑥・こうしたブロイラーは、どんな店で売っているのか？

　　→スーパー・肉屋・・・

⑦・スーパーで[国産若鶏]と書いてあるのは、ブロイラー。ケンタッキーのフライドチキンも、ブ
　　ロイラーチキン。

　　・結局、どこの国が儲けるような仕組みになっているのか？

　　→アメリカ・・・

⑧・でも、こうした日本の農業のあり方でいいのだろうか？

　　→・・・

⑨・では、日本の農業では、何を考えておかなければならないのだろうか？

　　→・・・

※・日本のブロイラーの飼育数トップ3は、宮崎県、鹿児島県、岩手県で全国の約6割を占める。ただ
　　それぞれの県で地鶏（　在来種由来の国産鶏。宮崎県＝みやざき地頭鶏・鹿児島県＝黒さつま鶏・岩手
　　県＝南部かしわ　）の飼育もおこなわれている。

<参考文献>

「九州地方の農業・水産業」羽田純一監修『まるごと社会科　中学・地理（下）』喜楽研

春名正弘「九州・四国を知る」『地理授業シナリオ（上）』地歴社

若木久造「ニワトリは何年生きるか？」若木久造・福田恵一著『明日の授業が楽しくなる　日本地理の授業』わかたけ出版

千葉保「『お肉』の授業」『授業：日本は、どこへいく？』太郎次郎社

<板書例>

❖授業案〈 九州の農業・北と南 〉について

　勤務校は佐賀県の中でも南西部に位置し、佐賀平野からはずれたところにある。そのため、佐賀県とは言っても、資料に使っている写真のような風景（＝クリークのある風景）は見られない。それでも、貼りもの資料を提示すると、やはり佐賀県に住む生徒は「何だか見たことある」と言った反応を示す。小学校の修学旅行で県の東部に行くことがあったり、部活動での対外試合、または家族で行ったりすることもあるため、何となく記憶に残っているのだと思われる。

　たとえば、カントリーエレベーターの写真に対しては、「あ〜っ、見たことあるけど・・・？（ 何だろう・・・？ ）」という反応が返ってくることが多い。この「何だか・・・」「何となく・・・」という感覚は、生徒を授業に引き込む１つの要因になっている。「はっきりとはわからないけど・・・（ 覚えていないけど・・・ ）」「答えがわからないと、何となくすっきりしない」という感じなのである。そのため、正解を説明すると、「あ〜っ、そうだった」という反応になる。こうした微妙な感覚や感情の連鎖が生徒を授業に引き込んでいるようだ。

　南部のブロイラーについては、『授業：日本は、どこへ行く？』（ 太郎次郎社 ）を参考にしてつくっている。小学校での授業実践ではあるが、中学生にも使える視点となっていると判断して授業案に取り入れさせてもらっている。

■バルーンでも有名な佐賀平野。佐賀平野の特徴には、どんなことがあるのか？ 佐賀平野での二毛作では、米と何が作られているのか？ 私たちの佐賀県の農業について見てみよう！

1：【 佐賀平野 】

2：【 田んぼの中の巨大な建物 】

3：【 ○○○の生産 】　2010年農林水産省統計

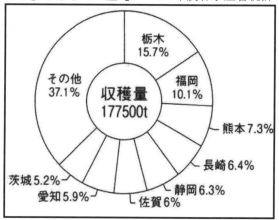

収穫量 177500t

栃木 15.7%
福岡 10.1%
熊本 7.3%
長崎 6.4%
静岡 6.3%
佐賀 6%
愛知 5.9%
茨城 5.2%
その他 37.1%

4：【 小麦と大麦の生産 】　　2010年農林水産省統計

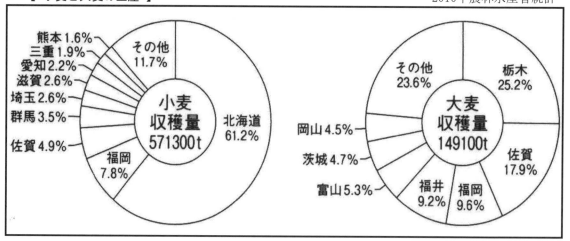

小麦 収穫量 571300t

北海道 61.2%
その他 11.7%
熊本 1.6%
三重 1.9%
愛知 2.2%
滋賀 2.6%
埼玉 2.6%
群馬 3.5%
佐賀 4.9%
福岡 7.8%

大麦 収穫量 149100t

栃木 25.2%
その他 23.6%
岡山 4.5%
茨城 4.7%
富山 5.3%
福井 9.2%
福岡 9.6%
佐賀 17.9%

■同じ九州でも、佐賀平野とは違った農業がおこなわれている南九州。特に鹿児島県には火山灰の
　台地が広がり、特色ある農業がおこなわれている。火山灰の台地での農業には何があるのか？

5：【 鹿児島県の地形 】

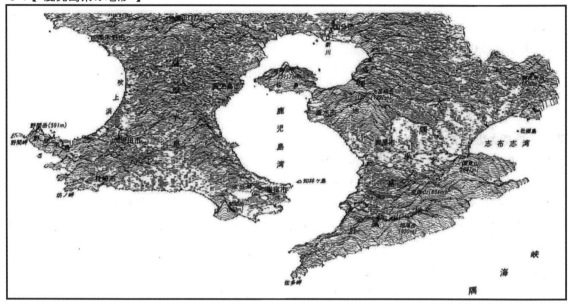

6：【 シラス台地の広がり 】

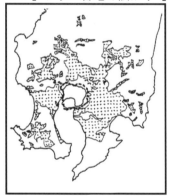

7：【 家畜の飼育数 】　　乳牛・豚=2011.2.1　　肉用若鳥=2009.2.1

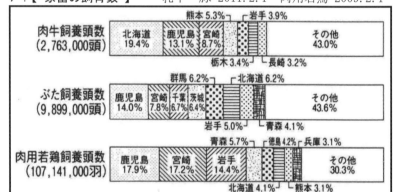

8：【 台地での人々の暮らし 】

　とにかく水が乏しかったので、家の屋根や大木に降った雨水を桶や甕または地面に大きな穴を掘り、これを粘土や小石で固めた貯水槽に貯めておいた。この水で洗濯や拭き掃除をし、風呂も沸かした。また牛馬にも飲ませ、雑用水は全てこの水を使った。

　飲料水や炊事には井戸水を使ったが、桶や甕に汲み貯めた水も時間が経つとボウフラがわく。いざという時には、容器の桶や甕の縁をコツコツと叩くと、ボウフラは驚いて底に沈む。その瞬間を狙って、すばやく柄杓で汲み取る。この水を飲みお茶を沸かして、炊事用の水にした。

　風呂は1日目に入るのを1番風呂、2日目・3日目をそれぞれ2番風呂・3番風呂と言っていたが、3番風呂ともなると汗と汚れでドロドロになり、悪臭さえすることもあった。それでも畑の黒土で真っ黒に汚れた人々は、仕方なく入らなくてはならなかった。また井戸水を汲み上げるには、牛力の場合でも人力の場合でも大人12〜13人以上集まり、4〜5人が交替で汲み上げるのが普通で、みんなの分が終わるまで待たなければならなかった。勝手に帰ることは許されなかった。

補足資料：【 日本の卵を産む鶏の飼育環境はどうなっているのか 】

　日本の鶏卵の1人当たり消費量は年間338個と、年間372個のメキシコに次いで世界第2位（ 2019年 ）。卵を生で食べる習慣があるだけに、卵に厳しい品質管理をしている日本の卵は、海外での日本食人気の高まりから、香港などアジア各地への輸出も急増。2014年から6年間で5.7倍に増えている。

　しかし日本で卵を産む鶏の飼育環境がどうなっているのか。世界から大きく遅れているとの指摘がある。細川幸一・日本女子大学教授は、次のように語る—

　日本の卵の衛生基準が高いことは確かです。サルモネラ菌などを洗い流し、厳しく品質管理されているから生食が可能なんですね。ただ一方で、世界の流れから大きく遅れていることも否定できません。じつは現在、世界の畜産で基準になってきているのは、動物福祉（ アニマル・ウェルフェア ）という考え方です。動物に与える痛みやストレスを最小限に抑え、動物がその行動欲求を満たし、健康的な生活が送れるように配慮した飼育方法を目指す畜産のあり方です。身動きのとれない狭い場所で家畜を飼育することを避けたり、動物がより痛みを感じない屠殺の方法を取り入れたりすることで、動物のストレスを軽減するのです。

　このような動物福祉の考え方は、1920年代にイギリスで提唱され、ヨーロッパをはじめ、世界の畜産業に大きな影響を与えました。欧米では、今や広く知られるようになりましたが、日本ではその基準はまだあまり知られていません。

　現在、日本では90％以上の養鶏場で、EU諸国では禁止されているバタリーケージ（ 金網の中に鶏を入れて飼育する方法 ）が採用されています。バタリーケージはとても狭く、止まり木もありません。本来、鶏は羽ばたきたい生き物なのに羽ばたくことができず、無理に羽を広げようとすると羽を傷つけてしまいます。また、バタリーケージは足元も金網のため、安心して眠ることができない。鶏にとって、とても居心地の悪い環境なのです。

　そこでEUでは、アニマル・ウェルフェアの観点から、2012年にバタリーケージを禁止し、鶏がよりよい環境で過ごせるように、巣箱や止まり木の設置を義務づけ、養鶏はケージフリーと呼ばれる平飼いや放牧などが主流になってきているのです。数字を見れば、それがよくわかります。スイス、ルクセンブルグでは、100％がケージフリー卵。以下、オーストリア99％、ドイツ94％、スウェーデン91％、オランダ84％と、その割合は非常に高くなってきています（ 2017年 ）。

　今後、日本にアニマル・ウェルフェアが根付いていくためには、「安ければよい」という消費者の意識が変わらなければならないでしょう。消費者が安さを求める限り、養鶏業者もそれを追求せざるを得なくなります。卵の値段を下げるには過密飼育しかなく、アニマル・ウェルフェアどころではありません。しかしその結果、日本では卵の値段が下がり過ぎて、養鶏業者自身も悲鳴をあげています。

　ヨーロッパでは、1980年代から「倫理的消費」（ エシカル消費 ）ということが盛んに言われるようになりました。エシカル消費とは、人や社会、環境、動物に配慮して作られたものを購入することです。児童労働や労働搾取を助長したり、環境破壊を招く物は買わないことで、さまざまな問題を消費者として解決していくことが可能です。欧米ではこのような社会規範が浸透して、卵の値段が少し高くなっても、その価値があると消費者は考えるようになりました。

　アニマル・ウェルフェアの話をすると、「貧困や病気でたいへんな人がいるのに、動物の健康を考えている場合じゃない、まずは人間を救うことだろう」という反論があります。でも、考えてみてください。劣悪な飼育環境は、働く人間にとっても快適な労働環境とはいえないはずです。また、不健康な動物の卵や肉が、人間にとって安全安心なものにはなり得ないでしょう。つまりアニマル・ウェルフェアとは、動物福祉の問題であると同時に、消費者の安全、畜産従事者の労働環境を整えることでもあるのです。

（ 参考：『FRIDAYデジタル』2019年5月30日、『エシカルはおいしい!!』2019年12月24日、「アニマルウェルフェアを知ってる？」https://chiisanate.site/animal-welfare-93 ）

[34] 九州の工業・今と昔

◎北九州工業地帯の歴史を、八幡製鐵所を起点につかませ、水俣病については、その発生から裁判までの流れを紹介し、公害に対する患者・家族の苦しみ、企業・行政の態度について考えさせる。

1　新日本製鐵の跡地は、何？

①・〈 空き缶を提示して！ 〉ここに２つの空き缶（ A＝スチール缶・B＝アルミ缶 ）がある。

　・この２つの空き缶、何が違うのか？

　→スチール缶・アルミ缶・・・

②・中身は入っていないので、缶の材料に違いがある。

　・つまり、何缶と何缶なのか？（ ヒント、これ[＝ミカン]を乗せると、わかる？ ）

　　（「缶の上にある蜜柑」で、こっちは「アルミ缶」）

　→スチール缶・アルミ缶・・・

③・では、このうち、1980年代の北九州市で売れていたのは、どっちだったのか？

　→B・A・・・？

④・ヒントは、【資料：１】のポスターだ！

　▷【 資料：１ 】（「カンがあるー」の親子のポスター ）

⑤・1980年代当時、北九州市には「新日本製鐵」という従業員１万５千人もの製鉄会社

　があった。しかし、その頃は、重い鉄より、軽いアルミに人気が集まり売れていた。

　・そこで、進められたのが、何を買う運動だったのか？

　→スチール缶・・・

⑥・みんなでスチール缶を買って、何の生産量を伸ばそうとしたのか？

　→スチール＝鉄・・・

⑦・しかし、そうした努力だけでは、鉄の生産は伸びなかった。

　・それで、その後は、こうなった！

　▷【 スペースワールドの写真 】

⑧・ここは、どこなのか？（ 行ったことがある人、いる？ ）

　→スペースワールド・修学旅行で行った・・・

⑨・「スペースワールド」は、かつての新日本製鐵の敷地の一部に建てられたテーマパークだった。

　・しかし、2018年１月１日、午前２時、宇宙へ飛び立っていった！

　▷【 スペースワールドの閉園ポスター 】

⑩・つまり（ スペースワールドは ）、どうなったのか？

　→閉園になった・終わってしまった・・・

2　どうして北九州に工業地帯がつくられたのか？

①・ところで、どうして北九州市で「製鉄」という（ 重 ）工業がおこなわれようになったのか？

　→・・・？

②・始まりは、明治時代の1901年だった。

　・官営の何が造られたのか？

　⇨ 八幡製鉄所

③・その時代、日本には、大量の鉄が必要だった。

・何のために？

　　→・・・？

④・日本は、1894年、初めて外国との近代戦争をおこなった。

　　・それは、何戦争だったのか？

　　→ 日清戦争 ・・・　※・答えが出てこなければ、すぐに説明をする。

⑤・その日清戦争に日本は勝ち、その後、ロシアとの戦争に備えて、国内で鉄を生産する必要に迫
　　られた。

　　・つまり、鉄が必要だったのは、鉄で、何を造るためだったのか？

　　→武器・兵器・・・

⑥・そこで日本は、官営の八幡製鉄所を造り、国内で鉄の本格的生産を始めた。それが、現在の日
　　本製鉄株式会社の始まりとなった。※・なお、日本の近代製鉄の発祥地は釜石製鉄所。

　　北九州に製鉄所が造られたのは、鉄をつくる条件が揃っていたからだった。

　　・ところで、鉄は、何からつくられるのか？（原料は、何と何なのか？）

　　→ 鉄鉱石 ・ 石炭 ・・・

※・石炭は蒸し焼きしてコークスにしてから鉄鉱石とともに高炉に入れる。

⑦・その鉄鉱石を、八幡製鉄所は、どこの国から手に入れていたのか？

　　⇨ 中国

⑧・では、石炭は（　どこから　）？

　　⇨ 筑豊炭田

⑨・筑豊炭田は、何県にあるのか？

　　→福岡県・・・

⑩・そうした地理的な条件により、北九州に製鉄所がつくられた。日清戦争に勝利した日本は、相
　　手国の中国から鉄鉱石を輸入して「鉄」を作った。そして、その鉄で「武器」を作り、さらに
　　朝鮮・中国へと侵略を進めていった。

　　鉄は全ての工業の基になり、機械を作るにも、（建築物や）工場を造るのにも、鉄鋼は必要に
　　なる。こうして北九州は日本有数の鉄の生産地になり、関連工業も発展していった。

　　・そうして、何と呼ばれる工業地帯になったのか？

　　⇨ 北九州工業地帯

3　九州の工業は、どうなっているのか？

①・しかし、次第に鉄の生産（国内需要）も伸び悩み、「カンがある運動」などで盛り返そうとした
　　のが1980年代の話だった。しかし、それでは根本的な解決にはならなかった。

　　・では、現在、九州では何工業が中心になっているのか？

　　⇨ 機械工業

②・その中で、近年、増えているのは「鉄」ではない。

　　・九州各地には、何の工場が数多くあるのか？

　　⇨ ＩＣ

　　▷【　ＩＣの写真・実物　】

③・ＩＣって、何に使われているのか？

　　→パソコン・スマホ・ケイタイ・ＴＶゲーム・・・※・ＩＣの実物を提示！

④・そのＩＣ関連の工場の分布の様子が、【資料：４】に〇番号で書かれている。

・〇番号を、赤鉛筆で赤く塗りなさい！

 ▷ **ＩＣ工場を赤で塗る作業**

⑤・そうして赤で塗っていくと、ＩＣ工場は、どんな場所にあることがわかるのか？

 →**高速道路の近く・・・**

⑥・では、次に、その高速道路を茶色で塗りなさい！

 ▷ **高速道路を茶色で塗る作業**

⑦・その他には、空港の近くにもある。

・でも、どうしてＩＣ工場は、高速道路や空港の近くに多いのか？

 →**・・・**

⑧・ＩＣは、小さくて軽量な割には値段が高いので、船や自動車に比べて輸送費用が高い航空機を使っても、十分に採算が取れるからだ。

・では、福岡空港から羽田空港まで「ＩＣを１個輸送するのにかかる費用」は、どれ位なのか？

 →**・・・？**

⑨・段ボール１箱に、どれくらいの数のＩＣが入るのか？

 →**約5,000個・・・**

⑩・航空コンテナには、何個の段ボール箱が入るのか？

 →**約60個・・・**

⑪・１回の飛行でＩＣが約30万個運ばれる。福岡〜羽田間の航空貨物運賃は約20万円なので、ＩＣ１個当たり約0.67円になる。つまり、１個、１円以下で運ばれている。

・もう１つ、【資料：４】の地図から、九州北部の高速道路の近くには何の工場が多いこともわかる？

 →**自動車関連工場**

⑫・□にアルファベットが書かれている記号を青で塗っていこう！

 ▷ **自動車関連工場を青で塗る作業**

⑬・九州は日本でも西よりの位置なので、アジアへの自動車輸出には有利になっている。そうした地理的利点を生かして、九州の工業も盛り返しを見せている。しかし、ＩＣ工場では製品の洗浄に人体に有害な化学薬品を使っていて、それが地下水を汚染する恐れ、公害の恐れが指摘されている。ただ、こうした公害は、今に始まった問題ではなかった。

4 水俣病とは、どんな公害病だったのか？

①・九州だけでなく、日本で大きな社会問題となった公害病が、これだった！

 ▷ **【 水俣病の患者の方の写真 】**

②・〈 写真を提示しながら！ 〉 この人たちは、どんな症状（ の病気 ）なのか（ わかる ）？

 →**やせ細っている・体が動かない・言葉がしゃべれない・・・**

※・写真を提示しながら、病気の症状について説明する。

・手足がしびれる ・歩くとつまずく ・走ることができない ・洋服のボタンがかけられない ・物がうまく握れない	・目も見えにくくなる ・耳も遠くなる ・甘ったれたような話し方になる ・食物がノドを通りにくくなる・・・ 

1．歩けない	5．食事は1時間かけて食べさせてもらう
2．（だから）いつも座っている	6．夜は、お母さんが抱いて寝る
3．ものが、握れない	7．オムツをつけている
4．ものが、言えない	8．生理がある

③・この病気が出てきたのが、八代海（不知火海）に面した熊本県の漁業の町［水俣］だった。この［水俣の］町で、1953〜54年頃、ネコが突然泡を吹いて家の中をグルグルと走り回ったり、後ろ足を上げて逆立ちをしたりして、苦しみながら死んでいく現象が見られた。この不思議な現象に、町の人々は、ネコ〇〇〇と名前をつけた。

・さて、ネコ〇〇〇の〇〇〇に入る言葉は、何だろうか？

→ネコおどり

④・そのうちに、カラスが酔っ払ったようにフラフラ歩き、そして死んでいく現象も見られるようになり、町の人たちは大きな不安を持つようになった。

・それは、どんな不安（だったのか）？

→人間にもあらわれるのではないか・・・

⑤・そして、その予感は的中した。

・どんな症状で、人間に現れてきたのか？

→（先に紹介した症状）

⑥・人間にも、症状が出てきたにもかかわらず、この不思議な病気の原因はわからなかった。

・そのうち、この病気は、この地方だけの特有の奇病だと言われ、付けられた名前が何なのか？

⇨ 水俣病

⑦・現地では、奇病対策委員会まで結成されたが、患者は減るどころか次第に増えていった。なかには、一軒から4人も病気にかかることもあり、「この病気は、伝染病ではないか」と噂されるようになった。すると、近所の人たちの様子が変わってきた。

・（病気を心配するのではなく）、どんな態度を取るようになっていったのか？

→避ける・つきあわない・寄りつかない・差別する・・・

⑧・水俣病に罹った人やその家族は、入院費や治療代の支払い、毎日の看病に苦労していた。その上に、「伝染病」との噂により仕事も失い、近所の人も、近づかなくなった。ところが、「伝染病」にしては、その原因となる「細菌」が見つからなかった。
ただ水俣の人たちには、「（病気の）原因が何なのか」、何となくわかっていた。

・【資料：6】の地図で、特に「病気の発生が多い地域」を〇で囲んでみなさい！

▷【 資料：6 】の地図への〇つけ作業

⑨・水俣病の発生は、この地域〈 地図で示しながら 〉に集中していることは、明らかだった。つまり、この中心に「原因がある」ことは、容易に考えられた。おまけに、この地域で汚れた排水を海に流していたのは、「チッソ」という化学肥料を作る工場だけだった。

・つまり、水俣病の原因は、何だったのか？

→有害排水・工場からの排水・・・

⑩・チッソの工場から垂れ流されていた排水に、何が含まれていたのか？

⇨ 有機水銀

⑪・その事実＝水俣病の原因は、大学の先生たちの努力により判明した。水俣病で亡くなった人の内蔵からは、普通の人の40〜200倍もの水銀が見つかったのだ。同時に水俣湾の海底の泥・貝・魚からも、多量の「水銀」が見つかった。水銀は、体内に入ると取り出すことができない。

・つまり、一度、水俣病にかかると、完全に治ることは・・・？

　→ない・・・

⑫・そんな水銀が、いちばん多く見つかったのは、水俣湾のどこからだったのか？

　→チッソの工場・・・

⑬・チッソの工場の排水口付近の泥の中からが、一番多くの水銀が出てきた。つまり、チッソの工場からの排水に含まれていた有機水銀が、魚や貝の中に溜まり、それを食べた人が水俣病に罹ってしまったわけだ。

5　水俣病の患者やその家族の人たちは、どんな行動に出たのか？

①・水俣病の原因がわかり、水俣病を引き起こした犯人もわかった。そこで、水俣病の患者やその家族は、チッソに補償金を出してくれるように要求した。

・この（　患者の人たちの　）要求に、チッソ側は、何と答えたと思う？

　→・・・

②・（　チッソ側の答えは　）水俣病を引き起こした責任は・・・「ない」、だから、補償金を出す必要は・・・「ない」というものだった。しかし、水俣病に罹（かか）った人やその家族は、仕事もできず収入もなく、本当に苦しい生活を送っていた。そこで、チッソに補償金を支払ってもらうため、工場前で座り込みを始めた。

それと同時に、熊本県に対しても、「チッソに補償金を支払わせるように指導して欲しい」と何度も頼みに行った。

・では、熊本県は、この患者の要求を、聞き入れて、くれたのか？（　くれなかったのか？　）

　→聞いてくれなかった・聞いてくれた・・・

③・聞き入れてくれた。が、同時に、次のような提案をしてきた。

> １．水俣病で亡くなった人には30万円と葬式代２万円を出す
> ２．現在、水俣病の大人の患者には１年間で10万円、子どもには３万円の見舞金を支払う

※・60年程前のできごとだが、それでも低い金額であることには違いない。

・この熊本県からの提案は、患者や家族として、受け入れ、られるのか？　られないのか？

・Ａ：これくらいであれば、受け入れられると言う人［ 挙手 ］！

▷〈 挙手による人数の確認！ 〉

・Ｂ：いや、これでは受け入れられないと言う人［ 挙手 ］！

▷〈 挙手による人数の確認！ 〉

④・ただし、熊本県は、この提案のあとに、こう付け加えた。

> もし、この提案に不服で受け入れないのであれば、熊本県としては手を引く。
> ただし、そうなれば（ 補償金など ）、一銭も出なくなる。

・また、チッソも、この熊本県からの提案に対して、次のような条件をつけてきた。

> 今後、チッソに責任があるということがわかっても、一切の補償はしない。

・この提案、患者や家族の人たちは、受け、入れたのか？　入れなかったのか？

・Ａ：受け入れたと思う人［ 挙手 ］！

・Ｂ：受け入れなかったと思う人［ 挙手 ］！

⑤・「そんなバカな」と思った、が、受け入れて、涙を飲んで、この見舞金を受け取ることにした。

　・それは、どうしてだったのか？

　→・・・？

⑥・患者やその家族は、「一銭のお金でも、ノドから手が出るほど欲しかった」と言った。それだけ患者の家庭の生活は・・・、追い詰められていたのだ。

　ところが、その後・・・、生まれて間もない赤ちゃんに、つまり魚を一度も食べたことがない赤ちゃんに、水俣病の症状が出た。

　・これは、一体どういうことだったのか？

　→・・・？

⑦・お腹にいたとき、お母さんが食べた「有機水銀を含んだ魚」が原因で、まだ、この世に生まれてもいなかった赤ちゃんが、水俣病に罹ってしまったのだった。このような水俣病の人を、 胎児性水俣病 といった。

---

6 患者や家族の人たちの声を、どのように生かしていくのか？

①・赤ちゃんにまで、水俣病の苦しみを負わせてしまったチッソ。長い間、水俣病に苦しみ抜いた患者やその家族は、改めてチッソに対して補償を求める行動に出た。

　しかし、チッソ側は、患者の人たちの要求をはねつけた。

　・さて、その理由は何だったのか（ わかる ）？

　→・・・

②・理由は、以前、熊本県からの提案により支払った見舞金のときの条件だった。

　・どんな条件だった？

　→「今後、チッソに責任があるということがわかっても、一切の補償はしない」

③・この誠意のないチッソの態度に怒った人々は、ついに、裁判で争うことにした。

　・さて、裁判の判決では、患者側とチッソ側、どっちの主張が、認められたのか？

　・Ａ：やはり、患者側の要求が認められたと思う人［ 挙手 ］！

　▷〈 挙手による人数の確認！ 〉

　・Ｂ：いや、チッソの言っていることが認められたと思う人［ 挙手 ］！

　▷〈 挙手による人数の確認！ 〉

④・ 水俣病 の 第１号の患者 が出たのが 1953年 。 日本政府が 、 チッソの工場 から の排水に 水俣病の 原因がある と認めたのが 1968年 。そして、 水俣病の患者やその家族が、裁判で勝った のが 1973年 のことだった。

　・つまり、はじめて水俣病の患者が出てから、チッソが責任を取るようにはっきりと言い渡されたのに、何年かかったことになるのか？

　→20年

⑤・20年もの長い時間がかかって、患者側の主張が認められた。しかし、「20年」という時間は長過ぎた。この間に、失われた多くの生命と健康が、戻ってくるわけではなったからだ。

　・そのため、 「銭は一銭もいらん。その代わり、会社の偉か衆の上から順々に、水銀母液ば飲

んでもらおう。それでよか」と言う患者の声さえあった。これは、チッソの会社の人に、「水俣病の患者と同じ苦しみを受けてもらいたい」と言う、患者とその家族の言葉だった。

・この言葉をどう考えるのか。

・Ａ：それくらいのことは当たり前だ！　当然の解決だと思う人［ 挙手 ］！

▷〈 挙手による人数の確認！ 〉

・Ｂ：いや、こんなことをしても解決にはならないと思う人［ 挙手 ］！

▷〈 挙手による人数の確認！ 〉

⑥・1987年３月、熊本地方裁判所は、水俣病の発生・拡大した責任は、日本政府と熊本県にあることを認める判決を下した。救済策などで一時金や医療費などの救済を受けた人は、約７万人いる。しかし、「水俣病」と認定されている人は、そのうち約2,300人（ うち約1,900人が死亡 ）。水俣病と認定されなければ、保障は受けられない。

・では、さっきの患者の人の言葉は、Ａ：それくらいやって当然なのか？　Ｂ：それでは解決にならないのか？

・Ａ：やはり、それくらいすべきだ！　当然のことだと思う人［ 挙手 ］！

▷〈 挙手による人数の確認！ 〉

・Ｂ：いや、そんなことでは解決にはならないと思う人［ 挙手 ］！

▷〈 挙手による人数の確認！ 〉

・さて、どうなのか？　班ではなしあい（ ３分間 ）！

※・各班内でのはなしあい　→　（ 学級での ）討論へとつなげる ）

※・時間不足の場合には、挙手による人数の確認のみの投げかけでもよい

⑦・1975年、患者の人たちは、チッソ工場の責任者を殺人罪・傷害罪で告訴した。

<参考文献>

中澤順子「スチール缶と鉄冷え」藤岡信勝・石井郁男編『ストップモーション方式による１時間の授業　技術　中学校社会　地理』日本書籍

加藤好一「空き缶から考える北九州市の産業の変化－生徒を引き込み、生徒を追い込む－」『学びあう社会授業（上）　入門・地理編』地歴社

大谷猛夫「北九州工業地帯」『中学校地理の板書』地歴社

「九州の工業」羽田純一監修『まるごと社会科　中学・地理（下）』喜楽研

「南九州の工業と水俣病」歴史教育者協議会編『たのしくわかる　社会科中学地理の授業　再訂新版』あゆみ出版

原田正純、宮本憲一『いま、水俣病は』岩波ブックレット

<板書例>

〈 九州の工業・今と昔 〉

1　北九州工業地帯　　　　　　　　　　　2　ＩＣと自動車

　八幡製鉄所

　　　┌ 鉄鉱石（ 中国 ）　　　　　3　公害

　　↑

　　　└ 石　炭（ 筑豊炭田 ）　　　　　水俣病 ⇐ 有機水銀 ← チッソ工場

❖授業案〈 九州の工業・今と昔 〉について

　この授業案も、少し内容を詰め込み過ぎてしまっている。前半（ 提言１〜３ ）は今の九州の工業、後半（ 提言４〜６ ）は昔の九州の工業の例として、ＩＣ産業と水俣病を取り上げている。そのため提言が６つにもなってしまい、後半が時間的には厳しくなっている（ 提言の数は４つが基準である ）。

　時間不足になるのは提言の数が多過ぎることもあるが、そもそも水俣病について、１時間の授業の半分で取り扱うこと自体に無理があるからでもある。水俣病問題については、きちんと取り扱おうとすると時間はいくらあっても足りない。しかし他の単元や授業の時間を考えて、九州の工業として１時間の授業内容に組み入れて取り扱っているのが現状である。そうした限られた時間で授業をおこなうため、「水銀母液を飲んでくれ」という患者家族の声の持つ重さを取り上げている。それでは解決にはならないのだが、現状を考えるとそうでもしないと納得できないという気持ちにも生徒には共感させたいとの思いからである。

　ただそうした共感も必要なのだが、それでも水俣病解決のためには、どうすべきなのかを考えさせたい。そこでは行政の責任や対応の問題だけではなく、環境問題や地域社会の在り方、開発の問題などにも目を向けなければならなくなっていく。そうしたことをどこまで、どのように取り扱うのか上手く授業案に取り入れることができずにいる。

■官営の八幡製鉄所から始まった北九州工業地帯。でも、どうして北九州に製鉄所がつくられたのか？　その後、どんな歩みがあったのか？　また、現在の九州の工業は、どうなっているのか？

1：【 "カンガアルー" の親子 】

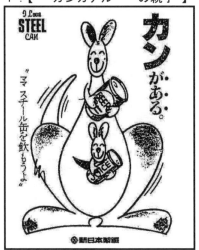

2：【 九州（ 炭 鉱 ）節 】

一、月が　出た出た
　月が出た
　　ヨイ　ヨイ

　　三池（ 炭 鉱 ）の
　　上に　出た

　　あんまり　煙突が
　　高いので
　　さぞや　お月さん
　　けむたかろう
　　サノ　ヨイ　ヨイ

3：【 建設中の八幡製鉄所 】

4：【 九州の工業 】

■IC関連工場
①東芝北九州工場（IC生産開始 ）
　　　　　　　　　　　　（ 1970 ）
②京セラ国分工場　　　（ 1972 ）
③東芝エンジニアリング（ 1987 ）
④ソニーセミコンダクター
　　　　　　　　　　　　（ 2001 ）
⑤NECソフトウェア九州（ 1982 ）
⑥ラピスセミコンダクター宮崎
　　　　　　　　　　　　（ 1980 ）
⑦NEC液晶テクノロジー鹿児島工場
　　　　　　　　　　　　（ 2007 ）
⑧三菱電機熊本工場　　（ 1967 ）

■自動車関連工場
A　トヨタ自動車九州　（ 1992 ）
B　日産自動車　　　　（ 1975 ）
C　本多技研工業　　　（ 1976 ）
D　ブリジストン　　　（ 1978 ）
E　ダイハツ九州　　　（ 2004 ）
F　デンソー北九州　　（ 2005 ）

■かつて九州の地で深刻な公害病が発生した。当初は、何が原因かわからなかった。そのとき病気
　になった人は、どうなったのか？　病気の原因をつくった企業は、どんな対応をしたのか？

5：【 患者さんの症状 】

■写真の人たちは
病気にかかって
しまった。
この病気の症状
とは、どんなも
のなのか？

6：【 水俣病の発生状況 】

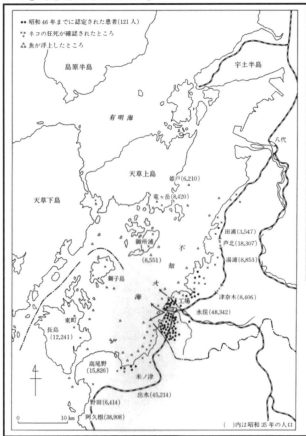

- ●● 昭和46年までに認定された患者（121人）
- ■● ネコの狂死が確認されたところ
- ▲● 魚が浮上したところ

島原半島
宇土半島
有明海
天草上島
雄戸（6,210）
竜ヶ岳（8,420）
天草下島
八代
田浦（3,547）
御所浦
芦北（18,307）
不　知
（8,551）
湯浦（8,853）
獅子島
津奈木（8,406）
水俣（48,342）
東町
工場
長島
（12,241）
高尾野
（15,826）
米ノ津
出水（45,214）
野田（6,414）
阿久根（38,908）

0　　10 km

（　）内は昭和35年の人口

7：【 裁判でのチッソの弁明 】　　1969年

　メチル水銀による水俣病の発生については全く予想できなかった。そして、工場の排水については、その時々において、当時の技術水準上、あたう限りの努力をして、被害の発生を回避すべく努力した。

　アセトアルデヒド製造工程でメチル水銀が副生することは知らなかった。メチル水銀が魚介類に蓄積されて水俣病を起こすなど知るはずがなかった。

　熊本大学研究班でさえ、2年半もかかってやっと原因が明らかになったのに、医学専門家でない技術者にわかるはずはない。

■チッソ株式会社と工場からの排水

[35] 南の島・沖縄

◎南にある沖縄の気候的特徴をつかませる。さらに、沖縄にある基地問題について、日本の国民としてどうすべきなのかを考えさせる。

---

1 **沖縄には、どんな特色があるのか?**

①・〈 写真を提示して! 〉 さて、この人たちに共通することは何なのか?

→「沖縄出身」の歌手・女優・タレント・お笑い芸人

②・では、その沖縄の郷土料理は、次のうち、どれなのか?

→ゴーヤチャンプル・そーきそば・ジンギスカン・芋煮・ちゃんぽん・きりたんぽ鍋・馬刺し・鮒のこぐい

※・Hの「鮒のこぐい」とIの「ムツゴロウの蒲焼」は、地元(佐賀)の郷土料理。

③・沖縄出身の芸能人は多く、いろいろな分野で活躍している。ところで、沖縄は
九州の中でも、料理や文化など、とても個性的だ。その違いは、言葉にもある。

・次の言葉は、何という意味なのか?　※・カードを提示して、言葉の意味を訊ねる。

はいさい (=こんにちは)・ めんそーれ (=いらっしゃいませ)・ ちばりょー (=がん
ばれ)・ うちなーんちゅ (=沖縄の人)・ やまとぅんちゅ (=沖縄県外の日本人)・ しわ
さんけー (=心配するな)・ ちゅらさん (=美しい)・ わん (=わたし)

→・・・?

④・九州の中でも、沖縄には独自の文化がある。と言うのも、沖縄県は、かつて日本ではなかった
からだ(別の立派な国だった)。

・それは、何という国だったのか?

⇨ 琉球王国

※・1429年、尚巴志王が琉球王国として国を統一。薩摩藩が侵攻するまで中継貿易で大いに栄えていた。

⑤・【資料：1】の地図を見ても、沖縄は、九州の中でも、かなり離れている。

・(沖縄は)九州の中でも、どんな位置にあると言えばいいのか?

→南・中国に近い・・・

⑥・かなり南に位置しているため、自然も大きく違う。

---

2 **沖縄では、どんな農業がおこなわれているのか?**

①・自然の特色は、町の様子を写した【資料：3】の写真からもわかる。【資料：3】を見ると、沖
縄ならではの「ある特徴」がたくさん写っている。

・さて、それは何なのか?(その特徴を赤〇で囲みなさい!)

→屋上に貯水タンクがある・・・

②・那覇市の家には、たくさんの貯水タンクが、屋上に設置されている。

・いったい、それは何故なのか？

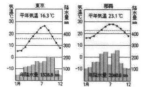

> A：雨が少ないので水不足に備えるため
> B：台風が多いので風水害に備えるため
> C：水道がないので各家庭で水を確保するため
> D：給水制限が多いので各家庭で水を蓄えるため

・さて、A～Dのうち、答えはどれなのか、グループではなしあい！

※・ここから各グループでのはなしあい　→　意見の発表へとつなげていく

③・【資料：2】の雨温図から見ると、沖縄はどんな気候だと言えばいいのか？

　→平均気温が高い・暑い・雨が多い・・・

④・と言うことは、答えは・・・、D。

　・でも、「雨が多い」のに、どうして「給水制限」があるのか？

　→・・・？

⑤・那覇市水道局が給水制限を発令するのは、春・夏・秋・冬のうち、いつなのか？

　→夏・・・

⑥・那覇市の 年間降水量 は 約2,000mm （ 2,036.9mm ）で、 夏 は 200mm前後 ぐらいになる。ちなみに、佐賀市の 年間降水量 は 約1.600mm （ 1,632mm ）で、 夏 は 200mm前後 で、那覇市とほぼ同じ。

　・「佐賀市と同じ」と言うことは、那覇市が、夏場に給水制限するほど「水不足になる」はずは、あるのか？　ないのか？

　→ない・ある・・・？

⑦・実は、同じように思えるが、佐賀にあって沖縄にはない「地形の特徴」が、（ 沖縄の ）水不足に大きく影響を与えている［ 沖縄が夏に水不足となる原因 ］。佐賀にあって沖縄にはない、その「地形」とは何なのか。

　・【地図帳P73】で沖縄の地形を調べてみよう！

　▷【 地図帳P73 】沖縄の地図

⑧・沖縄には「大きな川」がなく、小さな短い川ばかりなので、雨が降ってもすぐ海に流れてしまって、水が得にくい。

※・沖縄本島には石灰岩が多いことや小島の多くは珊瑚礁によって形成されているため、降った雨は地面にしみ込んでしまい、水不足になる。

　・沖縄の夏は太平洋高気圧が居座り、晴天の猛暑が続き、大地は干上がり水不足が深刻化して、人々を悩ませている。

　・この乾き切った大地に大量の雨をもたらしてくれるのが、夏場に襲ってくる、何なのか？

　→台風・・・

⑨・と言うことは、沖縄の人々にとって、台風は、迷惑なものなのか？　有り難いものなのか？

　→迷惑なもの・有り難いもの・・・

⑩・台風は、沖縄に災害をもたらす（ 迷惑な ）存在だが、同時に、（ 水不足解消には ）なくてはならない（ 有り難い ）存在でもある（ ダムが11つくられている ）。こうした自然条件は、農業にも影響している。たとえば、沖縄では、佐賀平野で作られている農作物が、作られていない。

　・それ（ ＝農産物と ）は、何なのか？

　→米・稲・・・　※・稲はまったく作られていないわけではないが、水田は耕地の2％にとどまる。

⑪・しかし、沖縄では、佐賀平野で作られていないものが、作られている。

・年中暖かい気候を利用して、栽培されている農作物は、何なのか？

⇨ さとうきびやパイナップル

⑫・【資料：４】の土地利用図から、その栽培面積などを確認するため、さとうきび畑を黄色で塗りつぶしなさい！

▷【 資料：４ 】の土地利用図への作業

3　沖縄の土地利用は、どうなっているのか？

①・大きな川がない沖縄では、農業は「畑作」を中心におこなわれている。

・でも、そもそも沖縄では、農業そのものは、盛んなのか？

→盛んだ・あまり盛んではない・・・

②・【資料：５】の産業別人口のグラフを見ると、沖縄で盛んなのは、第何次産業なのか？

⇨ 第３次産業

③・沖縄で盛んな産業は、農業などの第１次産業ではなく「第３次産業」だ。

・では、その（ 第３次産業の ）中でも盛んなのは、 A：商業　B：金融業　C：観光・サービス業 のうちのどれなのか？

→Ｃ：観光・サービス業・・・

④・「観光業」と「サービス業」では、どっちが盛んなのか？

→サービス業・観光業・・・

⑤・【資料：４】の土地利用図からわかるのは、どっちなのか？

→・・・？

⑥・沖縄の土地利用図を見ると、佐賀県だけでなく、他の県にはほとんど見られない土地利用がされていることがわかる。

・沖縄本島では島の面積の15％も占めている、その土地利用とは何なのか？

⇨ アメリカ軍の軍事基地

⑦・これだけの土地がアメリカ軍基地に使われているため、そのぶん農業ができない（ だから第１次産業の人口が少ないとも言える ）。その結果、アメリカ軍基地や基地の人たちを相手にした仕事をしているため、第３次産業人口が多くなっているとも言える。

・つまり、（ 第３次産業で ）多いのは、サービス業？　観光業？（ どっち？ ）

→サービス業・・・

⑧・しかし、どうして沖縄に、こんなにも広いアメリカ軍基地があるのか？

→・・・

4　沖縄に、アメリカ軍基地は必要なのか？

①・この軍事基地を造ったのは、もちろん・・・アメリカだ。

・でも、いつ造ったのか？

→・・・

②・太平洋戦争が終わり、日本がアメリカに占領されている間に、沖縄県民の土地を取り上げて、勝手に軍事基地につくり変えていった。

・では、そのとき、沖縄の人たちは、どうしたのか？

→収容所に閉じ込められていた・抗議した・協力した・・・？

③・アメリカに占領されているときだったため（特に占領初期は収容所から帰ったら家はブルドーザーで壊されて土地はアメリカ軍基地になっていたと言う有様で）、何もできなかった。土地を奪われた人たちは、アメリカ軍基地に関連した職場で働くしか、収入の道はなかった。

・でも、どうしてアメリカは、沖縄に軍事基地をつくったのか？

→占領していたから・場所がよかったから・・・

④・アメリカは、第２次世界大戦後に成立した中華人民共和国を敵視していたため、中国大陸に近い沖縄を米軍の一大拠点（要石）に造りかえた。

・現在、日本も中国とは、「ある島」をめぐって揉めている。

・それは、何という島なのか？

→尖閣諸島・・・〈 尖閣諸島の写真を提示！ 〉

⑤・そうした事情もあり、日米安全保障条約 に基づき、アメリカの軍事基地が日本に、それも沖縄に多くあって、近隣の中国との関係が難しくなっている。

・では、沖縄の、どこに、どれくらいの面積のアメリカ軍基地があるのか？

→・・・？

⑥・北谷町では62%、嘉手納町では83% を占める程の面積だ。

嘉手納基地の面積は約2,000万㎢ で、甲子園球場の800倍以上 の広さがある。

・それも、こんな場所にある〈 写真を提示 〉！

▷【 嘉手納基地の写真 】

⑦・これは、普天間にあるアメリカ軍基地だ〈 写真を提示 〉！

▷【 普天間基地の写真 】

⑧・こんな街中に軍事基地があるのは、世界中見渡しても沖縄だけだ。当然、心配なこと（不安なこと）がある。

・たとえば（どんなこと）？

→飛行機が落ちてくる・町に被害が出る・・・

⑨・日本にあるアメリカ軍基地の71%が、沖縄にある。当然、沖縄での危険性は、国内でも非常に高い。

※・一番近い事故では、2019年6月5日、沖縄県浦添市立浦西中学校のテニスコートに、普天間基地に所属するCH53E型輸送ヘリコプターの部品が落ちてきた。

・大きな事故では、2004年8月13日、午後2時過ぎ、普天間基地を飛び立ったアメリカ海兵隊所属（CH53D型）輸送ヘリが、沖縄国際大学の構内に墜落し、炎上する事故が起きている。

・さて、このときの事故で、沖縄警察が取った行動は、次のうちどれだったのか？

A：すぐに現場に駆けつけ、検証をおこなった
B：まずアメリカに許可を受けてから検証した
C：何もしなかった

班内のグループではなしあい！

※・ここからグループでのはなしあい　→　各班からの発表へとつなげる

⑩・「何もしなかった」と言うよりは、「何もできなかった」と言う表現が正しい。沖縄の警察は、アメリカ軍から退去させられて、墜落現場の調査ができなかった。更に、墜落したヘリの残骸もアメリカ軍が持ち帰ったため、原因の調査もできなかった。

ただし、これは明らかに事故なので、パイロットのアメリカ兵は罪に問われる。
・では、その裁判は、どうなるのか？

```
A：日本側でおこなわれる
B：アメリカ側でおこなわれる
C：日本とアメリカの双方でおこなわれる
```

・班内のグループではなしあい！
※・ここからグループでのはなしあい　→　各班からの発表へとつなげる

⑪・ 日米地位協定 により、アメリカ軍の施設や区域内外を問わず、原則として日本の法律は適用
　　されない（ アメリカ軍を相手に、日本では裁判ができない ）。

・これは、アメリカに、事実上何が認められていることになるのか？

→治外法権・・・

⑫・2016年の12月には、アメリカ軍のオスプレイが、訓練中に名護市沿岸に墜落した！

▷【 オスプレイ墜落記事・沖縄の抗議記事 】

⑬・この事故に対して、沖縄県副知事がアメリカ海兵隊の司令官に抗議した。

・ではそのとき、アメリカの司令官は、何と答えたのか？

→・・・？

⑭・「感謝されるべきだ」「パイロットは、住宅・住民に被害を与えなかった」と。
　　そして、その後、オスプレイの飛行訓練は続けられた。
　　そんなアメリカ軍基地のために、日本政府は、お金を出している。
　　2016年から5年間で、約9,500億円も出している。

・でも、そのお金は、（ 国民の ）何から出されているのか？

→税金・・・

⑮・そんな現状の中、沖縄のアメリカ軍基地の負担や普天間基地の危険性を除くために、辺野古の
　　海〈 コピーを提示しながら！ 〉を埋め立てて、アメリカ軍基地を移転させようとしている。

・その移転に対して、もちろん、沖縄の人は（ 賛成？　反対？ ）・・・？

→反対・・・

⑯・（ 沖縄の人の反対 ）にもかかわらず、日本政府は、辺野古にアメリカ軍基地を
　　移転させようとしている。

・さて、現在の日本国内外の状況を考えると、アメリカ軍基地は、本当に必要なのか？

```
A：やはり、沖縄だから必要
B：いや、日本にとって必要
C：日本にも沖縄にも必要ない
```

・班ではなしあい！
※・ここから班内でのはなしあい　→　学級への討論へとつなげる

<参考文献>

「どの家にもタンクがみられるのはなぜ？」澁澤文隆編集『中学校社会科　定番教材の活用術　地理』
　東京法令出版
「平和を求める南の島・沖縄」羽田純一監修『まるごと社会科　中学・地理(下)』喜楽研

＜板書例＞

〈 南の島・沖縄 〉

　1　沖縄 ← **琉球王国**　　　　　　　　　　　　　　3　アメリカ軍基地

　2　**亜熱帯**の気候　→　水不足
　　　さとうきび
　　　パイナップル

❖授業案〈 南の島・沖縄 〉について

　沖縄出身の芸能人は多い。そこで、生徒も知っているであろう芸能人の写真を提示することで、個性的な沖縄に興味を引くことから授業を始めている。そしてその後、沖縄の文化や自然へとつなげ、産業の特徴からアメリカ軍基地へと内容を進めて、1時間に収まるような授業構成にしてみた。

　その中で、事故としては少し古くなるが、沖縄国際大学へのオスプレイの墜落を取り上げているのは、地元佐賀空港へのオスプレイ配備問題があるためである。この点については授業案には書いていないが、実際の授業では簡単な説明をおこなっている。沖縄が抱える基地問題について、生徒に少しでも自分たちの問題としてとらえさせたいとの考えからである。ただ、そうした考えはあるのだが、最後の討論については適切な論題を設定できずにいる。「オスプレイ配備を受け入れるのであれば、アメリカ軍基地を佐賀県も受け入れるべきだ」などの論題を設定して生徒に話し合い活動をさせることも考えてはみた。しかしこれ以上、指導言を増やすことは時間的に無理があり、新たに話し合い活動を設定するのであれば、授業内容をどこか削らなければならない。授業案全体の構成を考えた場合、どこを削るべきなのか迷いながら授業をおこなっている。

地理 学習プリント 〈日本の諸地域：04 九州地方 ： 4-1〉

■九州の中でも沖縄県は、九州島にある県とは違っている。何が違っているのか？ 気候はどうなっているのか？ 暮らしはどうなっているのか？ 南の島沖縄のことを考えてみよう！

1：【 沖縄の位置 】

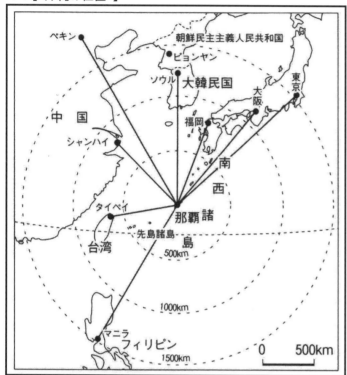

2：【 沖縄の気候 】

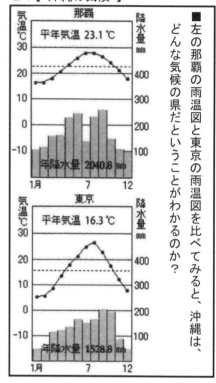

■左の那覇の雨温図と東京の雨温図を比べてみると、沖縄は、どんな気候の県だということがわかるのか？

3：【 沖縄の町の風景 】

■左の写真の中で、沖縄の特徴をあらわしている部分を見つけて、全て赤丸で囲んでみよう！

■沖縄県の土地利用の様子を見ると、九州の他の県とは違っている。いや、日本の他の県とも違っている。何が違っているのか？　なぜ違っているのか？　これは解決できることなのか？

4：【 沖縄の土地利用図 】

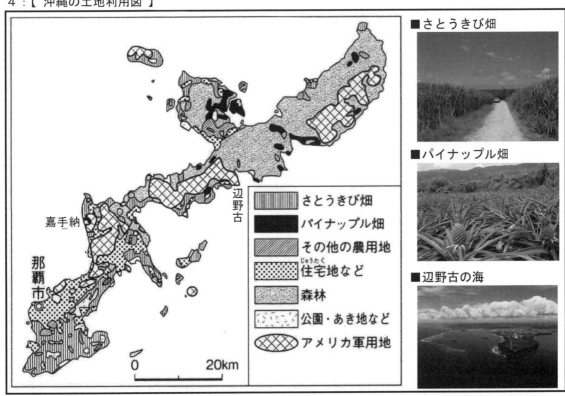

嘉手納

辺野古

那覇市

| さとうきび畑 |
| パイナップル畑 |
| その他の農用地 |
| 住宅地など |
| 森林 |
| 公園・あき地など |
| アメリカ軍用地 |

0　　　20km

■さとうきび畑

■パイナップル畑

■辺野古の海

5：【 沖縄県の産業別就業者人口 】　2010年

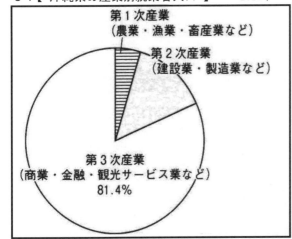

第1次産業
（農業・漁業・畜産業など）

第2次産業
（建設業・製造業など）

第3次産業
（商業・金融・観光サービス業など）
81.4%

6：【 嘉手納基地 】

■基地の中には、何があるのか？
　基地の向こうには、何があるのか？

付論　社会科授業の方法と技術

はじめに

　私は、2020年3月で定年退職を迎えた。たまたま、その年の1月に授業参観をしてもらったのだが、その参観後の話で、次のような意見が出された。

　「班づくりをしていることは、実際に授業を観て、教えてもらわないとわからなかった。」

　「学習班での生徒の教え合う仕組みがあって授業がおこなわれていることは、観ないと気づかない。」

　「教科論だけで考えている教師にはわからない授業の進め方になっている。」

　「学習班を基に生徒の学び合いを組織していることは、実際に授業を観ないとわからない。」

　これらの意見は、私の「授業の土台には班づくりがあり、その学習班の活動の上に授業がおこなわれていることは、実際に授業を観てみないとわからなかった。」との指摘だった。このときの話のやり取りで、それまで自分では普通だと思ってやっていた（ある程度は一般的だと考えていた）授業方法が、私の独特なやり方であることがわかった。そしてそのことは、言葉（書物）で伝えようとする場合、その授業方法について分離して説明しないと、実際の授業を理解してもらうのは難しいことにも気づかされた。そうしたこともあり、あえて授業方法や授業技術についてのみ、ここで紹介してみることにした。

　なお、ここで紹介しているのは、私個人がおこなってきた授業方法や技術であり、それを一般化させようとか広めたいと考えているわけではない。社会科の先生方が日々実践されている授業で、何らかの参考にしてもらえればと考えているに過ぎない。その場合、具体的であればあるほど方法や技術は取り入れやすかったり、応用しやすくなる。そのため、必要以上に細かな内容になっている部分があったり、これまでに書いたり話したりしてきたことと重複する内容が含まれてしまったことについてはお断りをしておく。

1　授業について

　日々の授業では、授業づくりで考え・準備した授業内容と「1時間の授業として、どのようにおこなっていくのか」と言う授業方法も同時に考えていく。授業内容の構想ができても、それで授業ができるわけではないからだ。授業づくりで考えた内容を活かすための方法も考えておかないと、1時間の授業はできない。つまり、日々の授業で大切になるのは、「何を、どのように教え・考えさせるのか」（内容と方法）を意識しておくことなのである。その積み重ねにより、授業する力が上達していくことにもなる。そのためには、自分の日々の授業の実際を対象化・客観化しておくことが必要になる。

　では、授業は、どのようにおこなっているのか。実際に日々の授業でおこなっていることを基に、その順序に沿って具体的に紹介する。日々の授業でおこなっていることだから、紹介する内容にはわかりきったことも含まれている。しかし、授業を参観された方から質問されることには、具体的で細かなことも多かったため、あえて紹介している。

　取り上げた授業案は、〈中華民国の登場〉のタイトルでおこなった、2019年度の最後の授業（定年退職前の最後の授業）である。この授業の目標は、「列強の侵略の下で、中国民衆のようすはどうであったのか？　その中から、どのようにして清を倒し、新しい共和国がつくられていったのかをとらえさせる。そして、日本としては、新しい中国に対して、どのようにつき合うべきなのかについても考え

させる」としていた（本書は地理の授業案を紹介する書物だが、社会科としては歴史と同じ目標を追求しており、とくに近隣の国々とどうつき合っていくかについて考えることは地理的にも歴史的にも、ますます重要な課題となってきたことを考慮してここに収録した）。

授業で使用したプリントは４つ。使う順番で言えば、問題プリント・通信プリント・学習プリント・意見プリントだった。

この中で、問題プリントは予習課題として事前に配っているため、その日の授業で最初に配るのは通信プリントとなる。この通信プリントは、前の時間の授業で書かせた意見プリントを一覧にしたようなプリントであり、前の時間の授業のおさらい（あるいは、前時と本時のつなぎ）のような役割を持たせている。

② 授業前におこなうこと

1　授業案をつくる

授業をするためには、授業内容と方法を書いた授業案をつくる。かつて授業案はノートに書いていたが、今ではパソコンでつくっている。その方が何回でも書き直しができ、授業後の修正がおこないやすいからだ。

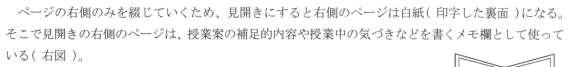

つくった授業案はＡ４判の用紙にプリントアウトして、30穴のルーズリーフパンチで用紙の右側に穴をあけてルーズリーフに綴じている。

ページの右側のみを綴じていくため、見開きにすると右側のページは白紙（印字した裏面）になる。そこで見開きの右側のページは、授業案の補足的内容や授業中の気づきなどを書くメモ欄として使っている（右図）。

授業案の前のページには板書計画を書いたノートを綴じ、更にその前のページには、その日の授業で使う問題プリント・学習プリント・意見プリント（必要な場合には通信プリント）の順番でクリアポケットに入れて綴じている（プリントが１枚の場合には、見開きの左側のページにプリントを入れ、右側のページには白紙を入れて、必ず見開き２ページにしている）。授業前段の一斉問答は、このクリアポケットに入れている問題プリントを見ておこなっている。

なお、授業に行く前に、その日の授業案のページは内側に向けて四つ折りにして、開きやすい状態にしている（右図参照）。連続するページが同じ折り目にならないように四つ折りすることで、ページをめく

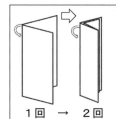

1回　→　2回

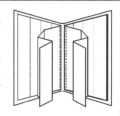

※１回目の二つ折りで半分の大きさになり、さらに２回目の二つ折りで４分の１の大きさになる。

りやすい状態にしているわけである（上図の左にある折り方を左右のページで反対にすることで、見開きのページで山折りと谷折りが重なるため、ページがめくりやすくなる）。

2　４つのプリントの準備

授業をするにあたっては、事前にプリントを準備する（印刷する）。準備するプリントは、問題プリント・学習プリント・意見プリント・通信プリントの４種類。そのうち、日々の授業で必ず使用するプ

リントは、問題プリントと学習プリントの2種類である。

　プリントの大きさはB5判。ただ実際はA4判でつくったプリントを縮小印刷しているため、文字などは少し小さくなる。しかし、授業ではA4判のノートを使用させているため、B5判であればプリントを小さく切ることなく、そのままの大きさでノートに貼り付けさせることができる利点がある。

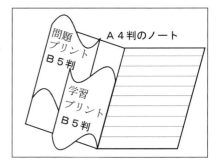

3　プリント・授業案の保存

　A4判でつくった4種類のプリントは、クリアポケットに入れてルーズリーフに綴じている。授業案と同じように 30 穴のルーズリーフパンチで穴をあけて綴じないのは、この4種類のプリントは印刷をしなければならないからである。

　通信プリントをつくった場合には、次の授業の問題プリントを入れたクリアポケットの裏側（ つまり、その日の授業の一番初めにくる位置 ）に保存している。

　全てのプリントをつくった場合には、前時の通信プリント、その時間の授業で使う問題プリント・学習プリント・意見プリント・授業案の順番でルーズリーフに綴じることになる。こうして3〜4時間分の授業を1冊のルーズリーフに綴じて教室に持っていき、ちらちら見ながら授業をしている（ 毎時間、授業案の全てを覚えるのは不可能である ）。

4　問題プリントと学習プリント

　問題プリントは、宿題として授業をおこなう前日までには生徒に渡すため、授業案は最低でも2時間先まではつくっておかなければならない。学習プリントは、その日の授業で配布して使用するため、（ 問題プリントとは違い ）前日まで内容の変更は可能になる。

　問題プリントを使用している理由は2つある。1つ目の理由は、授業を受けるにあたって事前に教科書を読ませる、つまり、その日の授業に対する基礎的知識を確認させるためである。2つ目は、問題プリントをもとに一斉発言をさせることで、生徒を授業に参加させるためである（ 復習用のプリントでは、この2つの目的で生徒を授業に参加させることは難しい ）。

　学習プリントは授業中に配り、学習の資料として使用している。そのため、ワークシートではない。ワークシートを使用すると、生徒が書くための時間を設定しなければならなくなったり、授業の筋道がある程度は生徒にもわかってしまうこともあるため、使わないようにしている。

5　意見プリントと通信プリント

　授業において意見プリントを書かせた場合には、その次の授業の初めの場面で通信プリントとして配布している。

　意見プリントは、予定していた討論を実施したときに、その討論を経て個人の考えをまとめさせるために書かせている。意見プリントを書かせるには、授業の最後の3〜5分間が必要になる。つまりその分の時間を確保しなければならない。個人で書いた意見プリントは、各班の代表ガイドに提出させる。各班で集められた意見プリントは、班の全員分が集まったら代表ガイドが教師に提出する。

　通信プリントは、提出された意見プリントの全てを班毎に載せて、個々人の意見（ 考え ）を知らせるために出している（ 授業時間内に、全員の意見を知る・発言させることは不可能だからである ）。通信プリントには、2つの授業内容をつなげるための橋渡し的な役割も持たせている。

なお、印刷して生徒に渡す通信プリントは黒文字になっているが、パソコンで通信プリントをつくる場合には、生徒の意見を4色（青・黒・緑・赤）に色分けをしている。

6　意見プリントの評価

　通信プリントをつくるときに、生徒の意見を4色に分けているのは、評価を5段階でおこなっているからである。その5段階評価とは、4色に色分けした意見に、未提出分を加えての5段階である。

　通信プリントをつくる場合、基本的には黒色の文字で、そのまま生徒の書いた文章を打ち込んでいく。そして、基本よりも良いと判断した意見は、文章入力した後に青色文字に変えている。

　基本の黒色文字で打ち込む意見は、結論に対する生徒個人の考えが書かれているものである。こうした文章は、「（結論を）○○としたのは、□□□と思うからです。」と言うような単純な書き方になっていることが多い。

　青色文字に変える場合は、基本の黒色文字で書かれている意見が、①授業内容に出てきた事実を3つ以上取り上げてある。②取り上げた事実に対して生徒個人の考えが書いてある。そして書かれている文章が、③論理的になっている（基本は、「AよってB、だからCである」の形になっていること）の3つを基準に判断している。

　ただ、取り上げる事実は3つ以上が望ましいのだが、そうした書き方が最初からできるわけではないため、まずは2つ以上の事実を取り上げているかどうかで判断している（取り上げてある事実が1つの場合には、黒色文字のままにしている）。また、こうした書き方になっている場合には、必然的に文章量が多くなるため、まずは文章量で判断して意見を読んでいくこともある。

　基本より1つ低い意見は緑色文字にする。緑色文字にするのは、①事実の取り上げ方が間違っている。②事実と考えがかみ合っていない。③文章表現がおかしい。などに該当する書き方になっている場合である。

　一番評価が低いのが赤色文字であるが、赤色文字にするのは、①意見（自分の考え）が書かれていない。②考えではなく結論をくり返して書いているだけ。などの意見である。この赤色文字にする意見はほとんど見られないが、たまに無記入や結論をそのまま書いている生徒がいるため設定している。

　もっとも、ここに挙げたのは、あくまで基準であり、生徒が書く全ての文章がこの形に当てはまるわけではない（特に最初の時期は、何が書いてあるのかわかりにくい意見も多い）。そのため、こうした基準に最初から厳密に当てはめようとするのではなく、とりあえず判断を下していくことである（判断が難しければ、最初は全て黒色文字でかまわない）。そうしたことのくり返しにより、「この意見は、そのまま黒色文字でいいだろう」とか、「この意見は青色文字に変更しよう」などの判断力が身についていく。

　こうして生徒の意見を色分けして打ち込んでいても、印刷して生徒に配るときには全て黒文字になってしまう。そのため、4色の評価は生徒にはわからない。

7　プリントは早めに印刷

　4種類のプリントのうち通信プリントだけは、授業の当日か前日にしか印刷はできないが、その他のプリントは早目に印刷しておくことができる。ときどき何か突発的な用事ができると印刷ができず、授業に間に合わなくなることがある。そのため、授業で使用するプリントは最低でも一週間分（3〜4時間分）は、事前に印刷するよう心掛けている。印刷は、空き時間か放課後の時間を使っている（もっと

も、こうした印刷をするためには、その３〜４時間分の授業案ができていなければならない ）。

8　プリントは多めに印刷

　学習プリント・意見プリント・通信プリントは、生徒の人数より２〜３枚余分に印刷する。印刷がきちんとできていない場合もあるからだ。特に両面印刷をする場合、ときどき片面が白紙になっている（ 印刷ができていない ）ことがある。生徒に配った後で、「先生、裏が白紙でした。」などとプリントを持ってきたときに交換してあげるためには、少し余分に準備しておいた方がよい。

　問題プリントについては、もう少し多めに（ 一班分＝６枚 ）印刷している。それは、問題プリントを「失くしました。」とか、「もらっていません。」と言ってくる生徒（ 失くした・忘れたなどの理由で授業のときに問題プリントを持っていない生徒 ）に対応するためである。

　なお、早めの印刷が可能なのは、それだけの授業で使うプリントができている、つまり授業の準備ができているからである。新採の頃をふり返ってみると、まずは「明日の授業をどうしよう」という感じで準備をやっていたため、そんな先の授業のことまでは手が回っていなかった。それでも、ある程度の経験を積んでいくにつれ、先の授業の準備ができるようになってくると、早めのプリント印刷もできるようになっていく。そのため、早めのプリント印刷をするのであれば、初めは先行実践などを参考にしながらでも、少なくとも１単元分の授業をつくれるようになることが必要になる。

9　プリントの管理

（1）プリントの余り

　特に問題プリントは多めに印刷するため、生徒に配られた後には必ず余りのプリントが出てくる。そのプリントの保管場所・方法については、学級で決めておくように指示している（ 本来は学級担任の仕事と思われるが、それができていない場合には教科担任からの指導が必要になる ）。余りのプリントは学級で管理させ、１週間程したら処分するように指示している。

　余りのプリントの保管がはっきりしていると、プリントを失くした生徒や忘れた生徒は、その保管場所から新たにもらうことができる。つまり、自分で対応ができる。そのため、「プリントを失くしました。」とか、「忘れました。」と言ってくる生徒へは、「自分で何とかしなさい。」と言う対応をしている。

（2）プリントの保管

　授業用に事前に印刷したプリントは、職員室に置いているプリント保管専用に使っている段ボール製ボックスの引き出しの中に、クラス別に、授業の順番に入れて保管している。そして、授業前に取り出して教室に持っていっている。

（3）プリントの仕分け

　教室に持っていく前には、授業で配るプリントは班毎に仕分けをしている。班毎に人数（ 基本は６枚一組 ）の束にしている（ 一班６人編成のため ）。このプリントの仕分け作業は、必ずおこなわなければならないわけではない。しかし、この仕分けをすることで、事前にプリントの枚数の確認をするができ、そして授業中のプリント配布をスムーズにすることができる。

　プリントの配布は、授業中に各班から教卓（ 教師のところ ）まで取りに来させる。生徒が来たら私の方から「何枚？」と訊ねると、「６枚です。」という具合に必要枚数（ ＝班の人数 ）を答える。そのときにプリントの必要枚数を数えて渡していると時間がかかる。そこで時間がかかると、授業の流れを中断

する時間も長くなってしまう。そこでプリントを渡すだけの状態にしておくと、生徒の答えの枚数の束
の資料を渡すだけでいいためスムーズにいく（もっとも、その必要性を感じなければ、わざわざおこな
うことでもない）。

10　貼りもの資料

（1）使用する用紙

　写真や絵、グラフ・表・論題の選択肢などを書いた貼りもの資料は、上質紙135kgのＡ３判を使用し
ている。授業で使用する語句を書いて表示するカード式の貼りもの資料は、Ｂ４判の上質紙を横長に２
つに切って使用している。

　たとえば、〈 中華民国の登場 〉の授業で使用したＡ３判の絵や写真の貼りもの資料には、次の７枚
があった。

　Ａ３判の論題に対する選択肢を書いた貼りもの資料は、次の３枚。

Ａ：中国の新しい国づくりのため、革命を援助すべきだ Ｂ：義和団事件のときのように、革命を抑えるため兵を出す Ｃ：中国のことは中国に任せるべきで、何もすべきではない	Ａ：おくれたアジアの国々は切り捨てて、ヨーロッパ列強の後に続く道 Ｂ：アジアの国々と手を組んでヨーロッパ列強に対抗していく道	Ａ：アジアの国々のことは考えず、ヨーロッパ列強と同じ道を進むべき Ｂ：アジアの国々と手を組み、共にヨーロッパ列強に対抗する道を進むべき

　Ｂ４判を２つに切り横長にしたカード形式の貼りもの資料は、次の18枚。

孫　文	清をたおすための運動	三民主義	武　昌	中華民国	臨時大総統
辛亥革命	日本が日露戦争に勝利したこと	日本の国際的地位	袁　世凱	独裁政治	
CHINA	外債・賠償および一切の税金	民族主義	民権主義	民生主義	西洋覇道の鷹犬か
東洋王道の干城か					

　このカードに書いている語句は、問題プリントの中から、①その日の授業で使用する基礎的知識とし
ての語句や文章と、教科書には書かれていないが、②授業内容を理解するために必要な語句や文章の２
つがある。前半の 11 枚が基礎的知識（教科書記述の内容）で、後半の７枚が授業に必要な知識（教師
の説明からの事実）となっている。

　この中で、前半の 11 枚のカード（問題プリントからの基礎的知識の語句）は、一斉問答で使用する
ために授業前に黒板の左端に貼っている。後半の７枚は、授業中の教師の説明に合わせて、そのつど黒
板に貼っていく。

(2) 使用するフォント・大きさ

　Ａ３判の上質紙には、論題についての選択肢をゴシック体で書いている。基本的には２つの選択肢を、それぞれ２行以内に納まるようにしている（ ３つ以上の選択肢や３行以上の文章になると、生徒から見えにくくなる ）。その場合、上質紙内に収まるように、文字の大きさや行間を調整している（ 場合によっては、文字の幅を縮小することもある ）。

　Ｂ４判を横長に２つにしたカードをつくる場合には、ワードアート（ のゴシック体 ）で語句を書いている。その場合、カードの大きさに収まるように縦横の縮小拡大を施して使っている。カードに書く文字は、そのほとんどが単語であるため、この方法だと調整がしやすいからである。

(3) 用紙の裏に貼るマグネット

　貼りもの資料は、黒板に貼って生徒に提示するものであるため、裏にマグネットを貼っている。上質紙の裏に貼るマグネットは、以前はカットされたマグネットシートを使っていた。しかし、マグネットシートを貼った資料は、重ねるとかさばって保管しにくかったため、今ではマグネットテープ（ コクヨの「マグテ」）を使っている（ 薄くてかさばらず、長さも調整できる利点がある ）。

(4) 授業案を読んで確認

　授業をおこなう前には、授業案と照らし合わせて貼りもの資料の内容と提示するタイミング・順番を確認している。貼りもの資料が使用する順番通りに並んでいないと、授業中にスムーズに提示できないからだ。

　以前は授業で使った後に、順番通りに並べ直すことを忘れることがよくあり、次の授業で提示すべき貼りもの資料を探すのに時間がかかり、授業の流れを止めることがあった。そのため、今では授業が終わると、必ず貼りもの資料の順番の確認をするようにしている。

　また、授業案を書き直したことにより、貼りもの資料を変更しなければならないこともあり、そんな場合に確認しておかなかったために授業の流れを止めることがあった。貼りもの資料の順番の確認は、授業を円滑に進める上で必須な作業なのである。

(5) 電子黒板の活用

　電子黒板を使いパワーポイントでスライドをつくれば、貼りもの資料の並べ直し作業は必要なくなる。また、スライドをつくっていれば、その流れで（ 順番で ）進めることができるため、授業がやりやすくなるなどのメリットがある。

　ただ、電子黒板では、次に出す資料の確認がおこないにくいことや、その場限りの提示になる（ そのまま残して提示し続けることができない ）ことなどのデメリットもある。そうしたメリット・デメリットを理解した上で、最近は電子黒板を使用する回数が増えてきている（ もっとも使用したからこそ、メリットもデメリットも見えてきたわけだから、まずはやってみることが大切になる ）。

　電子黒板は、はじめに地理の授業で使ってみた。それは、地理の授業で電子黒板を使用すると、貼りもの資料で使ってきた写真を何倍もの大きさで見せることができるからだった。さらに地理の授業の方が歴史の授業に比べて貼りもの資料が多く、授業後の並べ替えの作業にも時間がかかるようになってきていたこともあり、連続で授業をするときに大変になってきていたからでもあった。

　視覚に訴える資料が多い地理の授業に対して、話に引き込む傾向の強い（ 視覚より思考に訴えかけ

る）歴史の授業では電子黒板を使うことは少なかった（そもそも、地理の授業に比べて歴史の授業では貼りもの資料がそれほど多くはないことも、電子黒板の使用を少なくしていた）。しかし、電子黒板のメリットを考えて歴史の授業でのスライドづくりを進めていくと、地理の授業とは違った活用方法があることに気づくことになった。

　地理の授業では、写真やグラフや表など直接に見せたり、読み取らせる資料を多く活用している。もちろん歴史の授業でも、同じような資料の活用はおこなってはいる。しかしそうして直接的に読み取りなどに使う資料以外に、間接的に生徒の思考・理解に役立つ資料もある。

　たとえば、歴史的事実の関係やそのつながりなどを説明する場合、言葉だけで生徒に理解させることが難しいと判断したときには、板書するとかカード形式の貼りもの資料を使うなどの工夫をおこなってきた。それがスライド資料をつくり電子黒板を使って関連図などを提示することにより、それまでの手間を省くことができるようになった。また、言葉だけで説明していた人物・風景・状況などのイメージをつかみやすくさせるための写真や絵画などの提示も簡単にできるようになった。そうした資料の使い方を工夫するようになってくると、歴史の授業でも電子黒板を使用する回数が増えていった。

　こうして電子黒板の使用が増えてはきているが、貼りもの資料を全く使わなくなっているわけではない。スライド資料と貼りもの資料には、それぞれメリットがあるため、そこを活かして併用している。

　たとえば、一斉問答用のカードや話し合い活動の論題に対する選択肢は、貼りもの資料を使っている。これらの資料は提示し続ける必要があるため、黒板に貼っておかなければならないからである。特に、論題に対する選択肢の貼りもの資料の場合、話し合い活動の後に生徒から出される意見を、その横に書き込んでいくためにどうしても必要になる。

　貼りもの資料にしろ、スライド資料にしろ、授業で使用する教具であるため、使いやすい資料、効果的に使える資料を重視しておけばよい。いずれも授業用の道具であるため、道具は使うものであり道具に使われないようにすればよいだけのことである。

（6）貼りもの資料の保管

　貼りもの資料は、１～２時間分をＡ３判のクリアーブックに入れて保管している。貼りもの資料を保管する場合、授業で提示する順番に、いくつかのまとまりにして１つのポケットの中に入れている。

　授業に行く前にポケットから使用する貼りもの資料を全て出して、使用する順番に並べて教室に持って行っている。

　貼りもの資料を入れているクリアーブックは、２～４冊を一まとまりとして１つの紙袋に入れて保管している。職場に社会科の教具室がある場合には、その教具室に置ける。しかし教具室がない場合には、授業で使う貼りもの資料が入った紙袋を自宅から持っていくことになる。

③　教室に入る

1　教室に持っていく道具

　授業をするために教室に持っていく道具には、授業案を書いたルーズリーフノート、学習プリント、貼りもの資料を入れたＡ３判のクリアーブック、意見プリント（必要な場合）、次回の問題プリント、通信プリント（前回の授業で意見プリントを書かせた場合）、蛍光色のチョーク５色（白・赤・黄・緑・

青)、置時計、砂時計、教科書、地図帳、マグネット（ 丸型 10 個程度、棒型 5 本程度 ）、マグネットテープがある。

　その全てを毎回授業で使うわけではないが、必要となる道具としてＡ３ワイドサイズのデスクトレイに入れて、教室に持ち込んでいる（ その他、その日の授業で使用するモノ教材などがあれば、デスクトレイとは別に紙袋などに入れて持っていく ）。

　Ａ３ワイドサイズのデスクトレイを使っているのは、授業のために教室に持っていく道具のほぼ全てが収まるからである（ 右図のように蓋は閉めずに底のトレイと重ねているため、貼りもの資料のクリアーブックも一番上に載せて持っていける ）。

　ただし、デスクトレイは厚手の紙の箱に過ぎないため、持ち手などが付いているわけではない。デスクトレイに全ての道具を入れると、両手で持たなければならないほどの重さになる。しかし、両手で持つと手がふさがり教室まで行くのに不便なときもあるため、蕎麦屋の出前のような持ち方をして（ 右図 ）、片手でデスクトレイを持っていく。デスクトレイを使っている理由に、こうして片手で持つことができる点もある（ この持ち方が面白いのか、ときどき移動教室で廊下を通っている生徒が私のマネをして、片手で勉強道具を持っていく姿に遭遇することがある ）。

　片手で道具を持って行くためには、カゴやバッグなどに入れる方法もある。しかし、そのカゴを教卓の上に置くと、生徒から黒板が見えにくくなる。また、カゴでもバッグでも持ち込んだ道具を授業で使うためには、いったんカゴから出さなければならない。しかし、デスクトレイであれば、そのまま教卓の上に置いても、さほど生徒の視界を遮ることはなく、道具は中に入れたままで必要なときに取り出せばよい。

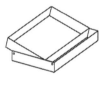

　なお授業中は、図のようにデスクトレイの蓋に斜めになるように底のトレイを重ねて、そこに開いたルーズリーフのノートを置いている。こうして斜めにすると、ノートに書いた授業案が少しは見やすくなる（ また、これくらいの高さであれば、生徒の視界を遮ることもない ）。

2　5分前には教室に入る

　授業にいくときには、できるだけ5分前に教室に入るようにしている。早めに教室に入ると、生徒たちは授業の準備をしていたり、ざわついていたりして、いろいろなその日の雰囲気がわかる。

　教室に入って初めにすることは、生徒へのあいさつである。まずは、「おはようございます。」とか、「こんにちは。」と、教師自身が元気よくあいさつをしながら教室に入っていく。

　早めに教室に入るのは、授業前の準備をするためでもある。授業を始める前に準備することは2つある。1つは、キーワードを書いたカードを黒板の左端に貼ること。もう1つは、虫食い板書をおこなうことである。

3　生徒への声かけ

　生徒に声をかけるのは、授業準備を意識させるためである。また、「教室に先生が来た」ことを生徒全員に知らせる意味もある。

　5分前に教室に入り、授業の準備をしていて、始業の2～3分前になると、「そろそろ（ 授業が ）始まるぞ。」と声をかける。そのことで始業時刻を意識させ、班を組むことを促す。つまり、声かけをす

ることで、授業開始の準備のきっかけにさせている。

　始業のチャイムが鳴ってから班を組ませていては、授業開始には間に合わない（時間がムダになる）。そのため、声をかけて早めに班を組ませる習慣をつけさせるようにしていく。場合によっては、「ちょっと男子が騒がしいぞ。」とか、「女子の準備が遅いんじゃない？」、「5班は準備が遅いようだけど・・・。」などの声かけが必要なこともある。ただ、生徒が慣れてくると、こうした声かけをしなくても、お互いに声をかけあって班を組むようにもなる（もちろん、そうした生徒同士の声かけをしていくことを指示していくからではある）。

4　カードを貼る

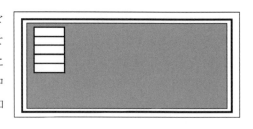

　あいさつをして教室に入り、教卓の上にデスクトレイを置いたら、持ってきた置時計を見えやすいように置く。そして、黒板の左端に、授業の基礎知識となる語句を書いたカードを貼る。そのカードには、問題プリントの答えの中から授業のキーワード（＝教科書に書かれている基礎知識）を書いている。

　カードを黒板に貼るのは、宿題として生徒がやってきた問題プリントの中での重要語句を視覚的に知らせるためと、一斉問答のときに見えるようにするためである。ただし、一斉問答では、生徒には自分の問題プリントを見て答えさせることを基本にしているため、黒板にカードを貼るのは補助的に使わせるためである。

5　虫食い板書をする

　黒板にカードを貼った後は、虫食い板書をおこなう。授業の前に板書をするのは、少しでも授業中に板書をする時間を減らすためである。そのため「板書」とは言っても、授業前に全てを書き終えているわけではない（そもそも、板書を書き終わるだけの時間はないことが多い）。この時点での板書は、書けるところまでを書いているに過ぎない。

　虫食いにする部分は、「難しい漢字」「覚えておいて欲しい語句」「問題プリントを見ればわかる文字」「教師の指導言を聴いていないとわからない言葉」などにしている。

＜ 板書 ＞

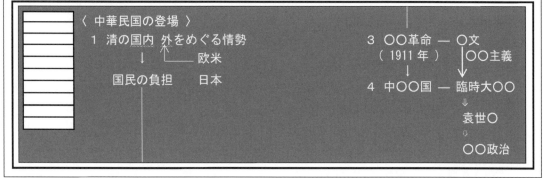

ここまでが、授業前の準備でやっていることである。授業時間が始まると、学級での号令（起立・礼・着席）により授業となる。ただし、すぐに授業内容に入るわけではなく、まず授業前段におこなうことがある（学校によっては号令をしないこともあり、その場合には、「では始めようか！」と私が声をかけて、授業前段の活動を始めさせる）。

4　授業前段でおこなうこと

1　問題プリントの答えの確認
（1）班内での答えの確認
　授業の始まりに号令がかかる場合には、その号令の後に生徒が席に座ると、教師から「各班で、問題プリントの答えの確認を始めなさい！」との指示を出す（号令がない場合には、「さぁ始めようか！　各班で問題プリントの答えの確認を始めなさい！」と指示を出す）。その指示を受けて各班では、代表ガイドが、「わからなかったところはありませんか？」と班の生徒に訊ねる。（質問が）なければ、班員は「ありません。」と答える。質問がある場合には「〇番の『答え』がわかりません。」「△番の『読み方』がわかりません。」「□番の『意味』がわかりません。」などと質問がある（もっとも、答えは教科書に書かれているため、質問が出ることはあまりない）。
　こうした声かけは、慣れてくると生徒はしだいにしなくなる傾向がある。そのため、初期の頃は特に授業でその都度、「代表ガイドは、きちんと声をかけなさい！」「（代表ガイドに）声をかけられたら、必ず応えなさい！」「お互いに無視するような状況はつくらないように！」との指示が必要になる。

（2）班からの疑問・質問
　きちんと教科書を読んで問題プリントを解いていると、班内での問題プリントの答えの確認では基本的にはわからないことは出てこない。それでも、班内の問題プリントの答えの確認の後には、「疑問・質問はありませんか？」と訊ねている。
　それは一斉問答での教師からの発問の答えを、生徒全員が知っている状況をつくるためである。問題プリントは教科書記述から出題しているため、基本的には「わからない（＝解けない）」ことはない。それでも答えを確認させているのは、問題プリントの答えを生徒全員がわかっている状況を確実につくるためである。

2　一斉問答
（1）問題プリントからの発問
　「では、一斉問答をします（ペンを持って）！」との指示の後、生徒の様子を見渡す。そしてペンを持っていることが確認できたら、「２番、広東省出身で、日本に亡命した人物は誰だったのか？」と問題プリントの中の問題を、番号・問題文の順に読み上げる（なお、私の手元に持っている問題プリントはカラー印刷で、読み上げる問題番号と問題文は青色にしてわかりやすくしている）。
　このとき読み上げる問題文は、問題プリントに書かれている文章より短くして読み上げるようにしている。問題文を短くするのは、訊ねていることが同じであれば、問題の文章が多少変わっても答えることができるようにすること、問題の文章を短くすることで少しでも時間を短縮することの２つを目的としている。

一斉問答では、教師の発問（＝問題プリントからの出題）に対して生徒全員が、一斉に、答えを発言する。先の発問に対する答えである『孫文。』を、生徒たちが一斉に、声を合わせて、大きな声で発言するわけである。そして次に、「３番、孫文は、どんなことをする運動を進めたのか？」＜発問＞　→『清をたおすための運動。』＜一斉発言＞、「４番、孫文は何を唱えたのか？」＜発問＞→　『三民主義。』＜一斉発言＞という具合に続いていく。

　この最初の一斉問答は、授業を始めるにあたって生徒全員でおこなう班の活動の１つである。また、この一斉問答は、授業での「声出しの練習」も兼ねているため、全員で、一斉に、元気のいい発言をすることを要求している。さらにこのとき、予習としてやってきている問題プリントの答えの中で、その日の授業のキーワードの確認もおこなっている。

　一斉問答をおこなうのは、予習としてやってきた宿題を授業の中に位置付けることを生徒に意識させるためでもある。授業中に問題プリントの中からの問題を教師が訊ねて、生徒が答えることにより、問題プリントは宿題としてやってこなければならないことを意識させる。また、声を出すことは、記憶することにもつながる効果もある（テスト勉強でも、まずは声を出して教科書を読むようにと説明をしている）。

　ときどき、この一斉問答での答えが一斉に同じにならなかったり、バラバラに発言されることがある。大抵は答えの語句の読み方がわからない場合や答えに自信がない場合である。または、やる気がない場合もある。そんなときには、「だから答えだけではなく、読み方や意味がわからない場合にも班から疑問・質問を出すように言っているはずだ。」「わからないことは、聞けばいいわけだから、すべきことは、きちんとしよう！」と呼びかけて、班内での答えの確認を適当に済ませないように注意したり、学習意欲を喚起させる必要がある。

(2) 声を出させる

　基礎的知識を声に出して発言することには、暗記にもつながる面もある。そのことを意識させるために、ときには一斉問答をおこなわずに授業内容に入ることもある。そうすると授業中に問題プリントからの発問をしても、ほとんどの生徒は答えられない事態が起こる。そこを狙って、「一斉問答で、声を出して確認をしているから答えられるわけだ。」「これで声に出すことの重要性がわかるよね？」と、一斉発言をすることの意味を納得させ、声を出す指導をおこなうこともある。

（つづく）

田中 龍彦（たなか たつひこ）

　1959年　佐賀県に生まれる

　1983年　佐賀大学教育学部小学校教員養成課程卒業

　1983年４月より佐賀県内公立中学校教諭

　2020年３月定年退職

　現　　在　鹿島市立東部中学校教諭（再任用）

　住　　所　〒849-1411　佐賀県嬉野市塩田町大字馬場下甲1956

活動する地理の授業②—— シナリオ・プリント・方法

2021年９月１日初版第１刷発行

　　　　　　　　　　　　　　著　者　　田中龍彦

発行所　地歴社　　　東京都文京区湯島2-32-6（〒113-0034）
　　　　　　　　　　　Tel03（5688）6866／Fax03（5688）6867

ISBN978-4-88527-241-7 C0037